義江明子著

日本古代女性史論

吉川弘文館

目次

Ⅲ　家族・親族・氏族

序　章　古代女性史研究の転換点にたって

古代女性史研究は、戦前来の在野の研究者高群逸枝氏による家族婚姻史の体系的研究を出発点とし、一九七〇年代以降、大学で学んだ女性研究者群の登場によって大きく発展してきた。その具体的成果については、『日本女性史研究文献目録』Ⅰ〜Ⅳの古代の部の解説(1)にくわしい。また、研究史のまとめと課題の指摘も、関口裕子(2)、義江明子(3)らによってなされている。そこで、くわしくはこれらの研究史整理にゆだねるとして、ここでは二〇〇七年という現在の地点にたって、おもに一九四五年以降の日本古代女性史研究のあゆみを、平安前期以前を中心にふりかえってみたい。その際、学説の内容、研究者、研究を育んだ時代状況、の三者の関わりに留意しながらみていくこととする。現実的課題に突き動かされつつ、常に時代状況と向き合い、在野の研究者をおもな担い手として成立してきた女性史研究という学問にとって、そうした観点からみることなしには、研究のあゆみの意義を史学史的に把握することはできないと考えるからである。

一　古代女性史研究のあゆみ——家族婚姻史研究からの出発——

一九六〇年代までは、母系制・招婿婚を主軸とする高群女性史が主流で、『日本婚姻史』『女性の歴史』(4)が、井上清『日本女性史』(5)と並んで、学習会のテキストとして盛んに使われた。このころまでは、戦前以来の「家制度」の遺制がまだ濃厚にみられた。六〇年代はその最後の時代といえよう。家庭での抑圧に苦しむ主婦にとっても、圧倒的な男性社会である職場に進出しはじめた女性たちにとっても、古代の家族婚姻史の成果を学ぶことは、「家制度」「父系制」「男権支配」を相対化する視点を獲得する上で、大きな現実的力となったのである。専門の古代女性史研究者はまだ皆無に近かった。

一九七〇年代・八〇年代以降、女性研究者による古代女性史研究が本格的に始まる。高度経済成長期を経て、男女〝平等〟の高等教育を受けながら社会での男女〝不平等〟に直面した女性たちのなかから、女性史の専門研究に取り組み、未来へむけての社会的な解決の途を探ろうとする動きが生まれてきたのである。現実的課題を念頭に置きつつ、古代史の専門研究の分野で、家族論・戸籍論・所有論・共同体論・氏族論・国家論等々への女性史的視点からの取り組みがなされていった。これらは古代史学界全体での主要論点でもあったので、女性史研究以外の研究者とも共通の議論の場が生まれ、古代社会全体の見直しにつながっていった。それらの成果は八〇年代から九〇年代にかけて、次々に単行の研究書としてまとめられた。代表的なものとして、吉田孝『律令国家と古代の社会』、義江明子『日本古代の氏の構造』、明石一紀『日本古代の親族構造』、服藤早苗『家成立史の研究』、関口裕子『日本古代婚姻史の研究』上・下(6)をあげることができよう。

これらの書名を一見してもわかるように、この時期の女性史研究においては家族婚姻史の研究がベースにあり、そこから親族・氏族の研究へと広げることによって、国家論との接点が生まれ、八〇年代前後の歴史学理論の見直し、文化人類学などの隣接学問分野との積極的交流といった古代史学界全体の動向ともあいまって、大きな前進がもたらされた。その背景には、七〇年代以降の日本社会における家族の変化があり、旧来の家族理論による歴史研究は改編を迫られたのである。(7) その過程で高群学説の見直しもすすみ、現在では、日本の古代社会は基層においては母系ではなく双系(方)的社会であったこと、平安貴族の「招婿婚」なるものの実態は、婿の妻族化を意味する母処婚ではなく、婿取儀式を経て展開する多様な居住形態のサイクルであること、そうした居住形態のもとで、地位継承を軸とする父系化は進展していくことが、明らかにされている。(8)

一九七〇年代以降の古代家族史研究の新たな展開において、女性史研究の立場からその主要な原動力となったのは、二〇〇二年に亡くなった関口裕子氏である。関口氏は、一九六九年の「律令国家における嫡庶子制について」(9)を手始めに、次々と古代家族史・女性史の論文を発表し、古代社会像を塗り替えてきた。その成果は①『日本古代婚姻史の研究』上・下(前掲)、②『処女墓伝説歌考』、③『日本古代家族史の研究』上・下(10)にまとめられている。四半世紀におよぶ研究を通じて関口氏が一貫して取り組んだ課題は、〝日本古代における家父長制家族の未成立〟であり、それはほぼ論証されたといって良いと思う。そこでなされたことは、一つには古代史学界の主流を占める家父長制家族論との対決であり、石母田学説の理論的批判および考古学の単位集団論批判として展開された(①③)。もう一つは家父長制以前の「生活共同体」としての〝家族〟の実態を明らかにすることであり、

男女個人の所有・経営(③)、

ゆるやかで排他的な対偶婚(①②)、

非父系で日常的母系紐帯の強さ（①③）、がその具体像として提出された。古代女性史研究は多かれ少なかれ、この関口氏の研究から大きな刺激を受けつつ、あるいはそれを継承し、あるいは批判し乗り越え、新たな分野での展開を目指して発展してきたのである。

二　本書の課題――生活・祭祀・家族の総合をめざして――

では、これらの研究を通じて、古代の「女」はどのようなものとして描かれてきたのだろうか。(11)

イ＝政治権力においては、古い時代の女性首長(12)、七～八世紀の女帝・后(13)、律令制下の女官(14)、そして平安時代の母后・女院などの政治的権能・権力行使の実態が明らかになった。(15)

ロ＝所有・経営・労働をめぐっては、豪族・貴族女性の財産相続・土地集積(16)、また「里刀自」「家刀自」などの名称で説話・木簡資料に表れる八～九世紀の女性経営者をめぐる考察が深まり(17)、大王・天皇に対する皇后宮の独立性が八世紀後半まで保たれていたことも、文献・考古の双方の研究から明らかになった。(18)そうしたことの土台としては、男女が生産労働に重要な役割を果たしていたという生業のあり方があり、内在的に男女差を生み出す契機に乏しい社会だったと考えられる。

ハ＝家族・婚姻については、母子の強い絆、夫に依存しない経済生活、ゆるやかで流動的な婚姻関係が想定されている。(19)これを一言でいうならば「母子＋夫」（夫の部分は容易に入れ替わる）ということになる。(20)こうした（家父長制以前の〝家族〟が双方的親族関係で結びつき、現実の日常生活が営まれていたのである。(21)家族という枠組みにおさまらない古代の女性のありかたは、日本の律令における「婦」「女」概念の独自性にもつながる。(22)

ニ＝性愛をめぐっては、古代における社会的職業としての買売春の不在と、平安中期以降におけるその発現過程が明らかにされつつある。(23)

ホ＝宗教・祭祀については、古代の尼の社会的存在形態とその重要性が具体的に解明され、(24)祭祀分野での男女神職者のあり方からは、従来の女性霊能論への疑問が提起されている。(25)

これらイ〜ホは相互に密接に関連し、古代の女性の〝社会的地位の高さ〟を支えた。そして、平安中〜後期以降、公的権力の場からの排除、閉鎖的一夫一婦婚の成立、社会上層における家父長制的経営体としての家族の形成、父系継承の「家」の確立につれて、次第に女性の独立性は失われ、社会的地位が低下していく。

これらが、古代女性史研究の貴重な成果であることは疑いない。しかし、近代社会を相対化しうる地点にたった現在から振り返ってみると、時代状況のもたらした問題点・限界も見えてこよう。「家制度」との対決を課題とし、家父長制以前の社会の実在証明に取り組むところから出発した古代女性史研究は、ほぼそれを成し遂げたものの、そこでの（家父長制ならざる）〝家族〟の具体的形態と意義、および〝家族〟を超える女性の社会的役割の解明はまだ緒についたばかりである。また、父権支配に対抗するものとしての「母の力」賛美が容易に古代幻想につながる危険からも、女性史研究は完全に脱してはいない。

男女首長の聖俗分担を説く「ヒメヒコ」論が、複数の論者から提起されたのは、一九五四年である。(26)ここには、強固な役割分担を前提とする男女〝平等〟という、当時の時代思潮との響き合いをみることができるのではないか。(27)王権史研究の世界では女＝聖、男＝俗の聖俗二元論が定着したのに対して、女性史研究はそうした分担を自明視することに疑問を呈し、相互の役割分担が流動的な二重王権として、「ヒメヒコ」論を位置づけ直そうとしてきた。(28)しかしその場合にも、男女「対」の関係を、実体としての男女「平等」と見なしてしまいがちだったのではないだろうか。

逆に、〝男＝文化〟に対置して〝女＝自然〟の根源的優位性を説くヒメ（巫女）論[29]も提起されているが、こうした本質論的見方は、男権支配をくつがえそうとするその意図に反して、結局は、現実のジェンダー秩序を補強する女性幻想につながっていってしまうと思われてならない[30]。

女性の地位の高下だけに焦点を絞るのではなく、社会の全体構造のなかでの男女の配置を見定め、「男女」という区分、「対」の思想自体を歴史的に相対化していくことが、今、求められている。それによって、〝女＝聖〟の観念が社会的・歴史的に構築されたものであることも、おのずから明らかになるであろう。

本書には、一九八九年から二〇〇五年のあいだに、折にふれて発表してきた古代女性史関係の論考を収めた。私自身の主要な問題関心は、右に述べてきたことのうち、〝家族〟を超える女性の社会的役割の解明、〝女＝聖〟の見直し、という点にある。前者について、村レベルでの女性の経営機能と国家によるその編成を考えようとしたのがⅠの「刀自」「里刀自」をめぐる諸編であり[31]、氏族・親族組織や親密圏の重層とそのなかでの女性の位置を見定めようとしたのがⅢの諸編である[32]。関口氏の研究を史学史的にとらえる試みは、Ⅲの付論2におさめた。後者の〝女＝聖〟の見直しは、前著『日本古代の祭祀と女性[33]』において、共同体祭祀およびそこから発した神社祭祀について行なったが、本書のⅡには、それとの対比において王権祭祀における女性祭祀者の意義を考察した諸編と、前著との関連を明らかにする付論をおさめた。Ⅰ・Ⅱ・Ⅲは、いわば生活編・祭祀編・家族編にあたるともいえようが、実際にはこれらは相互にわかちがたく結びついている。そのことを、本書全体を通じて読み取っていただければ幸いである。なお、近年の執筆になる女帝や王権をめぐる諸編は、紙幅の関係から本書にはおさめなかった。必要に応じて各編の注・補注などにあげたので、ご参照いただきたい。

注

（1）女性史総合研究会編『日本女性史研究文献目録』Ⅰ〜Ⅳ（東京大学出版会、一九八三〜九四年）。

（2）関口裕子「日本の女性史研究の現在と課題・古代」（歴史科学協議会編『女性史研究入門』三省堂、一九九一年）。

（3）義江明子「女性史研究のあゆみ　日本・古代」（アジア女性史国際シンポジウム実行委員会編『アジア女性史―比較史の試み―』明石書店、一九九七年。のち義江『古代女性史への招待―〈妹〉の力を超えて―』吉川弘文館、二〇〇四年に収録）。

（4）『高群逸枝全集』四・五・六（理論社、一九六六〜六七年）。

（5）井上清『日本女性史』（三一書房、一九四八年）。

（6）吉田孝『律令国家と古代の社会』（岩波書店、一九八三年）、義江明子『日本古代の氏の構造』（吉川弘文館、一九八六年）、明石一紀『日本古代の親族構造』（吉川弘文館、一九九〇年）、服藤早苗『家成立史の研究』（校倉書房、一九九一年）、関口裕子『日本古代婚姻史の研究』上・下（塙書房、一九九三年）。

（7）義江明子「〈家族〉のゆくえ―家族の変化、家族史研究の変化―」（前掲注（3）、『古代女性史への招待』初出二〇〇二年）。

（8）前掲注（6）、関口・服藤著書など。

（9）関口裕子「律令国家における嫡庶子制について」（『日本史研究』一〇五、一九六九年）。

（10）関口裕子『処女墓伝説歌考』（吉川弘文館、一九九六年）。同『日本古代家族史の研究』上・下（＝遺著、塙書房、二〇〇四年）。

（11）以下にイ・ロ・ハ・ニ・ホの五項目に分けて述べる古代女性史研究の主要成果の具体的論文名・書名については、前掲注（3）拙稿を参照されたい。

（12）今井尭「古墳時代前期における女性の地位」（『歴史評論』三八三、一九八二年。のち総合女性史研究会編『日本女性史論集』二、吉川弘文館、一九九七年所収）、溝口睦子「『風土記』の女性首長伝承」（前近代女性史研究会編『家・社会・女性―古代から中世へ―』吉川弘文館、一九九七年）、義江明子「「卑弥呼」たちの物語―女と男／公と私―」（赤坂憲雄他編『いくつもの日本6　女の領域、男の領域』岩波書店、二〇〇三年など）。

（13）三崎裕子「キサキの宮の存在形態について」（『史論』四一、一九八八年。のち右掲、総合女性史研究会編『日本女性史論集』二、所収）、関口裕子「古代女性の地位と相続法」（武光誠編『古代女帝のすべて』新人物往来社、一九九一年）、井山温子「「しりへの政」その権能の所在と展開」（『古代史研究』一三、一九九五年）、岡村幸子「天皇親祭祭祀と皇后」（『ヒストリア』一五七、一九九七年）、荒木敏夫『可能性としての女帝』（青木書店、一九九九年）、義江明子「古代女帝論の過去と現在」（網野善彦他編『岩波講座　天皇と王権を考える7　ジェンダーと差別』岩波書店、二〇〇二年）、仁藤敦史「古代女帝論の現状と課題」（『歴史評論』六四二、二〇〇三年）など。

（14）野村忠夫『後宮と女官』（教育社〈歴史新書〉、一九七八年）、古瀬奈津子「中国の「内廷」と「外廷」―日本古代史における「内廷」「外廷」概念再検討のために―」（『東洋文化』六八、一九八八年。のち『日本古代王権と儀式』吉川弘文館、一九九八年所収）、吉川真司「律令国家と女官」（女性史総合研究会編『日本女性生活史1　原始・古代』東京大学出版会、一九九〇年。のち『律令官僚制の研究』塙書房、一九九八年所収）、文珠正子「令制宮人の一特質について」（関西大学博物館課程創設三〇周年記念論集『阡陵』関西大学考古学等資料室、一九九二年）、西野悠紀子「桓武朝と後宮―女性授位による一考察―」（中山修一先生喜寿記念『長岡京古文化論叢』Ⅱ、三星出版、一九九二年。のち前掲注（13）、『日本女性史論集』二、所収）など。

（15）梅村恵子「天皇家における皇后の位置」（伊東聖子他編『女と男の時空Ⅱ　おんなとおとこの誕生―古代から中世へ―』藤原書店、一九九六年）、岡村幸子「職御曹司について」（『日本歴史』五八二、一九九六年）、西野悠紀子「中宮論―古代天皇制における母の役割―」（大山喬平教授退官記念会編『日本国家の史的特質　古代・中世』思文閣出版、一九九七年）、服藤早苗「王権と国母―王朝国家の政治と性―」（『民衆史研究』五六、一九九八年。のち『平安王朝社会のジェンダー―家・王権・性愛―』校倉書房、二〇〇五年所収）、古瀬奈津子「摂関政治成立の歴史的意義―摂関政治と母后―」（『日本史研究』四六三、二〇〇一年）、栗山圭子「二人の国母―建春門院滋子と建礼門院徳子―」（『文学』三―四・五、二〇〇二年）など。

（16）関口裕子「日本古代の豪貴族層における家族の特質について」上・下（原始古代社会研究会編『原始古代社会研究』五・六、校倉書房、一九七八・八四年。のち前掲注（10）、『日本古代家族史の研究』下所収）、前掲注（6）、服藤著書第三部「女性と財産」など。

（17）義江、本書Ⅰ―二所収「「刀自」考―首・刀自から家長・家室へ―」（初出一九八九年）、および「女性史からみた日本古代の村と後宮―労働の国家的編成とジェンダー―」（『唐代史研究』六、二〇〇三年）など。

（18）前掲注（13）、三崎論文、橋本義則「平安宮内裏の成立過程」（『平安宮成立史の研究』塙書房、一九九五年）など。

（19）前掲注（6）・注（10）、関口著書。

（20）これについては、本書Ⅲ―付論2「関口裕子氏の古代家族論の意義」参照。

(21) 前掲注(6)、明石著書など。
(22) 梅村恵子「律令における女性名称」(人間文化研究会編『女性と文化—社会・母性・歴史—』白馬出版、一九七九年。のち総合女性史研究会編『日本女性史論集』三、吉川弘文館、一九九七年所収)。
(23) 前掲注(6)、関口著書、および前掲注(15)、服藤著書など。
(24) 勝浦令子『日本古代の僧尼と社会』(吉川弘文館、二〇〇〇年)。
(25) 義江明子『日本古代の祭祀と女性』(吉川弘文館、一九九六年)。
(26) 洞富雄「原始斎宮から皇后へ—天皇不親政の起源・二重統治組織の展開に関する一つの試論—」(『天皇不親政の起源』校倉書房、一九七九年、初出一九五四年)。高群逸枝『女性の歴史』(講談社、一九五四年。前掲注(4)、『高群逸枝全集』四・五所収)。
(27) 義江明子「古代女帝論の転換とその背景」(『人民の歴史学』一六五、二〇〇五年)。
(28) 前掲注(13)、関口論文。
(29) 倉塚曄子『古代の女—神話と権力の淵から—』(平凡社〈選書〉、一九八六年)。
(30) 義江明子「女は「聖」か?—古代幻想・女性幻想の意味するもの—」(前掲注(3)、『古代女性史への招待』初出二〇〇二年)。
(31) 紙幅の関係で本書には収めることができなかったが、国家による女性労働の編成については、「女丁の意義」(阿部猛編『日本社会における王権と封建』東京堂出版、一九九七年)、前掲注(17)、「女性史からみた日本古代の村と後宮—労働の国家的編成とジェンダー—」、"Gender in Early Classical Japan : Marriage, Leadership, and Political Status in Village and Palace" *MONUMENTA NIPPONICA* 60 : 4 (2005)、も参照されたい。
(32) 本書Ⅲの前提となる氏族論・系譜論については、義江『日本古代の氏の構造』(吉川弘文館、一九八六年)、および『日本古代系譜様式論』(同、二〇〇〇年)参照。
(33) 前掲注(25)。

〔付記〕 本章は、総合女性史研究会特別講座「戦後六〇年　女性史の現在を語る」(二〇〇五年一二月)での報告「古代女性史は家父長制以前の「女」をどこまで明かにしたか」をベースに、大幅に改編増補してまとめたものである。

I 生活と経営

第一章　古代の村の生活と女性

はじめに

古代の村の女性の生活といっても、実際にはわからないことが多い。しかし、考古学の成果と女性史研究の進展によって、かつてにくらべればはるかに女性の生活が具体的につかめるようになってきた。六世紀以後にはほぼすべての竪穴住居がカマドを備えていて、日常的な煮炊きをともにする小世帯が一般的に成立していることがわかる。ただし、その内部の家族構成は考古学からだけではわからない。これについては本章五で述べるとして、ここで確認しておきたい大事なことは、日常の消費生活をともにする小世帯の存在と基本的な労働・所有の単位とは区別して考えなければならないということである。

共同体成員としての女性——これまでの研究成果より——

古代の経済的単位について考えるよい手がかりとなるのは倉であろう。七〜九世紀には畿内のみならず東国でも、掘立柱の平面住居が普及しはじめている。平面住居はまず社会の上層部分の住居として、また先進地帯から後進地帯へと、次第に普及していったらしい。村全体が一つの生産単位として大きな高床の倉庫を持つ弥生時代から、村の倉庫と並行して、一群の竪穴住居が日常的農作業の場である中庭を囲むように並び、それぞれに小さな倉を持つ段階へ、そして掘立柱の主屋に住み、大きな倉を持つ有力グループの成長してくる段階へと、村のなかでの階層分化の進展を時代を追ってたどることができる(1)。

八世紀以前には、土地（耕地・宅地）に対する私有権は未熟で、財産の主なものは稲・布・馬牛・奴婢などである。なかでも種籾・食料としての稲は重要で、出挙による稲の貸付は大きな意味を持っていた。出挙は八〜九世紀には国家の租税収奪および富裕層の私富蓄積の主要な手段になっているが、本来は人々の最低限の生存を支えるために村の倉に保管された稲が、必要な時に配分されたのである。出挙の貸付記録をみると、公出挙《くすいこ》・私出挙をとわず女性個人の名前が見られる。同時期の中国では家産所有主体である男性（家父長）か、寡婦（未亡人）だけが貸付対象になることと対比すると、日本ではまだ家父長制家族が確立していないことがわかる。女性は村の一員（共同体成員）として、出挙をうける当然の権利を、八世紀ごろまではまだ持ち続けていたのである(2)。

女性は、農業・漁業・商業それぞれの分野で多様な労働に従事していた。自然的性別分業はさまざまに見られるが、まだ社会的生産性の優劣に結びつくものではなく、男女同一労働の例も多い。そうしたなかで、土器生産・繊維製品生産は（官の工房で生産される一部の高級品をのぞき）もっぱら女性の分担であった。日常の小規模生産は女性自身の計画・分配により個別に行なわれ、国家に納める調庸布生産などは首長の統率のもとに集団で織成したらしい。調庸を賦課されるのは法的には成人男性のみだが、実際に布を織ったのは女性であった(補1)。女性は、国家からの収奪をも共同体成員として男性とともに担っていたのである。八世紀はまだ、家族が経済単位となり、その内部で家父長の指揮・編成のもとに行なわれるという意味での、性別分業の段階ではなかった(3)。

家族の自立と女性――考察の課題――

七〜八世紀以前の女性がまだ共同体成員としての平等を保っていたこと、家族が自立した経済的単位となりきらない家父長制家族以前の段階であったことを明らかにしたのは、近年の古代家族史・女性史研究の大きな成果である。この成果に立つならば、八・九世紀以降は、女性が共同体成員としての権利を失い家父長に従属していく過程である。しかし、それは変化の一面であろう。女性は、社会的公的地位を低下させながらも、夫婦の安定した結合の実現、家族の経済的単位としての自立をみずからも積極的に担い、推し進めていったのではないだろうか。七〜九世紀の女性の生活の変化を、古い共同体の枠を破ってでてくる雇傭労働・債務関係の展開を焦点に、

① 共同体成員としての基本的〝平等〟を脱して夫婦単位の家族結合（⇒家父長制家族）を中心とする新たな村落構成へ向かう富豪・上層農民、

② 基本的〝平等〟を失い没落していく下層農民、

それぞれの女性にとっての意味を考えつつ見ていきたい。

一　村の春米女たち――共同体労働から家内・雇傭労働へ――

1　共同体の春女

九世紀初めにまとめられた仏教説話集である『日本霊異記』には、庶民女性の姿を描き出した興味深い話が多い。

上巻二話は、〝三野（美濃）国大野郡のある家で、家室《いへとじ》が稲春女《いなつきめ》《つきよね》らに食糧を支給するために碓屋《うすや》に入ったところ、犬に吠えられて正体が狐であることがばれる……〟という話である。美濃国からは毎年四月三〇日以前に一四四〇石の米が年料春米《しょうまい》として朝廷に送られる（延喜民部式）。「二月三月の頃に、設《ま》けし年米を春く」というのは、年料春米として貢納する米の準備であろうか。稲春女たちにある程度まとまった量の春米労働をさせているのであるから、かなり富裕な階層の家室である。『日本霊異記』に見える家室はいずれも富裕な家の女性で、夫である家長《いへぎみ》とペアで登場することが多い。「稲春女等に間食を充てむとして」とあるように、家室は家内で働く女性の労働を管理し食糧を支給している。しかしそれは後世のいわゆる主婦権とは異なり、家長・家室はともに所有・経営の主体であった。(4)この時代、富豪層では次第に自立した経営体としての家族が形成されつつあったが、それはまだ家父長のみによって統率されるものではなく、家長・家室の二つの中心を持つ組織だったのである。(5)

古くより、稲刈りは男性の労働、米春きは女性の労働であった。弥生時代の銅鐸絵画には△頭の人物二人が向きあって竪杵で臼をつく像が描かれ、△頭は女性をさすらしい。(6)神事儀礼でも、大物忌父《おほものいみのちち》（男性）が「佃《つく》り奉る抜穂《ぬきほ》の御田の稲」を御炊物忌《みかしきのものいみ》（女性）に「春き炊かしめ」るのである（『止由気《とゆけ》宮儀式帳』二所太神宮朝御饌《みけ》夕御饌供奉行事）。稲を臼でついて穀（モミ）の状態にし（この作業を糙という）、さらに黒米・白米にする一連の作業が広い意味での春である。穂首刈りの穎稲《えいとう》一〇束から白米五斗を得る、というのが一応の基準であった。

『日本霊異記』の稲春女《いなつきめ》《つきよね》は、間食を支給されているところからみて雇傭関係にあったように思われるが、古くは春米も共同体全体の労働であった。『風土記』（播磨国揖保郡萩原里）には、聖なる御井の横に設けられた酒殿《さかとの》とそこに仕える米春女がみえる。彼女たちは、神に捧げる神饌のための米を春き、酒を作ったのであろう。刈った稲を穂のままに積み上げた稲積《いなつみ》は神からもたらされた大事な種稲と考えられており（播磨国揖保郡稲種山）、稲を積んだ庭は神を祭る神聖な場＝斎庭《ゆには》でもあった（『古語拾遺』）。

収穫への感謝をこめて神に捧げられるとともに村の倉に備蓄される稲は、本来は人々の再生産を支えるためのものであったが、次第に首長への貢納物に転化していき、首長を通じて大王（⇒天皇）へと貢納される。(7) 地方豪族に与えられた原官職的称号に稲置《いなぎ》があり、朝廷の直轄領である屯倉には、舂米部（搗米部）も設定されていた（『日本書紀』仁徳一三年条）。共同体内で行なわれる女性の舂米労働の成果は首長のものとなり、中央への貢納に限定された特殊な分業体系に組み込まれていくのである。

2　貢納と女性

律令制下では、それまでの舂米部に代わって舂米を京に運ぶべき国（「延喜民部式」では二二国）が定められ、はじめは田租、のちには正税出挙の一部が公民の負担で舂き運ばれた。米は大炊寮に送られ、中央の諸官司で働く官人たちの食料になるのである。平城宮跡からは京に運ばれた舂米につけられていた荷札と思われる木簡が多数出土している。それをみると「丹波国与□郡白米」「□（阿カ）波国那賀郡林郷白米五斗　□俵」「播磨国宍粟郡柏□□（野里カ）　山部子人米五斗」「周敷郡□□郷戸主丹比連道万呂戸　白米一俵」「播磨国赤穂郡大原□　五保秦酒虫赤米五斗」など、貢進主体の記載のしかたに郡・郷・個人・戸・五保と、さまざまのタイプがある。これは舂米労働の実態とどのようにかかわっているのだろうか。

……諸国舂くところの年料白米、或いは古稲を以て充て、或いは便《たよ》りに米に舂きて納む。民の弊を承くるは率皆《ほぼ》これに由る。……宜しく、収納の日に即ち進むるところの正税を以て舂かしむべし。仮令《たとへ》、百束を挙する戸は、利十束を舂かしめん。然らば則ち百姓息《いこ》いあり、物また遺るなからん。

延暦一五年（七九六）一〇月二一日の右の官符（『類聚三代格』巻一四）によると、年料舂米の収納法には①いったん国郡の倉に納入した古稲を出して一斉に舂かせる、②必要に応じて適宜舂米として納入させる、の二通りがあったが、延暦一五年以後は、出挙の返納時にその一部を舂いて納めることに統一したのである。当時の出挙の利率は三割であるから、一〇〇束を借りた戸が一〇束を舂米でというのは、つまり利息の三分の一を舂いて納めるということである。これ以前の方法が民の疲弊のもととされたのは、水分を失った古稲を舂成する場合にはその目減り分が農民の負担となること、また、農民自身の農作業の流れとは別箇に強制される労働であったことによる。[8] それが出挙返納時に一括して行なうことにより、農民自身の農業生産過程としての舂米作業のなかに組み入れられることとなったのである。

この改訂は労働組織の変化ともかかわっている。古稲を出して一斉に舂かせる場合には村単位の協同作業方式をとることが多かったと推定され、それが延暦一五年以後は家内作業を主とする方式に転換したのである。[9] 平城宮跡出土の舂米荷札木簡にみられたさまざまの貢進主体の記載は、協同作業方式（共同体労働）と家内作業方式の並存する奈良時代の舂米労働組織の各段階の反映なのであろう。ただし、荷札に記された郷・戸・五保などがそのまま労働組織・経営の単位だったのではない。木簡に記載されるのはあくまでも法的な貢納責任単位である。舂米労働そのものは古くから女性の労働であったことは明らかなのに、木簡荷札には男性名しか記されない。女性の労働成果は、協同作業方式にせよ家内作業方式にせよ、法的には男性貢納責任者の名前のもとに集約されてしまうのである。こうした荷札の記載を根拠に、実態としても女性の労働は男性家長を責任者とする経営体のもとに隷属していた[10]とみてしまってよいのだろうか。

平城京左京三条二坊からは「和銅三年四月十日阿刀マ《(部)》志祁太女舂米」、長岡京左京二条二坊からは「宮守𣎴小田伎柏原杲小田井女籾一石」という女性名を記した荷札木簡が出土している（『木簡研究』二・三、一九八〇・八一年）。平城京左京三条二坊はいわゆる〝長屋王邸〟の南に続く庭園遺跡である。同じ場所から「北宮」（吉備内親王カ）[補2]関係の木簡も出土しており、「北宮帳内・左大臣資人」＊を記す文書（「山背国愛宕郡出雲郷雲下里計帳」『寧楽遺文』上）の存在も考えあわせると、長屋王の妻である吉備内親王の封戸からの春米進上を示す木簡であろうか。長岡京跡出土のものもこれも、通常の国郡里（郷）戸という地方行政組織を経ての租税貢進ではない点で共通する。女性の貢進者名を記す数少ない木簡のこの共通性は偶然ではあるまい。労働の実態が家長の経営に隷属しての家内労働ではなく女性自身が主体的に行なうものであったゆえに、国郡里（郷）戸の法的枠組みをはずれたところでは女性の貢進責任者が顔をのぞかせた、とみるべきであろう。次節二で述べる荘園村落での労働の実態からいってもそう考えられるのである。

＊帳内《ちょうない》は親王に、資人《しじん》は上級貴族に支給された家政担当の下級役人である。ここの左大臣は長屋王をさす。つまり吉備内親王・長屋王夫妻は各々の家政組織を保持して〝同居〟し、二つの家政組織がそれぞれに機能しているのである。富豪層について述べた、家長・家室という二人の経営主体からなる家、とも共通するあり方である。こうした点からみて、この邸宅を〝長屋王邸〟と称することにはやや問題があろう。

この時期の労働の変化は、共同体労働から自己の家内労働へということのみではない。延暦一八年（七九九）五月一七日官符（『延暦交替式』）によると、〝従来、出挙はまず穎稲《えいとう》で返納し、帳簿に記入するさいに倉からだして糙していた。そのため出挙の返納者と糙者が別人となり、欠損分は糙者が補塡するので、金持ちは少しも労せず貧乏人だけが疲弊する。以後は返納者自身が糙して納めよ〟、とされている。ここで注目されるのは、欠損分を糙者が補塡しなければならないために「富強の人は手を拱《こまね》いて労なく、貧弱の家は門を合せて弊を受く」とあることである。これは、穎稲を穀化する糙作業が広く雇傭労働として行なわれていることを示す。「貧弱の家」は労働の報酬をもとめて糙作業を請け負う結果、逆にさらに目減り分などの補塡の負担をも背負い込み、「富強の人」はそのような作業に手をそめる必要もなく悠然と過ごす、ということなのであろう。八世紀末には、家族経営が共同体から自立してくるとともに、その経営相互の間の貧富の差が大きく広がり、雇傭労働が一般的に展開するに至っていたことが、ここから読みとれよう。

3 倉をめぐって

滋賀県森の内遺跡からは、稲と倉をめぐる興味深い文書木簡が出土している（『木簡研究』八、一九八六年）。原文は和漢混淆体だが、一応の読み下しの私案を示すと、

椋□□、我が（持ち往く）稲は（馬を）得（ざる）が故に我は反《かへ》り来たる。故にこれ汝卜部《うらべ》は舟より人を率いて行くべきなり。その稲の在処は衣知評《えちのこほり》平留五十戸《へるのさと》の旦波博士《たんばのはかせ》の家。

我が馬がないためにとりに行けなかった稲を、卜部某に舟でとりに行くように指示した文書である。「評」とあるので大宝令以前の七世紀末ごろのものと推定され、旦波博士は平留五〇戸（里）（のちの愛智郡覇流《へる》村の地か）の里長で、その家《やけ》の椋《くら》に稲が積まれていたらしい。刈取った稲を収納するクラは、七世紀末にはまだ主として首長が管理するところだったのではないだろうか。

承和八年（八四一）閏九月二日官符（『類聚三代格』巻八）によると、当時の農業は天気まかせで、秋の長雨にあうと「稲を中庭に置きて見ながらかつ飢える」という状態であった。というのも、庶民にはまともな倉はなく、中庭に積んだ稲は雨が降ればみすみす腐らせるしかなかった。収穫した稲は、大部分が公私出挙の返済分として郡衙あるいは村里

の富豪層の倉に蓄えられ、庶民の手元には翌春のための種穀も残らない（したがって倉を持つ必要もない）というのが、九世紀半ばの現実であった。庶民は富豪層の倉に蓄えられた稲の舂米作業に雇われることで、かろうじて自らの再生産を維持できたのである。『日本霊異記』上巻二話の稲舂女は、村のなかのこうした「貧弱の家」の女性たちだったのだろうか。

二　荘園村落と女性

1　経営を請け負う女性――山田女木簡より――

一九八三年三月のこと、藤原宮跡から長さ一メートルちかい大きな木簡が掘出された。(11)そこには弘仁元年（八一〇）から翌年にかけてのある荘園の収支決算が書き込まれていた。この木簡を手がかりに、九世紀はじめの荘園村落に生きた男女の暮らしぶりを考えてみよう。表裏に四段にわたってびっしりと書き込まれた文書の一部を抜出して、次ページに紹介することとしたい。

この文書木簡は秋の収穫後の決算報告書であるらしく、耕作を請け負った人間からの稲の収納、各地への運搬、舂米作業、租税の納入、働く人々への稲の貸付、翌春のための耕作料の支給など、当時の農業労働のありさまが生き生きと読み取れる。紹介しなかった部分にも、荘園内の神祭りや領主らしい人物の見回りの費用など、興味深い記述が多い。都が藤原から奈良に移り、田園化した都跡に成立した荘園村落で、木簡のなかで宮所庄といわれているのがそ

（表より）
弘仁元年十月廿日収納稲事　合壹千五百□□〔玖束カ〕
山田女佃二町六段千二百卅三束又有収納帳
凡海福万呂佃四段地子六段二百五十二束
同日下廿束　使石川魚主
葛木寺進者　上三月丸弟□建丸
定残千四百八十玖束　浄丸福丸等
（以下別筆）
弘仁元年十月廿六日下卅七束五把
義倉籾一石四升料十六束

十三束籾料別束八升
一束籾女功食料
二束運人功料
元年佃三町六段百廿歩
自庄造二町六段百廿歩
福万呂作四段又地子六段同租上
二不得八定田三町百廿□〔歩カ〕
可上租穀四石五斗四升料穎五十六束八把別束□〔籾カ〕得八升
糙女九人別人糙五斗功食四束五把別人五把

（裏より）
人々出挙給十七束凡海加都岐万呂十束 民浄万呂 建万呂妻浄継女二束 大友三月万呂二束
宮所庄持運車引建万呂六箇日
食幷酒料三束日別一升六合食 又酒日別一升

□□□廿日下二百卅三束八把之中
二年田作料且下百十八束受山田女 残百八十束
又凡海福万呂所佃作□〔料カ〕卅束依員下了
凡海国人出挙廿□〔束カ〕
同福万呂出挙給廿□〔束カ〕

の荘園であろう。(12)

まず注目されるのは、山田女が自分自身の名で耕作（佃《つくだ》）を請け負っていることである。その面積は二町六段で、並んで記された凡海《おほしあま》福万呂の四段よりはるかに多い。山田女の請け負い面積は別の箇所に「自庄造……」とあるものとほぼ一致する。つまり、山田女は庄の直営田を一手に引受けているのである。翌春のための田作料の支給にあたっても山田女は一一八束を受けている。葛木寺に稲を運んだ三月丸・浄丸などは、耕作のための種稲の貸付と思われる出挙の記載にも名前が見え、彼らが山田女の請け負い分をさらに分けもって耕作したらしい。福万呂は田作料と種稲分出挙を合せて五〇束下給されているので、請け負い分を実際に自分で耕作する小経営者だったのであろう。

山田女のような女性は全国的にも別にめずらしくはない。例えば天平一九年（七四七）には力田前部《ぜんほう》宝公の妻である久米舎人《とねり》妹女が、夫とは別に外少初位上という位を授けられている（『続日本紀』同年五月辛卯条）。「力田《りきでん》」というのは自分の財・労力を投入して耕地を開発した者のことで、授位は政府の開墾奨励策の一環である。久米舎人妹女は自分自身の財を駆使して相当面積の田畑を開発し、経営にあたっていた女性であろう。

2　荘園村落の労働と家族

荘園内では他にも女性の活躍がみられ、三月丸以下の男性と並んで「建万呂妻浄継女《きよつぐめ》」は二束の貸付を受けている。女性、それも夫のいる女性が夫とは別に自分自身の名前で貸付を受けるというのは、当時の中国や、日本でものちの時代と対比したときの大きな特色である。山田女による佃の請負、夫のいる浄継女への出挙は、女性が独自の経営主体であったことを示し、家父長制家族の未成立を物語る。(13)山田女や久米舎人妹女などの富豪女性の裾野には、ミニ山田女ともいうべき浄継女のような、自らの名前と責任で労働する女性たちが村々に広範に存在していたのである。

さらにこの木簡からは、一—1で述べた舂米女たちの働きも知られる。義倉（飢饉災害に備えての貯蓄のための倉）に納める籾は籾女、国家に租としておさめる穀は糙女の手になるものであった。糙女の仕事は一人につき五斗の作業高で、功食（労働報酬）は五把、籾女も糙女も広い意味では舂米女である。雇傭労働としての舂米作業が広く行なわれていたことが知られよう。この籾女・糙女のなかには、三月丸や浄丸の妻もいたのではないだろうか。

浄継女の夫の建万呂は、葛木寺への稲の運搬の他にも、奈良にある馬や材木を宮所庄に運ぶ車引の仕事に専門的に従事している。九世紀初めの都周辺の最先進地帯の荘園村落には、夫は車引き、妻は耕作に、それぞれ雇われ働く夫婦の姿がみられるのである。とはいっても、窮乏した日雇い労働者なのではなく、三で述べるように当時の輸送請け負い業者は相当程度の有力者層である。山田女や浄継女のあり方からは家父長制家族の未成立がうかがえると同時に、夫婦それぞれが主体性を持ちつつ寄合うかたちで、（凡海をなのる）血縁のつながりにも助けられつつ、従来の共同体の枠の外に展開する新しい村落での家族生活が営まれつつあったらしいことに、注目しておきたい。

三　流通の展開と女性

1　知識と造橋

八世紀前半、民間にあって仏教を広めた行基は、教えを説くだけではなく「親《みづ》から弟子等を率いて諸の要害の処にによより結ばれて功徳のための事業に協力することを知識というが、行基だけではなく、僧侶を先頭にした知識による造橋の例は多い。どうして橋を造ることが、そんなにも人々に喜ばれる功徳となったのだろうか。

当時、恒久的な橋を架けることはなかなかの難事業で、九世紀前半の東海・東山の要路ですら渡船か浮橋だけであった（『類聚三代格』巻一六、承和二年六月二九日官符）。橋が架けられなかったのは工事の困難さのためだけではない。国家の消極性も大きな要因であった。それは公民を本籍地に縛りつけ、逃亡を防ごうとする本貫地主義によるところが大きいとされている。(14)が、さらにその背景には、古代の共同体の閉鎖性という状況があった。『日本書紀』には七世紀半ばのこととして、都から帰る役民が途中で病死しても、路頭の家では「何の故にか人をして余路《あがあたり》に死なしむる」といって連れの者に祓除《はらへ》の財物を強要したり、道端で炊飯をしても、「何の故にか情《こころ》の任《まま》に余路に炊き飯む」といって祓除をさせる、といった習俗が記されている（大化二年三月甲申条）。よそ者に対しては固く心を閉ざした閉鎖性がみてとれよう。妻問いの旅に出た天皇が摂津国高瀬で河を渡ろうとしたときに、度子《わたしもり》が「私は天皇に仕える者ではない」といって拒否したという話（『風土記』播磨国賀古郡）は、国家の支配自体がまだそうした閉鎖性を超える段階に至っていなかったことをよく示している。

中央集権国家の体制を初めて確立した律令制下においても、全国網として整備されたのは国家の情報伝達の通路、中央への貢納の通路のみであり、在地の必要から生み出されたものではなかった。(15)調（穀物以外の布などの生産物）・庸（労役の代わりに納める布）は成人男子に課され、貢納者自身の負担で都まで運ばなければならなかった。『続日本紀』には、「諸国の調脚、郷に還ることを得ず、或いは病に因りて憂苦し、或いは粮なくして飢寒す」（天平宝字二年五月甲戌条）など、調庸運搬の民の悲惨さを語る記事が少なくない。「諸国の庸、入貢するに、或いは川に橋なく、或いは津に舟乏しくして、民の憂い少なからず」(『日本紀略』延暦二〇年五月甲戌条)とあるように、橋のないことも往来の困難をさらに大きなものにしていた。こうした状況のもとで、僧侶による造橋知識のすすめは、人々の生活の要求に積極的に応えるものとして大きな意味を持ったのである。しかし、都への調庸運搬の必要に迫られての民間主導による橋・道路の整備は、それだけにとどまることなく、生産・流通の新しい動きと結びつき、それを促進し、共同体の閉鎖性を打ち破る新たな人間の結合をも生み出していく。

僧侶たちの造橋知識には、郡司クラスの豪族の妻から村に生きる庶民上層の女性まで、さまざまの階層の女性が参加した。例えば、筑前国宗形郡大領宗形朝臣深津とその妻竹生王は、僧寿応の誘いにより金埼船瀬を作った功により位を授けられている(『続日本紀』神護景雲元年八月辛巳条)。また、河内国志紀郡に住む布縫造《きぬぬいのみやつこ》金継女と母は、父の死後、忌日ごとに斎食誦経し、毎年、冬になると雑材を買って恵賀河に借橋を架けることを続けたという(『続日本後紀』承和八年三月癸酉条)。調庸は一〇月から一二月にかけて都に貢進し終わることになっていた(『律令』賦役令3調庸物条)。金継女らは船を並べた上に材木を渡した借橋(浮橋ともいう)を調庸運搬のときに合わせて作り、亡き父の供養のための功徳としたのである。

行基の活動集団の支持基盤は、畿内周辺の中小豪族(彼らは同時に都では下級官人である)および村落上層の人々である。行基は橋や布施屋だけではなく、とくに養老七年(七二三)の三世一身法以後は、灌漑施設を多く設けている。これは運動の支持者の欲求にもとづくものであろう。(16) 行基集団への女性の参加については、律令国家の成立にともなう旧来の共同体・家族秩序の動揺、女性の地位の変動が彼女たちを宗教活動へと向かわせたとの推定がなされている。(17) しかし、造橋などの知識活動に多くの女性の参加がみられることは、そうした面とあわせて、旧来の共同体の枠を破る開発の進展、交通の活発化が、女性自身のもとめるところでもあったことを意味するのではないだろうか。

奈良の下つ道の側溝から八世紀初頭と思われる過所木簡（古代の通行手形）が出土した。(18) 表に「関々司の前に解す。近江国蒲生郡阿伎里人大初上阿□（伎カ）勝足石の許に田作る人」、裏に「同伊刀古麻呂・大宅女、右二人、左京小治町大初上笠阿曾弥《あそみ》戸……」なる記載があった。（藤原京の？）左京に住む伊刀古麻呂と大宅女の男女二人が「田作人」として近江国の阿《あ》（伎《き》）勝《のすぐり》足石のもとに手伝いに行き、帰路、山背から大和に入る地点の関で廃棄されたものらしい。足石は大初上の位を持つ蒲生郡の豪族クラスの人物である。伊刀古麻呂と大宅女は、足石の親族（同姓）として農耕の手伝いに赴いたのであろう。

2　交通の展開

当時は「添下郡・平群郡は四月に種え七月に収め、葛上・葛下・内郡は五・六月に種えて八・九月に収める」（『令集解』仮寧令定省仮条「古記」）というように、ほぼ郡ごとに田植え・収穫の時期にはズレがあった。したがって開発を進め生産の一層の発展をめざそうとすれば、郡を超えての農業労働力の移動が必然となる。農業労働力を集めるには、魚酒をふるまうのが古代の例であった。国家は「殷富の人多く魚酒を蓄え既に産業の就り易きを楽しみ、貧窮の輩僅かに蔬食を弁へ還りて播殖の成り難きを憂う」として、富裕者による労働力の独占をしばしば禁じている（『類聚三代格』巻一九、延暦九年四月一六日官符、『日本後紀』弘仁二年五月甲寅条）が、生産の発展⇒私有の拡大をもとめる動きは押しとどめようもなかった。これも本来は村の協同の農作業・祭りのなかでの共同飲食の伝統に由来すると考えられ、それが八世紀末段階にはたんなる雇傭労働へと変質していくのである。(19) 過所木簡の例は、共同体労働から一般的雇傭労働の展開への過渡期にあって、有力者層が自己の親族関係を利用して生産の拡大を図りつつある状況を示しているとみることができよう。

こうして次第に、在地の要求に根ざした交通が展開していく。主体となったのは私有の拡大をもとめる在地の有力農民層であり、僧侶はそれを組織したのである。道路の整備状況からいって、民間での車の普及は畿内でのみ可能だったらしい。車は八世紀半ばには民間で生産されており、富豪層がそれを買得して輸送業にたずさわったのである。全国的に輸送に使われたのは馬牛だが、貧窮の百姓には到底手の届かないものであった（『類聚三代格』巻六、大同五年二月一七日官符）。『日本霊異記』下巻二六話によると、讃岐国美貴郡大領小屋県主《おやのあがたぬし》宮手の妻田中真人《まひと》広虫女は、馬牛・奴婢・稲銭・田畠を多く所有する富豪女性であった。彼女はこれらの財産を運営し、酒に水増しをして売り、出挙するときには小さい斤《はかり》で貸し大きい斤で返済させるといったあくどいことを重ねたために地獄におち、死後七日にして、腰から上は牛、下は人間という化物の形で生まれ変わったという。これらの財産が、夫とは別個に所有し、自己の責任で運営するものであったゆえに、悪業の報いも彼女一人で受けなければならなかったのである。彼女の所有する馬牛は酒の輸送・販売にも当然使われたであろう。輸送業も男性に限られてはいなかったのである。

3　商業女性の姿

紀伊国名草郡桜村の岡田村主姑女《すぐりおばめ》は、三上村の人々が薬王寺の薬料（寺の事業として薬を人々に分け与えるための元手）として寄せた稲を預かって酒を造り、貸し付けて増やす仕事を請け負っていた（『日本霊異記』中巻三二話）。一―1で酒殿と米舂の話にみたように、古代、酒作りは神祭りともかかわる女性（刀自《とじ》）の大事な仕事であった。姑女は寺の檀越岡田村主石人の妹で、桜大娘《さくらのおほいらつめ》とよばれている。村首《むらのおびと》クラスの有力者一族の族刀自的女性であろう。彼女は「酒を作る家主《いへぬし》」とも記されており、たんなる主婦ではなく、自らの責任で経営にあたる人間である（本書Ⅰ―付論2「「酒を作る家主」と檀越」参照）。この薬王寺の知識活動は、三上村・岡田村・桜村という三つの村にまたがって展開している。かつての共同体首長の系譜を引く一族の中心的女性が、仏教信仰による新たな結合を利用しつつ、自らの私有の拡大を実現していることが注目されよう。

聖武天皇の時代、三野国片県郡の小川の市（長良川沿岸）に怪力の女性が住み、商人から物を奪って業をたてていた（この女性は一―1で述べた狐を母とする人の子孫である）。それを、尾張国愛知郡片輪里に住む同じく怪力の女性が、蛤五〇斛を船に載せて売りにやってきて、力くらべをして降参させたという（『日本霊異記』中巻四話）。都に設けられた官製の東西市とは違って、地方には、『風土記』に「商豎《あきひと》と農夫とは小舟に棹さして往来《かよ》ふ」（常陸国茨城郡高浜）、「或は道路につらなり或は海中を洲に沿いて、日に集いて市を成す」（出雲国意宇郡忌部神戸神の湯）と記すように、水陸交通路沿いの人の集まるところに自然に成立した市があり、各共同体の間を結ぶ流通・交換の担い手として市人がいた。[20]こうしたところでも、女性は（夫や父の経営下ではなく）独立した商人として活躍していたのである。

四　村の〝まつりごと〟と信仰

1　村の男女と里刀自

八世紀前半の村では、春の初めにその年の豊作を願う祭りが村ごとの社の前で行なわれ、あらかじめ造り蓄えておいた酒を飲み交わす共同飲食をするのが例であった。村の男女がことごとく集まり、「国家の法」もその場で告げしらされたのである。秋にも同様に収穫を祝う祭りがなされた（『令集解』儀制令春時祭田条「古記」所引一云）。古代の祭りは、村の大事なとりきめをする政治（まつりごと）の場でもあり（だからこそ「国家の法」もそこで告げられる）、そこに男女がことごとく参加することは、共同体を構成する男女の政治的公的地位が、村レベルではまだ基本的に平等であったことを意味する。(21)『魏志』倭人伝にも三世紀の邪馬台国では「その会同坐起、父子男女別なし」と記されており、集会に成員男女すべてが参加することは古くからの伝統であった。家父長である男性のみが村の宮座祭祀や集会に参加する中世後期以降の村落のあり方が、けっして本来のものではないことがよく理解できよう。

　村の祭りを司る者にも女性が多くいた。天長二年（八二五）の官符には「或国は独り女祝を置きて永く其の祭りを主らしむ」とあり、このころでも、地方の社には女性の祝が一人だけということがめずらしくなかった(補3)（『類聚三代格』巻一、貞観一〇年六月二八日官符所引）。ただし国家は貞観一〇年（八六八）には、女性司祭者は把笏（神職の公的ランクづけ）の範囲外とした上での補任を命じており、律令制の導入とともに次第に始まった女性の政治的公的世界からの締め出しが、九世紀にはようやく地方の村レベルにまで及ぼうとしていることが知られる。

　一九七七年に岐阜県の東山浦遺跡の住居址から「里刀自」という文字の書かれた土器がみつかった。この遺跡は、正倉院に現在も大宝二年（七〇二）の戸籍の残る御野国加茂郡半布《はにふ》里の故地かと推定され、住居址の年代も大宝二年をそう隔たらない。（半布?）里の人々を実際生活面で統率していた女性、それが(補4)「里の刀自」であろう。刀自とは、そもそもは豪族層の女性に対する尊称である。村首クラスの男性が里長として律令地方行政組織の末端に連なる公的支配者となっていくのに対して、同じ階層の女性は、私的に村の人々を統率する里刀自から、富豪層の「家」の経営を夫（家長《いへぎみ》）とともに主体的に担う家刀自（家室《いへとじ》）へ、そして次の段階では家父長の下に従属してもっぱら家事をとりしきる家刀自（＝主婦）へと、次第に私的世界の内部へと押しこめられていくのである。(22)八〜九世紀の女祝と里刀自とは、村の〝まつりごと〟を担ってきた女性統率者の、最後の姿をわずかに伝えるものといえよう。

2　新たな村落結合と仏教

河内国では僧侶の知識活動が盛んで、八世紀前半、万福法師・花影禅師は造橋と大般若経書写の知識を広く組織し、家原里（大県郡？）の「男女長幼」も村をあげてこれに参加した。天平勝宝四年（七五四）の「家原邑知識経」（『寧楽遺文』下）がこれである。「普《あまね》く親疎に及ぼし、自他相携えて共に覚橋に遊ばん」とあるように、一つの邑（里）の人々が全員で村全体の繁栄を祈願している点が注目される。

万福法師らが工事を企画した橋は、大和川と石川の合流点付近に架かっていた河内大橋のことらしく、竜田道と大津道・渋川路を結ぶ畿内の要衝の地であった。(23)聖武天皇が大仏建立の手本にしたとされる知識寺もすぐ近くで、付近の安堂遺跡からは、平城宮から車で稲を運んだことを示す木簡も発見されている（『木簡研究』九、一九八七年）。大般若経は全六〇〇巻、家原里の人々が書き写したのは二〇巻分である。河内大橋の近隣の村落こぞっての大事業であったことがしのばれよう。三でみた生産の発展・流通の展開が、仏教をきずなとする新たな村落結合を生み出していったのである。

古代の寺には、国家的事業として建立される官寺、貴族・豪族によって建てられ多くはその氏の名を付す氏寺のほかに、村人の知識活動によって建立される村堂があった。村堂の多くは「（紀伊国那賀郡弥気《みけ》里に）一つの道場あり。号けて弥気の山室堂という。その村人等、私の堂を造るが故に以て字《あざな》とす」(『日本霊異記』下巻一七話)とあるように、里名を寺名とし、粗末な木像の本尊を安置する、村人の信仰のささやかなよりどころであった。(24)「家原邑知識経」には、家原里の人々を率いて書写活動を行なったと思われる里刀自的女性と、私的財力を背景に単独で書写を行なったと思われる富豪女性との二通りの女性の名がみられ(本書I—二章七〇頁参照)、転換期にある村落の様相がよくうかがえる。

3 祖先供養と「家」の芽生え

『日本霊異記』(上巻一二話・下巻二二話)によると、古代には、大晦日に各家で別屋に飲食を設けて、亡くなった身内の霊をなぐさめる魂祭りの風習があった。ただし、『日本霊異記』の例はどちらもたんに「諸霊を拝せんがため」とあり、いわゆる祖先祭祀にはなりきっていない。八世紀前半の東国の豪族層の祖先供養を記録した「金井沢碑」(『寧楽遺文』下)によると、「現在侍《はべ》る家刀自」に率いられた三代に及ぶ「三家《みやけ》子孫」(補5)の女性たちが中心になって、「七世父母現在父母」の供養を行なっている。ここにみえる家刀自は族刀自的女性であろう。「七世父母現在父母」も漠然とした祖先を指す当時の慣用句である。この碑文には女性たちの夫の名前は一人もみられない。夫婦を単位としない、完全な女系結合による供養である。

同じころ、畿内周辺の下級官人・豪族層は、「民伊美吉若麻呂《たみのいみき》・財首三気女《たからのおびと》、右二人、父母の為に願う」(「天平勝宝四年灌頂梵天経奥書」『寧楽遺文』下)など、夫婦がペアでそれぞれの父母に対する供養を行なっている。当時この階層で形成されつつあった「家」は、家長と家室の二つの中心を持つ経営体で、二人の死によって崩壊するか、あるいは財産が男女子に均分されてそれぞれにまた新たな夫婦寄合いの「家」が形成されていく。双方の父母に対する夫婦共同の供養は、まさにこうした一代限りの、まだ永続性を持つに至らない、形成期の「家」のあり方に対応した祖先供養観といえよう。それに対して東国の豪族層は、「家」形成以前の、一族結合を基本とする段階にあったのである。

五　夫婦・親子・兄弟姉妹——戸籍と家族——

1　戸は実際の家族か？

奈良の正倉院には、八世紀の戸籍がいくつかまとまって残され、庶民の〝家族〟構成がホクロなどの特徴まで書き添えて記録されている。女性の生活を探るうえで、またとない格好の史料のはずである。ところが、実は戸籍に記されているのは実際の家族そのままではなく、相当に帳面上での操作が加えられているらしいことが、多くの綿密な研究の結果、現在では明らかになっている。具体的な細かい造籍方針は郡単位で異なるらしい(25)。書替え・編成替えは大きくいうと、

①　国家が租税や兵役を徴発するための基礎的行政単位として一定数の成人男性を含むように、

②　支配層が積極的に推進しようとしていた父系観念に添うように、

という二つの要因によってなされている。その編成の結果が、戸主である男性を中心にほぼイトコぐらいの範囲までの父系の親族とその妻子からなる二〇〜三〇人の〝家族〟（いわゆる郷戸）なのである。

戸籍をみると、例えば、

ⓐ 幼児をともなったヤモメの中年男性と中年女性の数が異常に多く、五〇戸一里の単位でみると両者の数はほぼ対応する、

ⓑ 一人の人間が六年ごとの造籍のたびに所属の戸が変わる、

ⓒ 『万葉集』など当時の他の史料によれば妻方に同居の男性も結構いたはずなのに、戸籍にはそうした例は皆無である、

といった奇妙な現象がみられる。これらはそれぞれ実態としては、

ⓐ 幼児は母のもとにあり、男性はそこに通っている、

ⓑ 現実に六年ごとの移転や家族の分解・再編成が繰り返されたのではなく、行政単位としての必要な規模を維持するために帳面上での法的な所属変更がなされた、

ⓒ 妻方同居の男性はその戸主からみた父系の親族名称では表せないため、戸籍上では寄口・寄人《よりうど》（親族ではなく身を寄せている人）の扱いになっている、

と考えるとつじつまがあう。

ⓒの問題を実例からみてみよう。図1は大宝二年（七〇二）の御野国加毛郡半布里の秦人安麻呂の戸の構成図である（△＝男、○＝女、▲・●＝死亡・別籍など。数字は年齢、父系子孫の姓は省略するのが御野戸籍の原則。?と直線・点線の囲み、破線については後述）。安麻呂戸は総数三六人（男一六、女二〇）、戸主安麻呂グループ・安麻呂イトコ所波《そは》グループ・寄人小広グループの三つに大きく分けることができる。当時は女性は結婚しても姓を変えない。子供には七世紀後半に出された法令（男女の法）により、父の姓をつける。もっとも当時の庶民の姓は七世紀末ごろに政策的に一斉につけられたものなので、一里のほとんどが（親族関係になくても）同姓のことがめずらしくなく、したがってたまたま夫婦が

同姓という例も多い（安麻呂もほとんどが秦人姓どうしの夫婦である）。

さて、安麻呂イトコの所波は、もう少しくわしくいうと安麻呂の父の姉妹の子と推定されている。とすると、この戸の構成を一世代さかのぼって安麻呂の父が戸主だった時代には、所波の父はどのように記載されていただろうか。彼は妻方の戸に身を寄せていることになるが、そうした人間は戸主からの父系の親族名称では表現できないので、寄人とされたはずである。(26)(補6)そこでは、所波の母は戸主（安麻呂の父）の姉妹であるにもかかわらず、その関係は戸籍上には表されず、たんに寄人＊＊の妻と記されることになる（図1の?参照）。ここからさらに進んで考えると、寄人小広の妻古売もあるいは安麻呂父の姉妹かもしれない（図1の破線）。もしそうだとすると、次の造籍のときに小広がすでに死亡していれば、息子の阿手良《あてら》は母古売の縁によって戸主安麻呂の同党（イトコ）と記されることになろう。小広は実際には妻方にいるのかもしれないのに、（小広が生きている限り）そうした関係は戸籍上からは相当の史料的操作を経ないと検出できないのである。

2　婚姻の実態

古代の婚姻はツマトヒ婚(補7)といわれる。これを妻訪婚と書くと男性が女性のもとに通う訪婚のことになってしまうが、古代の史料にみえる「妻問婚」とは、男女が互いに求婚の呼びかけをして相手（ツマ、男女双方をさす）の気持ちをトフところから始まる婚姻のことである。のちの時代の嫁取婚が、父が息子の嫁を選んで取る家父長婚であるのに対して、男女相互の意思による当時者婚であるところにツマトヒ婚の本質がある。

八世紀前半の実状をかなり忠実に反映するとされるある法律注釈書によると、庶民の一般的婚姻は、男女両者の合

図1　御野国加毛郡秦人安麻呂戸の構成

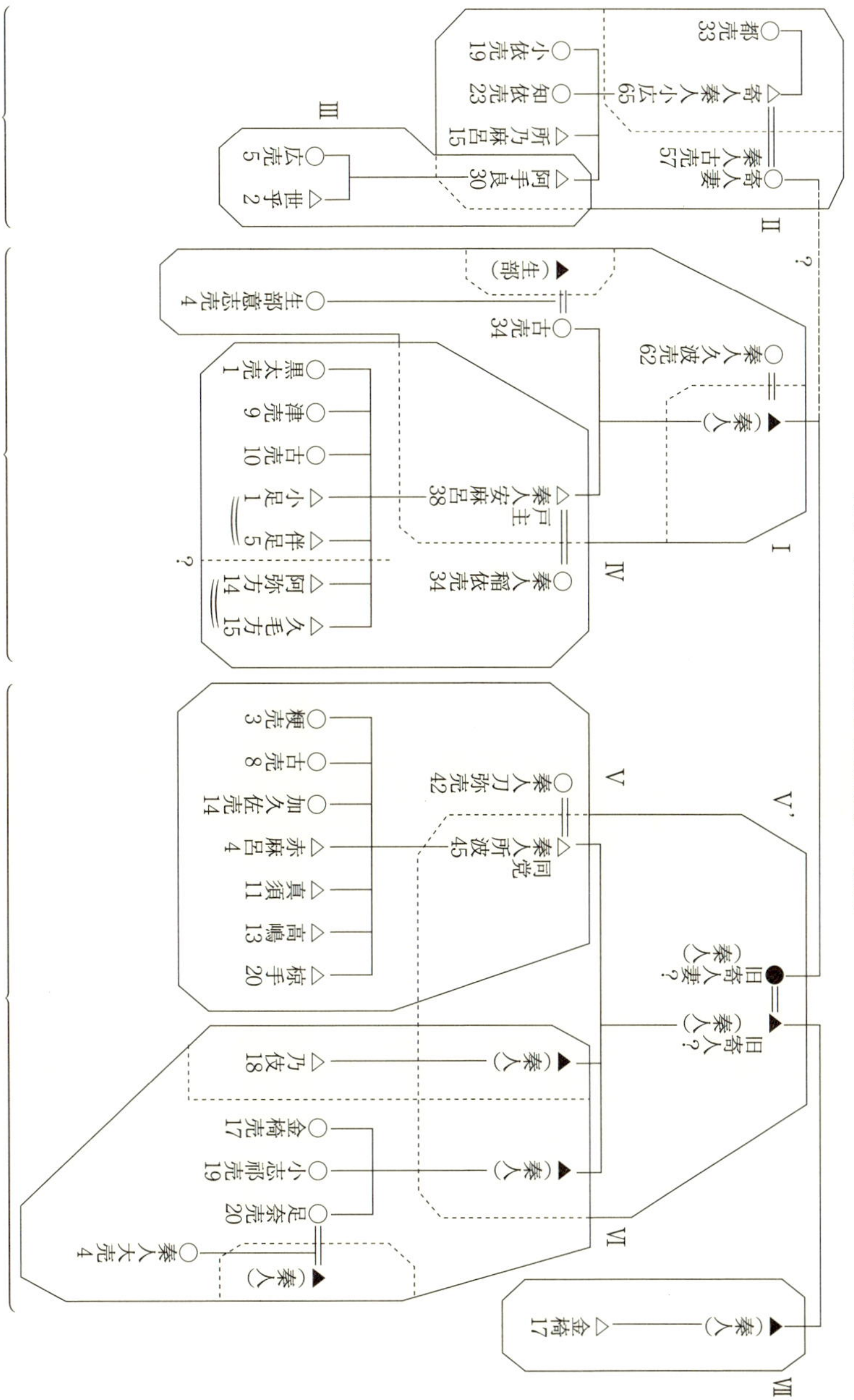

意ののちにさしたる儀式もなく男性の通いで開始され、ほぼ五〇戸一里の範囲内で男女が「相往来・相住」むというものであった（『令集解』戸令結婚条「古記」）。何年かの通いののち、子供も生まれ婚姻関係が安定したところで同居に移行するのが普通だったらしいが、その場合にも、妻方・夫方、あるいは新しい場所でと、生活条件に応じてさまざまな同居の形態があった。ただし、夫方とはいっても、夫の両親との同居を示す確実な例は八世紀にはない。

同里内での婚姻の実例を、同じく半布里戸籍から復原してみよう。戸籍の名前には、刀自売・小刀自売、麻呂・弟麻呂など、兄弟・姉妹で核となる部分の共通する命名例が多い。この共通性は同母の子供たちに限られ、同じ父親の戸に記載されていても、名前の共通部分が違う子供たちは異母グループと推定できる（安麻呂戸の））でくった「久毛方・阿弥方」と「伴足・小足」がそれに相当する）。逆にいうと、名前の共通部分を手がかりにすれば、複数の戸にまたがる兄弟・姉妹関係がみえてくるであろう。県造《あがたのみやつこ》都牟自売《つむじめ》は戸主県造紫の妻である。半布里には他にも県造姓の戸が二戸あり、県造吉事《よごと》の戸には、戸主母奈尓毛売《なにもめ》と、娘の小都牟自売・足結売がいる。ツムジメという名前の共通部分からみて、都牟自売は小都牟自売の姉、吉事の妹であり、婚姻により県造紫の戸籍に所属変更がなされたと推定できる。都牟自売二二歳、小都牟自売二〇歳で、年齢的にも矛盾しない。奈尓毛売は一三名の奴婢を所有する半布里きっての有力女性である。一方、都牟自売も婢一名を所有している。これは婚姻にさいして母から分与されたものであろう。こうして、半布里という一つの里における有力者県造集団内部での婚姻関係の実態が復原されるのである。(27)

3　同居と家族のきずな

名前を手がかりとする考察をもう少し進めてみよう。半布里の安麻呂戸には、小広の妻（安麻呂父の姉妹？）の古売五七歳、安麻呂娘の古売一〇歳、所波娘の古売八歳と、まったく同名の女性が四名いる。戸籍の人名には男女を問わず同名が多く、戸籍作成時にかなり便宜的につけたらしいことがうかがえるが、それにしても、もし安麻呂戸の三六名が額面通りに同居して生活をともにする大家族であったなら、こういった事態は考えられないのではないだろうか。しかしここで、当時の婚姻形態（妻方への通いや同居も多くあり、夫方の両親との父系三世代同居は極力避けられたらしい）を念頭において、確率の高そうな同居グループにできるだけ細かく分けてみると、安麻呂戸はほぼⅠ～Ⅶに分けることができる（図1の直線・点線囲み参照）。こうしてみると、四名の古売はそれぞれ別世帯に属し、日常生活においては同名でも差支えなかったことが了解できよう。

半布里だけではない。養老五年（七一五）の下総国葛飾郡大島郷戸籍は一郷のほとんどが孔王部《あなほべ》姓で、同姓同名の人間が少なくない。例えば嶋俣里（現在の葛飾区柴又付近）の孔王部真国戸には、弟若売二八歳・真若売二一歳と、子若売三五歳・真若売三二歳・弟若売二三歳の二組の姉妹がいる。真国戸が実際に同居の大家族だとすると相当の混乱が予想されるが、両者の父親どうしが兄弟なので、実際には娘たちはそれぞれに自分の母親と一緒にいて二組が同居していたわけではなかったと考えれば納得がいく。こうした例は他の戸籍にも多くみられる。

では古代の家族は母系家族かというと、けっしてそうではない。当時の家族構成の特色を一口でいうと「母子＋夫」とされる。(28)(補8) 図1で〝夫〟を囲む点線は、成人した男性が、親・姉妹たちと、妻子との両方の世帯にどっちつかずで（より正確にはどっちにもついて）かかわっていることを示していよう。それは名前のつけ方からもうかがえる。半布里の安麻呂戸の古売五七歳が推定どおりに安麻呂父の姉妹だとすると、安麻呂妹の古売三四歳とは父系のオバ・メイの間柄になる。その安麻呂妹古売三四歳と安麻呂娘古売一〇歳の関係も同様である。嶋俣里でも国麻呂戸の安麻呂妹徳売二八歳と安麻呂娘徳売八歳など、類似の例がいくつかみられる。説話などから古代の子供の命名権は母親にあったらしいことがうかがえるが、同時に律令制下では、戸籍作成時に父が名前を正式に届出るさいに、日頃親しい関係にある自分の姉妹の名前を借りたり参考にしたりする（乎刀自売と刀自売など。この例も多い）こともしばしばあったのではないだろうか。

ここからは、男性の側からすると自分の親姉妹・妻子の両方と密接にかかわり、女性の側からすると自分の親兄弟・夫の両方と密接にかかわる（成人するまで母子はほとんど一体である）という、日常的に重層した家族の姿が浮かび上がってこよう（本書Ⅲ—三「イへの重層性と〝家族〟」参照）。日本の古代の家族は、夫は夕食後に来て朝食前に自分の家に帰り子に対してまったく扶養の義務を持たないインドのナヤール族の母系大家族（タロワド）とも、日常的にほぼ完結した緊密なまとまりを持つ現代の核家族とも、異質のものであった[29]。

前にあげた庶民の一般的婚姻形態を示す史料には、同里内で男女が「相往来・相住」むとあった。古代においては通いと同居の区別は実はあまりはっきりしていない。安定した継続的通いのことをも「スム」といい、結婚生活の解消は「ユカズなりぬる」「スマズなりぬる」という男性の行動、「戸をアケズ」という女性の行動で示されるのである。離婚した妻は子供たちからみて「父に（通いを）やめられた母（知々爾夜麻礼爾多流於毛《ちちにやまれにたるおも》）」（『令集解』喪葬令服紀条「古記」）であった。こうした流動的な婚姻関係、重層した家族関係が一般的であったのは、男女がそれぞれに自分の親族と共同体に支えられた独自の生活基盤を持ち、（同居の有無にかかわらず）夫婦を核とする家族が経済単位としての重要な機能を持ってはいなかったからである。男女の通婚範囲である里（いくつかの近隣の村からなる）は、親族・共同体の広がりの基礎的範囲であり、戸籍作成や班田収授の実質的操作のなされる範囲でもあった。

では当時の男女は、そうしたある意味では〝自由〟な婚姻・家族関係に満足していたのかといえば、そうではなかった。「吾妹子《わぎもこ》が裳引の姿　朝にけに見む」（『万葉集』12・二八九七番）など、同居生活への強いあこがれを詠った歌は少なくない。万葉の相聞歌《そうもんか》は、同居願望に身をこがす不安定な婚姻生活の下でこそ生まれたものであった。生産の発展⇒私有への欲求と、こうした男女の思いにも突き動かされて、八・九世紀以降、上層部分から次第に、安定した夫婦関係の形成を核に家族が経済的単位として（はじめは財産持寄りの男女ペアの経営体として、のち次第に夫主体の家父長制経営として）自立しはじめるのである。

六　安定した家族の形成に向けて

1　死生同心 ――家族の連帯債務――

天平勝宝二年（七五〇）、高屋連兄胲《たかやのむらじえがい》と相妻笑原木女、娘の稲女・阿波比女《あはひめ》の四名は連帯して四〇〇文を借り、期日までに返済できないときは二人の娘が「身を入れ申す」（役身折酬＝労働力で返済する）との証文を書いた（『大日本古文書』三―三九五頁）。山道真人《やまぢのまひと》津守と（妻?）息長真人《おきながのまひと》家女・（息子?）山道真人三中の三名が同じく連帯して四〇〇文を借り、返済できないときには（妻の父?）息長黒麻呂が代わって返済することを約束した、同年の証文もある（三―四〇五頁）。これらは、債務主体である男女が生活の共同にもとづいて連帯責任をみずから負ったものであろう。(30)

男性家父長（と寡婦）のみが債務主体となりえた中国と違い、家父長制の未成立な八世紀の日本においては、夫のある女性も独立した債務主体であった（債務主体となりうるということは、社会的に認められた所有主体であることと同義である）。それは男女がともに共同体成員としての平等な権利を持っていたからであろう。しかし、八世紀半ばにおいては同時に、各自が債務主体であるところの夫婦・親子が、一つの家族としてのまとまりをもって連帯責任を負う動きも出てきているのである。これは、家父長が単独で債務を負い、有無をいわさず一方的に妻子を質に入れたり身売りさせたりするような後世の家族のあり方とは明らかに違うが、各自が共同体成員としてのみ存在していた段階とも異なってきていることが注目されよう。「相妻」の語も、夫婦のきずなが強まりつつあることをうかがわせる。あとにあげた例で、妻方の有力者（父か？）と思われる人物が保証人になっていることも、形成期の夫婦家族を支えた背後関係をよく示すものといえよう。

2　出挙の変質——再生産保障から私富蓄積へ——

1でみたのは私出挙（私的貸借関係）だが、公出挙にも変化がみられる。正倉院に残る八世紀の大税負死亡人帳（公出挙の貸付を受けて返済できないままに死亡した者の名簿）を見ると、「戸主 史戸《ふひとべ》置嶋口史戸玉売　壱百拾束　天平十一年五月十日死」というように、戸主でもない一般戸口の女性が男性と並んで出挙の貸付を受けていることが一目でわかる（「備中国天平十一年大税負死亡人帳」『大日本古文書』一―二四七頁）。茨城県の鹿の子C遺跡出土の公出挙貸付原簿と思われる木簡にも、「若桜部尼□女三月「廿」五月廿九月二二日卅」といった人名と束数が、男女不規則に列記されている（『木簡研究』九）。これは基本的には、女性が共同体成員として出挙を受ける当然の権利を持っていたことに由来する。しかし八世紀の出挙は、すでに国家による租税収奪と富裕層の私富蓄積の手段へと変貌を遂げていた。とすれば当然、女性が出挙を受ける権利を持つことの意味も変わりつつあったとみなければなるまい。

備中国の大税負死亡人帳を見ると、死亡日が五月・一〇月に集中し、しかもその死者の負稲量は非集中月のそれにくらべて多い。これは、出挙班給時（鹿の子C遺跡木簡によれば三月と五月で、九月に返納）以前の死亡者を届けずにおいて班給のときの名義人にして大量の稲を借り、班給後まもなくあるいは返済時に死亡届を出して、死亡者負稲免除の制度を悪用したものと推定される。こうした操作をすることのできたのは、郡司以下里長クラスの有力者の一族であった。(31)

八〜九世紀を通じて、死亡者負稲免除制度は出挙利率の改訂と密接に対応しつつ改廃を繰り返している。返済不能者が多数にのぼる現実の下で、五割ならば死亡者の負債を免除しても返済分で運営できるが、三割では本稲（元本）維持も困難なので免除しなかった、というわけである。(32)しかし、それだけではない。大同元年（八〇六）の勅によると、〝出挙の利率は五割が定めだが、民のために三割にしたところ、富豪が競い借りて貧乏人には行き渡らなかった。またそのさいに死亡者免除を廃止したが、それでは孤児が哀れなので、以後、利率は五割にし、死亡者の負稲は免除する〟という（『日本後紀』大同元年正月甲午条）。三割のときに富豪が競い借りるのは、それを高い利率で貧乏人に貸し付け利ざやを稼ぐためである。当然、貧民は種稲にもこと欠き、公出挙が足りなければどんなに高利でも私出挙に依存せざるをえない、という現実があった（『続日本紀』神護景雲元年二月辛卯条、『日本後紀』延暦一八年二月己丑条など）。五割だとある程度は貧乏人にも公出挙が行き渡るが、その場合、貧窮の孤児から取り立てるべきでないので、死亡者免除を復活させたのであろう。『日本霊異記』の話をみても、富豪層の女性は男性と同様、私富蓄積に狂奔している。当然、公出挙の操作・独占による利ざや稼ぎもなされたであろう。八世紀において女性が債務主体でありうることの意味は、かつての共同体成員としての〝平等〟から、私富増大をめざす経営主体としての競合へと変化しつつあったのである。

共同体成員の再生産保障ということからすれば、成員個人の負債をその死亡により免除するのは当然のことであり、出挙のこうした救済的性格は律令制下でも受け継がれてはいる。しかし一方では、国家の重要な収入源として、有力者層による操作・利ざや稼ぎを容認してでも確実に収入を確保する必要がある。階層分化による共同体の分解を阻止する面と促進する面との両面を八世紀の公出挙は持っており、その間での政策のゆれがたびたびの利率改訂と死亡者免除制度の改廃にも表れているのではないだろうか。『延暦交替式』には、〝百姓が稲を借りたまま死ねば免除するのが当然だが、あまりに不正が多いので、奸源を絶つために以後は免除しない〟とあり、『延喜交替式』で「およそ百姓官稲を負いて身死なば免除するを得ず」なる規定となって定着した。しかし、富豪層の経営が拡大安定して自稲が私宅の倉にあふれるようになれば、たとえ利率三割でも公出挙を借りる旨味はない。九世紀半ば以降、富豪層は「班挙を受けず」（『類聚三代格』巻一四、寛平六年二月二三日官符）、「正税を受けず」（『類聚三代格』巻二〇、昌泰四年閏六月二五日官符）という事態がすすみ、国家は耕田面積に応じて強制的に貸し付けるようになるのである。

出挙の貸付対象は本来は男女個人である。しかし天平六年（七三四）五月二三日官符は、「父母の負うところを情を知らざる妻子に懸け、妻子の負うところを情を知らざる父母に懸け」、債務が積もって田宅を失うに至ることを禁じている（『類聚三代格』巻一四）。個人が債務主体だが家族で返済する、という事態が進行し、その背景には家族労働の成果としての田宅所有の実現がある。八世紀末には「戸口数の増減に準じて挙」（『類聚国史』巻八三、大同二年九月壬子条）、「国内課丁を総計してその貧富を量り出挙」（『類聚三代格』巻一四）と、実質的に家族単位での貸付になる。一方では、「貧人を実録し保を結びて給し、亡者あらば保内で塡ぜしめよ」（『日本後紀』大同元年五月己巳勅）ともあり、下層農民では個々の家族の経済単位としてのまとまりはまだ弱かった。以後、弘仁一三年（八二二）の河内国（『類聚国史』巻八三、弘仁一三年一二月甲寅条）を初見として、耕田単位の貸付に変化していく。

3　相互扶助と破片〝家族〟――落伍者の行方――

持ち寄った財産を運営してさらに私富を拡大する富豪の妻や、家族の力を合わせてささやかな墾田を我がものとしていく庶民家族の女性がいる一方には、当然、階層分化のなかでとり残され、かつてのような共同体成員としての支えも得られないままに落伍していく女性もいた。彼女たちの生活はどのようなものだったのだろうか。

『日本霊異記』上巻三三話によると、〝河内国石川郡のある里に一人の寡婦がいた。夫の死後、貧しいなかで秋には落穂拾いをし、長年かかって費用をためて阿弥陀の画像を造り、夫の霊の供養をした〟という。貧しい者が落穂を拾って露命をつなぐことは、一般的に認められた慣行であった。しかし、『延喜式』（雑式）には「およそ百姓雇われて稲を刈るの日、人を率いて穂を拾うことを得ず」と規定され、一〇世紀初めには稲刈りの雇傭労働が広く展開していることがわかる。式の規定では、落穂拾いを雇傭労働の付加報酬と認めた上で、他人をも率いて大規模に拾うことのみを禁じているのである。そもそも寡婦などの落穂拾いは共同体成員としての権利であった。それが雇傭労働の進展により被雇傭者に対する付加報酬として落穂拾いが認められるようになると、一人前の労働力を持たない弱者（寡婦・孤児など）はそこから弾き出され、共同体外にさまよい出ていくしかない。これは共同体内の調整用労働力の減少を意味し、そのことがさらに雇傭労働の進展を促す。『延喜式』にみられる落穂拾いの慣行の変化は、共同体の相互扶助機能の低下、解体の過程を示すものであった(33)。

律令制下では、「鰥寡《かんか》孤独貧窮老疾不能自存者」（ヤモメ・未亡人・孤児・貧乏人・老人・病人などの生活困窮者）に対する賑給《しんごう》（救済のための稲・布などの支給）が、天皇即位や天災時などに行なわれた。天平一一年（七三九）の「出雲国大税賑《たいぜいしん》給歴名帳《ごうれきみようちよう》」(賑給支給者の名簿)には、「寡」として「戸主建部臣《たけべのおみ》足石口建部委売《やまとめ》　年七十一」以下多数の女性名が記載されている(『大日本古文書』一―二〇一頁)。支給対象者のなかでは寡の割合が最も高く、この傾向は天平期の正税帳類の賑給記録でも変わらない。実際にはここにも数字合わせの操作の手が加えられているらしく(34)、戸籍から機械的に抜き出していくさいに、夫と別籍の老年女性が拾われやすかったということも考えられるが、不安定な婚姻慣行の下で貧窮のうちにとり残される独身女性や母子の多かったことの反映でもあろう。

『日本霊異記』には、前にあげた落穂拾いの話のほかにも、夫もなく七歳になる娘を抱えて飢え死にしかかった盲女の話(下巻一一話)、里長クラスの豪族の妾として七人の子を生みながら、「極めて貧しくして食なく、子を養うに便《たより》なく、衣なく藤を綴」って身にまとっていた女性の話(上巻一三話)が出てくる。どちらの話にも夫と死別したとは書かれていないが、生きているとすればその夫、あるいは他の村人や親族からの援助の様子はまったくうかがえない。貧しい生活不能者は、村内の富裕者の家に「家の児」として包摂され、生きていくしかなかった(中巻一六話)。

おわりに

春米労働に従事する女性、新たに形成された荘園村落で耕作を請け負いたくましく生きる女性、生産と流通の発展に積極的に対応し夫とペアの経営主体として私富蓄積に奔走する女性、村の〝まつりごと〟を担い村人たちを統率していた女性、重層的で流動的な家族関係のなかから次第に夫婦のきずなを強めつつあった女性、生産の発展・家族の変化からとり残され零落していく女性、七~九世紀ごろのさまざまな女性のすがたをみてきた。八世紀を大きな転換期として、共同体の一員としての〝平等〟な関係は最終的に失われ、古代の村は、家父長制家族相互のむすびつきによる新たな村落構成へと向かう。

家父長制家族の成立とは、たんに夫の妻子に対する支配ではない。所有を失った没落者を家のなかに従属者として取り込み、経済的に支配することで家父長制経営は安定拡大し、それが妻子に対する支配をもさらに強めていくのである。『日本霊異記』中巻一六話の「家の児」はまだ隷属者ではなく、労働力としての価値を持たない老人男女が隣家の家刀自の慈悲によって引き取られたが、時代が下がるにつれ、落伍者はもっとあらわで厳しい支配にさらされることになる。それは同時に、家刀自が夫とペアの経営主体（だからこそ自分の判断で「我、慈悲の故に家の児の数に入れむ」と夫に告げることができた）としての地位を失い、妻の座の安定と引き換えに従属的内助者に押し込められていく過程であり、妻となりえなかった女性にとってはさらに厳しい時代の始まりであった。

注

（1）鬼頭清明『古代の村』（岩波書店、一九八五年）。
（2）関口裕子「古代における日本と中国の所有・家族形態の相違について」（女性史総合研究会編『日本女性史1　原始・古代』東京大学出版会、一九八二年。のち関口『日本古代家族史の研究』上、塙書房、二〇〇四年所収）。
（3）服藤早苗「古代の女性労働」（右掲『日本女性史1　原始・古代』）。
（4）関口裕子「日本古代の家族形態と女性の地位」（『家族史研究』二、大月書店、一九八〇年）。
（5）吉田孝『律令国家と古代の社会』（岩波書店、一九八三年）。
（6）佐原真「銅鐸の美」（『日本美術工芸』三六三、一九六八年）。
（7）薗田香融「倉下考―古代倉庫の構造と機能―」（『日本古代財政史の研究』塙書房、一九八一年、初出一九五七年）。
（8）櫛木謙周「律令制下における米の貢進について」（『日本古代労働力編成の研究』塙書房、一九九六年、初出一九七九年）。
（9）松原弘宣「舂米収取と舂米作業」（『続日本紀研究』二四五、一九八六年）。

(10) 鬼頭清明「稲春女考」(『古代木簡の基礎的研究』塙書房、一九九三年、初出一九八六年)。
(11) 『木簡研究』五（一九八三年）、「奈良・藤原宮跡」および図版1〜5。
(12) 木簡の内容概略の理解は村井康彦「宮所庄の構造」(『国立歴史民俗博物館研究報告』八、一九八五年)、および前掲注（1）、鬼頭著書（六〜七頁）による。同木簡の女性をめぐる分析については服藤早苗「平安時代の女性経営権の一考察」(『家成立史の研究』校倉書房、一九九一年）参照。
(13) 服藤早苗「村々の生活」(脇田晴子・林玲子・永原和子編『日本女性史』吉川弘文館、一九八八年)、および右掲注（12)、服藤論文において、家父長制家族未成立の指摘がなされている。
(14) 舘野和己「律令制下の渡河点交通」(『日本古代の交通と社会』塙書房、一九九八年、初出一九八二年)。
(15) 加藤友康「交通体系と律令国家」(『講座　日本技術の社会史』八、日本評論社、一九八五年)。
(16) 栄原永遠男「行基と三世一身法」(平岡定海・中井真孝編『日本名僧論集』1、吉川弘文館、一九八二年、初出一九七二年)。
(17) 勝浦令子「行基の活動における民衆参加の特質」(『日本古代の僧尼と社会』吉川弘文館、二〇〇〇年、初出一九八二年)。
(18) 『木簡研究』二（一九八〇年)、「奈良・平城宮跡（第一六・一七次)」。
(19) 義江彰夫「儀制令春時祭田条の一考察」(井上光貞博士還暦記念会編『古代史論叢』中、吉川弘文館、一九七八年)。なお、魚酒型労働については、本書Ⅰ—三章「『田夫』『百姓』と里刀自」参照。
(20) 栄原永遠男「奈良時代の流通経済」(『奈良時代流通経済史の研究』塙書房、一九九二年、初出一九七二年)。
(21) 関口裕子「歴史学における女性史研究の意義—日本古代史を中心に—」(総合女性史研究会編『日本女性史論集1　女性史の視座』吉川弘文館、一九九七年、初出一九七七年)。
(22) 義江明子「『刀自』考—首・刀自から家長・家室へ—」(右掲『日本女性史論集1　女性史の視座』所収、初出一九八九年)。本書Ⅰ—二章所収。
(23) 中井真孝『日本古代の仏教と民衆』(評論社、一九七三年)。
(24) 直木孝次郎「日本霊異記にみえる『堂』について」(『奈良時代史の諸問題』塙書房、一九六八年)。
(25) 南部曻「古代戸籍の基礎的考察」(『日本古代戸籍の研究』吉川弘文館、一九九二年、初出一九七三年)。なお、戸籍研究史の概略と女性史からみたその意義については、義江明子「日本古代の戸籍と家族」(『古代女性史への招待—〈妹〉の力を超えて—』吉

川弘文館、二〇〇四年、初出一九九〇年）参照。
(26) 杉本一樹「戸籍制度と家族」（大林太良編『日本の古代11　ウヂとイエ』中央公論社、一九八七年。のち杉本『日本古代文書の研究』吉川弘文館、二〇〇一年所収）。
(27) 関和彦「古代戸籍の基礎的考察―婚姻関係の析出―」（『日本古代社会生活史の研究』校倉書房、一九九四年、初出一九八二年）。
(28) 明石一紀『日本古代の親族構造』（吉川弘文館、一九八九年）の「序文」に「小家族はこの母子集団に父が付属して構成される家族であり、まさに「妻と未婚の子供、そして夫」という表現によって示される」とある。なお、私がこれを「母子＋夫」と表現することについては、後掲（補注8）参照。
(29) 義江明子「イヘの重層性と〝家族〟」（前近代女性史研究会編『家族と女性の歴史　古代・中世』吉川弘文館、一九八九年）。本書Ⅲ―三章所収。
(30) 前掲注（2）、関口論文。
(31) 舟尾好正「出挙の実態に関する一考察―備中国大税負死亡人帳を中心として―」（『史林』五六―五、一九七三年）。
(32) 喜田新六「正税出挙の実態」（『滝川博士還暦記念論文集』二、中沢印刷、一九五七年）。
(33) 荒木敏夫「平安時代の落ち穂拾い慣行と稲刈り労働」（坂田聡編『日本家族史論集12　家族と住居・地域』吉川弘文館、二〇〇三年、初出一九八〇年）。
(34) 舟尾好正「賑給の実態に関する一考察―律令制下農民支配の一側面―」（大阪歴史学会編『古代国家の形成と展開』吉川弘文館、一九七六年）。

補注

(補1)『日本後紀』延暦一五年（七九六）一一月八日条には「遣伊勢・参河・相模・近江・丹波・但馬等婦女各二人於陸奥国、教習養□《(蚕)》、□《(限)》以二年」とあり、養蚕を教えるために伊勢以下の諸国から国ごとに「婦女」二名が陸奥国に派遣されている。陸奥国の調庸はそれまで「黄金」または「布」であったから（『続日本紀』天平勝宝四年二月丙寅条）、新たに絹を徴収する前提として養蚕技術の拡大が図られたものであろう。高級絹織物である錦綾の織成教習のためには織部司所属の挑文師が諸国に派遣された（『続日本紀』和銅四年五月丁巳条）ことと対比すると、ここの「婦女」は、錦綾織成技術における「挑文師」に相当することがわかる。

調庸貢納の前提として養蚕技術の指導を行なったこれら「婦女」は、公的地位は何も保持していないが、それぞれの出身の地においても養蚕労働を指揮する立場にあったとの推定ができよう。成人男子に賦課される調庸の収取を国家が実現するためには、こうした〝隠れた〟「公」的女性の動員と彼女たちを通じての女性労働の国家的編成が必須だったのである（義江明子「女性史からみた日本古代の村と後宮―労働の国家的編成とジェンダー―」（『唐代史研究』六、二〇〇三年、および同“Gender in Early Classical Japan: Marriage, Leadership, and Political Status in Village and Palace” *Monumenta Nipponica* 60–4（2005））。

（補2）「北宮」については、その後、木簡群にみえる二系統の家政機関の本主を誰とみるかという問題とかかわって、「北宮」は飛鳥からみて北に位置した香具山之宮に由来するとみて、長屋王の父である高市皇子を想定する説（森公章『長屋王家木簡の研究』吉川弘文館、二〇〇〇年）が有力である。高市皇子の家政機関が本主の死後も機構として存続し長屋王がそれを管理統括したことは、充分に蓋然性の高い想定と思われるが、その場合、多くの評者も指摘するように、吉備内親王の家政機関の存在が宙に浮いてしまう。夫である長屋王の家政機関との融合を考える前提として、この時代の高位貴族・王族同士の婚姻において、一邸宅内での同居とそれぞれの家政機関の運営とがいかなる関係にあるのかを、藤原不比等と県犬養橘三千代など、他の事例ともつきあわせながら、さらに考察を深めていく必要があろう。

（補3）『続日本紀』神護景雲二年（七六八）二月庚辰条には「出雲国国造外従五位下出雲臣益方奏神事、授外従五位上。賜祝部男女百五十九人爵各一級、禄亦有差」とあり、これは、『出雲国風土記』の「在神祇官」神社一八四所、『延喜式』巻一〇神名下の「出雲国一百八十七座」、巻八祝詞の「出雲国造神賀詞」にいう「百八十六社」とほぼ数が一致することから、「国造が出雲の神々の祝を率いて神々の賀詞を奏したことが奈良時代を通じて行われていた」と考えられている（『続日本紀』二、補注7・8参照）。このなかの相当数は、天長二年官符にいうところの「独り女祝を置きて祭りを主らしむ」社に該当することになる。また、出雲国造の神賀詞奏上記事において、霊亀二年（七一六）二月丁巳条には「祝部一百一十余人」、神亀三年（七二六）二月辛亥条には「祝部一百九十四人」とあるところを見れば、「男女」と明記しない「祝部」史料にも男女が含まれているということであり、このことは、出雲国造神賀詞関係記事以外についても妥当するのではないだろうか。

（補4）本章執筆時点では、「里刀自」と明記した資料は、東山浦遺跡出土の墨書土器一点であった。しかしその後、一九八三年に福島県荒田目条里遺跡から「里刀自」宛の郡符木簡が出土して、「里刀自」をめぐる議論は飛躍的に深化することとなった。これについては、本書Ⅰ―二章「「刀自」考」の（補注3）、およびⅠ―三章「「田夫」「百姓」と里刀自」参照。

（補5）　ここの「三家子孫」については、勝浦令子氏が碑面字形の読み取りを丹念に検討した結果、「三家子□」という男性人名で、これが祖先供養の願主である、との注目すべき研究を明らかにしている（勝浦「金井沢碑を読む」、あたらしい古代史の会編『東国石文の古代史』吉川弘文館、一九九九年）。勝浦説の詳細およびそれに対する私見は、本書Ｉ—二章「「刀自」考」の（補注1）参照。

（補6）　井上亘「「寄人」からみた戸」（新川登亀男・早川万年編『美濃国戸籍の総合的研究』東京堂出版、二〇〇三年）では、御野国戸籍について「寄人＝女系親族説」と「寄人＝下層農民説」「寄人＝析出戸口説」をそれぞれ検証して、「寄人」に女系親族が含まれること、隷属性はみられないことを確認し、「女系親族説は「戸」が収容すべき女系親族の範囲を明確にしえない点に、大きな弱点」があり、「女系親族の寄人も結局は析出戸口であったと考えるべき」だとする。そして、「御野国戸籍の「戸」とは、「戸主」を核とする「同党」（イトコのこと—義江）以内の親族と、それ以外の「寄人」とを分けて寄り合わせたものであり……「同党＝同堂」という「戸」の内枠を設定しつつ、「寄人」や傍系親を動かすかたちで、「五十戸＝一里」という外枠の維持を可能にしたものが「編戸」であり、かかる技術なくして、「里」の編成と運用は困難であった」とみる。その上で、「兄弟姉妹が連帯して暮らす現実があるから、兄妹の家族のほかは「寄人」とした。このように考えるほうが、はるかに無理がない」として「国家が父系の原理に即して人民把握、貫徹したというような説明」をしりぞけるのである。

　戸籍の編成原理を明確にし、親族範囲設定枠という観点から「寄人」記載の必然性を考察したことは、貴重な成果である。しかし、戸籍の父系擬制という議論のなかで提起された「寄人＝女系親族説」には、「戸籍」の表面からは見えない（隠されている）婚姻関係・親子関係があることを示す、という意味があった。本章は、「女系親族説」のもつそうした面に視点をあてて論じたものである。

（補7）　ツマトヒの具体的習俗については、小林茂文「古代婚姻儀礼の周辺」（『周縁の古代史　王権と性・子ども・境界』有精堂出版、一九九四年）にくわしい。なお、小林氏の古代婚姻学説の意義と問題点については、義江明子「歴史学における〈妹の力〉」（前掲注(25)、義江著書所収）参照。

（補8）　古代の家族構成の特色を「妻と未婚の子ども、そして夫」とする明石一紀氏の理解については、基本的に賛意を表しつつも、子どもを未婚に限定すべきではないということを、かつて明石氏著書の書評（義江明子「明石一紀著『日本古代の親族構造』」『日本史研究』三五八、一九九二年。本書Ⅲ—付論1所収）において述べた。これを「母子＋夫」と位置づけ直すのは、明石氏自身が上記の定義を導くための主要な根拠の一つとした「母と子と犯せる罪、子と母と犯せる罪」（『延喜式』巻八、祝詞。明石氏の解説によれば、前者は「母の夫―妻の娘」、後者は「娘の夫―妻の母」の間の関係の禁止）は、ともに通婚年齢にある娘と母との同居関係を前提とすると判断できるからである。なおくわしくは、義江明子「関口裕子氏の古代家族論の意義」（『（宮城学院女子大学附属キリスト教文化研究所）研究年報』三八、二〇〇五年、本書Ⅲ―付論2所収）参照。

〔付記〕　本章の初出は、女性史総合研究会編『日本女性史1　原始・古代』（東京大学出版会、一九九〇年）である。概説的論文として書かれたため、論証の不充分なところも多いが、ほぼそのままとし、若干の補注を付した。執筆にあたり参照した多くの先行研究については、研究者名も含めてすべて注に挙示したので、個々の論点についてはそれら先行研究を参照されたい。

第二章「刀自」考

――首・刀自から家長・家室へ――

はじめに

刀自というのは女性に対する尊称である。古風な尊称ではあるが、現代でも死語になっているわけではなく、最近もある雑誌で「＊＊刀自と〇〇君の対談記……」なる論題をみかけた。

辞書で刀自について調べてみると、例えば『時代別国語辞典　上代編』（三省堂）には「刀自……主婦。戸主（トヌシ）の約か。家刀自……一家の主婦。トジは婦人の尊称」とあり、『日本国語大辞典』（小学館）には「刀自……戸主（トヌシ）の意。家の内の仕事をつかさどる者をいう」とある。古くは狩谷棭斎の『箋注和名類聚抄』でも、「按ずるに刀自は婦人の家事に幹たる者をいう」と注されている。ただし、『和名類聚抄』が「古語に老母をいって負（度之《とじ》）となす」とするのに対して、棭斎は古代の史料を検討して「老少の別あるに非ざるなり」と訂正している。いずれにしても、〝刀自＝家刀自＝主婦（家事をとりしきる者）に対する尊称〟という理解では共通しているといえよう。しかし、本来的に刀自は主婦＝家事管理者だったのだろうか。

これはトジの語源論ともかかわる。現在までの研究によれば、トジは戸主＝tonousi→tonusi→tonzi→tozi と変化したもので、戸（ト）の主（ヌシ）の意と考えられている。しかしこの戸（ト）＝家族と即断してはならない。古代において人間集団としての家族あるいはその住まいを表す言葉はへ・イへ（戸・家）であり、「ト」は、入口（門・戸）あるいは場所（処）を意味する。そこから「トジは……戸口にいて、一戸の出入を支配したところから、一戸を所有支配するヌシの意が原義」[1]とされるのである。しかし、戸（ト）＝入口だとして、それを家の入口に限定して考えねばならぬ理由はない。「ト」は「ある地方へ入る入口をもいう」（『時代別国語辞典　上代編』）言葉だからである。このように語源論からみても、刀自＝主婦との理解には疑問がもたれる。

刀自について異なる解釈を示したのは高群逸枝である。高群説によれば、刀自は刀禰と対で複式族長（ヒメ・ヒコ）を意味し、男性（彦）が刀禰、女性（姫）が刀自（ヒメトネ）であるとする。[2]刀自を家刀自＝主婦に限定せず、男性と並ぶ族長としての面をとらえようとしたことは重要である。しかし、はたして刀禰と刀自は同じ次元での男女対の称とみなしてよいであろうか。律令制下では、官人・宮人を意味する儀礼的用語として刀禰・女《ひめ》刀禰なる男女対の称がみられる。それに対して、刀自はあくまでも女性のみに用いられる称である。また、高群説では「刀自（ヒメトネ）」とするが、刀自＝ヒメトネであるとの史料は確認できない。一方、九世紀初頭成立の『日本霊異記』には成立しつつある豪族層の「家」の経営主体として、しばしば家長《いへのきみ》・家室《いへのとじ》という対の称で呼ばれる男女（夫婦）が登場するが、刀自がもっぱら「家刀自」としての姿を明確に表すのは、ほぼこの『日本霊異記』の家室以降である。すなわち、刀禰・刀自の語はそれ自体が刀禰＝男、刀自＝女という対の関係にあるのではなく、八～九世紀以降に確認できるところでは、それぞれが〝刀禰・女刀禰〟・〝家長・家室〟という、異なるレベルでの男女対の関係を構成していると思われるのである。

それでは、刀自＝家刀自以前の、いいかえれば家長・家室という対の称が社会的に広範に成立してくる以前の、刀自と対になる男性の称は何だったのだろうか。また、それと男女刀禰とはどのような関係にあったのだろうか。
以下の考察では、右に述べた問題関心にもとづき、史料にみえる「刀自」のあり方の変化を、特にそれが何と対をなす称であったかに注目しつつみていきたい。それによって、古い共同体レベルと新たに成立してくる「家」レベルの両者にかかわる男女分業の方向を浮き彫りにすることができると考えるからである。

一 「家」刀自の成立

1 一族結合の家刀自

刀自の語は『日本書紀』『万葉集』に多く見え、天智紀九年（六七〇）五月条には「玉手の家の八重子の刀自……」という童謡が記されている。しかし、家刀自なる熟語の史料上の初見は、八世紀前半の「金井沢碑」(3)にみえる「現在侍家刀自」であろう。

上野国群馬郡下賛郷高田里三家子孫、為二七世父母現在父母一、①現在侍家刀自・②池田君目頬刀自・③又児加那刀自・④孫物部君午足・⑤次馸刀自・⑥次乙馸刀自、合六口、又、知識所レ結人、三家毛人・次知麻呂・鍜師磯部君身麻呂、合三口、如レ是知識結而天地誓願仕奉石文

神亀三年（七二六）丙寅二月廿九日

これは、三家子孫(補1)（朝廷からミヤケの管理者に任命された者の子孫一族）を名乗る東国のある豪族による、祖先供養を記

録した碑文である。ここの「七世父母現在父母」は「仏説盂蘭盆経」に出典を持つ当時の決り文句で、(4)現在生きている人間の父母を中心とする漠然とした祖先をさしていると思われる。この碑文に記された人物が供養の中心になった「三家子孫」とそれに協力した「知識を結ぶ所の人」の二グループに分れること、子には父の姓をつけるという当時の公的原則を手掛りに復元すると「三家子孫」は女系でつながる人々であることは、すでに関口裕子氏が明らかにしている。(5)

ただし、ここで問題となるのが「現在侍る家刀自」の位置づけである。これについては二通りの解釈が可能であろう。一つは、「現在侍る家刀自」だけで一人の女性を表示し、その女性の具体的氏名および以下の五名との続柄は記されていない、とする見方である。通説はこれによっており、「合六口」とある人数とも符号する。もう一つは、「現在侍る家刀自である池田君目頬刀自」とみる解釈である。現存の碑面より、「合六口」には疑問の余地はないので、この場合には「五」の彫り誤りとみることになる。金石文ではこうした製作過程での誤りはありがちではあるが、いったん彫り上げた後の訂正が不可能な位置・字体だったとも思われない。一応、通説にしたがって「現在侍る家刀自」だけで一人の特定女性をさすと、みておきたい。

そこでこの六口の続柄を再構成して図示すると、図1のようになる。丸数字は碑文にみえる人物、括弧内は碑文には記されず子の名前から推定した人物である。

七世紀後半の「男女之法」(『日本書紀』大化元年八月庚子条)以後、公的には父の姓を名乗るが、当時の主な婚姻形態の特色(長期の通いを含む男女の流動的な結びつき。子供の母方での成長)に対応して、現実の生活上のつながりは女性の系統を通じてのまとまりが強かったことを、この碑文は雄弁に物語ってくれる。(6)「下讃《さぬ》郷高田里」に居住する「三家子孫」とは、その地名から考えてもおそらくすぐ近くに現存する「山の上碑」(七世紀後半)に記された「佐野《さぬ》の三家と定め賜える健守命」の子孫のことであろう。すなわち、佐野ミヤケの管理者に任命された豪族の子孫一族のなかで、下讃郷に住んでいた一群の人々を統率する女性、それが「現在侍る家刀自」に他ならない。

ここで注目されるのは、図1に明らかなように、この「家刀自」の率いる〝家〟には、それぞれの女性の夫は含まれていないことである。すなわち、「金井沢碑」にみえる「家刀自」とは、夫婦を核とする家族結合の家内統率者ではない。目頬刀自や加那刀自も自分の夫・子との間に何らかの家族結合をもっていたはずであるが、それ自体は社会的に「家」とは観念されず、夫を排除した女系三世代のまとまりが「三家子孫」の〝家〟として「家刀自」に率いられる一つの社会的単位を構成し、祖先供養の主体ともなっているのである。一族の政治的統率者としては、少なくともこの時代には三家を姓とする男性族長がいたはずである（それが碑文に見える知識の一人＝三家毛人か否かは不明だが）。したがって、「家刀自」はそうした男性族長とは別の、一族内の現実の生活上のまとまりを統率した女性、と考えるべきであろう。八世紀前半の東国豪族層にあっては、夫婦単位の家族のまとまりよりも、氏内部の一族的まとまりの

図1　「金井沢碑」にみえる「家刀自」と女系の結合

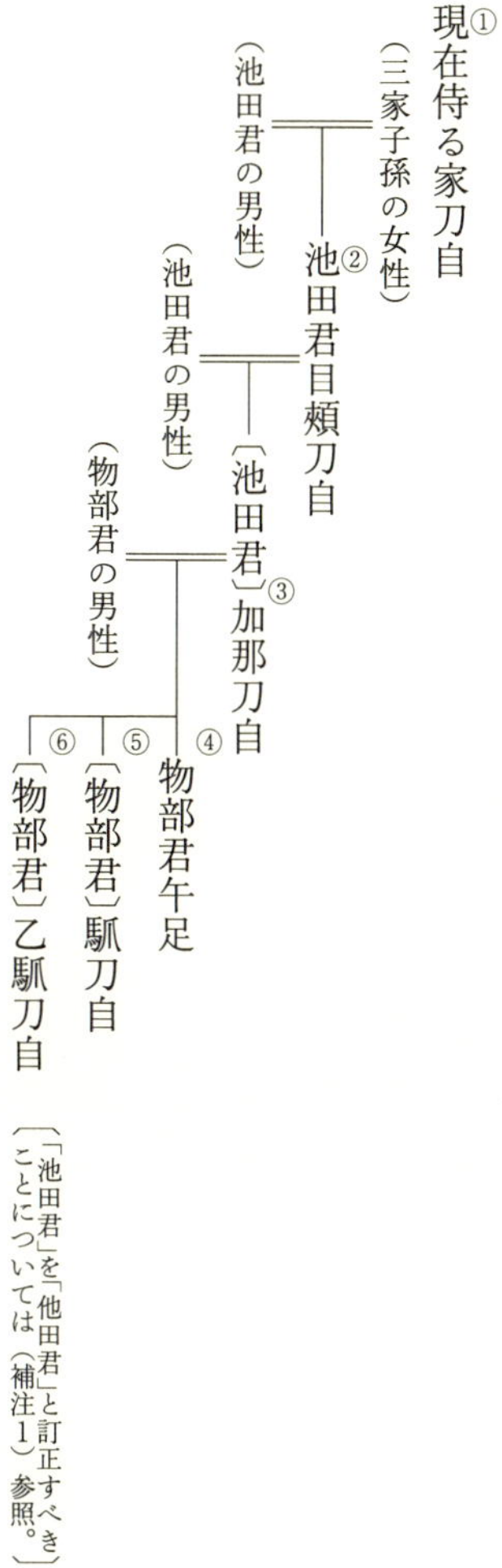

（「池田君」を「他田君」と訂正すべきことについては（補注1）参照。）

方が社会的に重要な意味をもっていたのである。

ところで、この碑文に見える女性はすべて〝＊＊刀自〟という名をもっている。しかも、戸籍史料などに見える「刀自売」「継刀自売」などの人名と異なり、目頰刀目・加那刀目・馸刀目・乙馸刀目は、いずれも「刀自」を除いた部分だけでも女性名として通用する名である。このことは、同じ一族と思われる「山の上碑」の「佐野三家と定め賜へる健守命の孫、黒売刀自」の名を見れば、より明らかであろう。彼女は「黒刀自売」ではなく、まさに「黒売の刀自」なのである。これらの「刀自」は、豪族層の女性に対する社会的尊称としての「刀自」であろう。そうした女性たちのなかで、現在、この一族結合を実際に統率している女性、それが「現在侍る家刀自」に他ならない。いいかえれば、当時のこうした一族結合には代々一人の「家刀自」が存在していたことになろう。それゆえに「三家子孫の現在侍る家刀自」と記すだけで、具体的人名・続柄の記載を必要としなかったのではないだろうか。

2　イヘノキミとイヘノトジ

「金井沢碑」の「家刀自」は一族結合の生活上の統率者だったが、同じ時代にすでに別の意味内容をもった「家刀自」も出現しつつあった。写経奥書[7]からそれを見てみたい。

イ　灌頂梵天神策経
勝宝（七五二）四辰左京八条一坊民伊美吉若麻呂・財首三気女、右二人、為二父母一願。

ロ　報恩経巻七
右、以二長門国司日置山守・家刀自三首那一、為二父母一敬写奉如レ件。

天平勝宝四年（七五二）正月上旬

ハ　瑜伽師地論巻六〇

大宰府史生正六位上八戸石嶋・春日戸刀自売、奉二為滋父母一仕奉願。
延暦四年（七八五）六月十五日

ニ　大法炬陀羅尼経巻六

維天平宝字五年（七六一）歳次辛丑九月十七日、願主僧光覚奉二為　皇帝后一

頭演勝菩薩　　神前倉人稲虫女
父神前倉人大嶋　　神前倉人刀自
私部守刀自　　化勝菩薩
私部稲麻呂　　私部黒奈倍
私部米刀自　　私部飯虫
神前倉人秋虫　　神前倉人多比波と
神前倉人田次　　相知刀自
神前倉人刀自古　　三宅土古
置始連祖父　　池上椋人大成
池上椋人浄浜古　　高田部安古
田部乙人

イ〜ハは、いずれも八世紀の官人層による、供養のための写経の奥書に記された文である。イの本貫をともにする

異姓の男女二名は夫婦であり、同じく異姓の男女が、〝父母の為に願う〟とするハも、夫婦であろう。したがって、ハとまったく共通の〝官職男性名＋女性名＋為父母〟という記載形式をもつロの二人も当然、夫婦と考えられる。平安期の同様の史料に〝男性名＋北方＊＊〟の表記例のあることも参考になろう。(8)勝浦令子氏は、イの「右二人」に注目し、やはり平安期の同様の史料に「各」の過去尊霊、あるいはそれぞれの「二親」を別記する例のあることをも参照して、イ〜ハのような男女ペアによる父母供養の共同祈願は夫婦がそれぞれの父母を各々供養するものであった、とする。(9)従うべき見解であろう。

写経奥書によれば、八世紀半ばに中央の貴族・官人層では、夫婦単位で双方の父母に対する祖先供養が行なわれていた。すなわち、ロの「家刀自」は、同時代の東国豪族層の、夫を含まない「金井沢碑」の「家刀自」とは異なり、夫と構成する「家」の刀自なのである。そこには夫婦単位のまとまりが社会的に重要な意味を持ち始めていることがみてとれよう。ここにおいて初めて現在の用法にまでつながる「家」刀自の成立を見ることができる。そこで注目されるのが、やはり同時代の畿内周辺の下級官人・富豪層によるニのいわゆる「光覚知識経」にみえる「相知刀自」である。「相知」とは、当時の売券類によくみられる近親連署の文言の一つで、ここの「相知刀自」は前後に記された他の固有人名とは明らかに異質の普通名詞である。「父神前倉人大嶋」のように、その前の人物との続柄を記す例から見て、「相知刀自」は「神前倉人田次」に対して「相知」の関係にある「刀自」、すなわち田次の妻たることを示す普通名詞とみるべきであろう。(10)

ここでも、夫婦のペアが対社会的なまとまりとして自覚され始めていることが確認できる。ロの「家刀自三首那」に姓の記載がないことも、夫と同姓の日置だったゆえとも考えられるが、「相知刀自」の例を参照すると、夫とペアの家刀自であることを示す点に主眼があったためとみることもできるのではないだろうか。

このように、八世紀半ばに中央の貴族官人層において夫とペアの「家」刀自が成立していたことが確認できるのであるが、ただ、そこでの夫婦による〝祖先〟供養は、双方の父母に対するもの、つまり一代限りであって、代々の祖先に対するものでないことに注意しなければならない。

八〜九世紀の世俗生活が生き生きと描き出されている『日本霊異記』には、家長《いへのきみ》・家室《いへのとじ》とよばれる男女のペア（夫婦）がしばしば登場し、二人による経営の実態が興味深く描かれている。

イ　（三野国大野郡のある男性が狐の化身に出会い、それと知らずに妻とした）……（犬の子が）毎に家室に向かひて、期尅《いのご》ひ睚《にら》み眥《はにか》み嘷吠《ほ》ゆ。家室脅え惶《おそ》りて、家長に告げて言はく、「此の犬を打ち殺せ」といふ。然れども患へ告げて猶殺さず。二月三月の頃に、設けし年米を舂く時、其の家室、稲舂女《いなつきめ》等に間食を充てむとして碓屋に入る。即ち彼の犬の子、家室を咋《く》はむとして追ひて吠ゆ。　（上巻二話）

ロ　（讃岐国香川郡坂田里に富人の夫妻があり、隣に貧しい老人たちが住んでいた）……家室、家長に告げて曰く「此の二の耆《おきな》嫗《おうな》、駈ひ使ふに便《たより》非ず。我、慈悲の故に、家の児の数に入れむ」といふ。長聞きて曰く「飯を操りて養ふは、今よりのち、各自らの分を欠きて、彼の、耆嫗に施せ……」といふ、家口、語に応じ、分の飯を折きて養ふ。……漸く諸の使人、又厭ひて施さず。家室、ひそかに分の飯をとりて養ふ。常に憾《にく》める人、長の公に讒《しこ》ちて曰く……　（中巻一六話）

イ・ロの家室はいずれも、夫である家長とともに家口・雇人を駆使しての経営を行なう女性である。(11)(補2)この時代の経営体としての「家」は、「家長と家室の二つの中心を持つ組織」であり、(12)家産も持ちよりで、家長と家室の死によってその経営は崩壊するか、あるいは財産が男女子に均分されて、それぞれにまた新たな夫婦寄合いの「家」が形成されていく。写経奥書にみられた、双方の父母に対する夫婦共同の供養は、まさに、こうした一代限りの、子孫代々に受け継がれる永続的経営体としての安定性を持つに至らない夫婦寄合いの「家」のあり方に、明確に対応する祖先供養観といえよう。

キミとトジが家族内部から見た男女一対の尊称であったことは、「父君にわれは愛子《まなご》ぞ母刀自にわれは愛子ぞ」（『万葉集』6・一〇二二）という歌の表現からも確認できる。対外的に見た場合にはどうか。ロに「長の公」とあり、他にも「一の富める家長公」（中巻五話）や「大きに富み財に饒《ゆたか》」な「家長公」（中巻一五話）、国造の直のカバネを持つ「家長公」（下巻三三話）など、『日本霊異記』の家長は、キミの尊称でよばれる、豪族クラスの有力者であった(13)。キミとは、オホキミ（大王⇒天皇）の例をあげるまでもなく、政治支配者に対する尊称であり、公的カバネの一つでもある。すなわち、男性の「家長（公）」（イヘノキミ・イヘオサノキミ）は、公的政治支配者としての権威を背景とする尊称である。それに対して、トジの称にはキミのような政治的背景はみられない。刀自は女性に対する古くからの尊称ではあるが、あくまでも現実の生活のなかでの尊称にとどまり、カバネへと発展することも、政治支配者の称号となることもなかった。

こうした男女のあり方の違いを『日本霊異記』の家室の働きからもう少し具体的にみてみよう。イでは「稲舂女等に間食を充てむ」、ロでは「家の児の数に入れむ」とあるように、家室は家内の人々に対する直接の差配を行ない、食糧の世話をし、家の構成員たる者を決定している。トジとは、こうした〝集団内の人々（の出入り）を統率する者〟であったと考えられよう。ロの家室は、「我……慈悲の故に家の児の数に入れむ」と「家長に告げ」たのであり、入れてよいかどうかの許可を家長に求めたのではない。それに対して家長は、新たに必要となる食糧をどこから支出するかを決定し、家内の人々に指図を与えたのである。つまり、家の成員とのかかわり方において、家長には経済的支配権の側面が強く出ているといえよう。

「家の児」が現実には富豪層の経営体に従属する存在であることはいうまでもない。しかし、ここに見られるキミとトジの具体的機能の違いをふまえて、前述の尊称としての性格の違いに再度注目するならば、トジの〝統率〟とは、本来的には支配の契機の乏しいものであった、といえるのではないか。すなわち、イヘノトジの地位は、あくまでもイへの内部をたばねる者としての自生的なものであるのに対して、イヘノキミの地位は、公的政治的地位に伴う外部からの権威を有力な支えとして家族員に臨むものであった、と考えられる。そして、家長はこうした権威をテコとして、やがて家長・家室の寄合い経営的あり方を脱して、次第に家の内部における明確な支配者ともなっていくのではないだろうか。

平安中期の『伊勢物語』(第四三段)には、「主のをとこ」と「家刀自」が出てくる。「主のをとこ」(貴族官人)は、地方に行く友人に「家刀自して杯させて……歌よみて(はなむけの女装束の)裳の腰に結ひつけさす」のである。この「家刀自」には、もはや『日本霊異記』にみた、夫と並ぶ経営主体としての姿はみとめにくい。まさに、家事をつかさどる者としての「家」刀自といえよう。

以上にみてきたように、「家刀自」の熟語は八世紀から見え始め、①(夫婦が構成単位となっていない)一族的結合の統率者としての家刀自から、②夫と構成する「家」のペアの経営主体としての家刀自へ、そして③夫の「家」の家事をつかさどる家刀自へ、という変化の段階をたどることができた。八世紀は①と②が(中央と地方での偏差をみせつつ)並存する過渡期である。

ところで、ロの「家室」の古訓に「伊戸乃止之《いへのとじ》」とあるように、「家刀自」とは「家」の「刀自」である。ということは、その前提として、本来、「家」という冠称を必要としない「刀自」が社会的に広範に存在していたはずである。そうした「家刀自」以前の「刀自」の姿を次にさぐってみたい。

二　首と刀自

七世紀半ばの「船氏王後墓誌」(14)は、「家刀自」以前の刀自について考えるうえで、きわめて興味深い史料である。

> 惟船氏故王後首者、是船氏中祖。王智仁首児、那沛故首之子也。生下於乎娑陀宮治二天下一天皇之世上、奉下仕於等由羅宮治二天下一天皇之朝上、至下於阿須迦宮治二天下一天皇之朝上……故戊辰年十二月殯一葬於松岳山一。共二婦安理故能刀自一同レ墓、其大兄刀羅古首之墓並作墓也。……

船氏王後は、敏達天皇の時に生まれ、推古天皇から舒明天皇に仕え、戊辰年（六六八）に妻の安理故能刀自と共に、大兄刀羅古首の墓と並んで葬られた。ここに見える「安理故の刀自」の「刀自」は明らかに尊称であり、安理故はそれだけで一つの女性個人名となっている。安理故に姓が明記されていないのは、夫や大兄刀羅古と同じ船氏一族だからであろう。つまり、安理故が夫および大兄（船氏一族の族長的存在）(15)と共に葬られたのは、一族としてのまとまりにもとづくものと思われる。一―2で検討した写経奥書の「長門国司＋家刀自」とは異なり、ここでは「婦」とのみあって「家刀自」とは記されていない。これも安理故の「刀自」の「称」が「家刀自」以前の女性の一般的尊称であることを意味するであろう。

さて、そこで注目したいのは、王後首・王智仁首・那沛故首・刀羅古首に共通する「首」の称である。船氏のカバネは史であるから、この「首」はカバネとは異なる男性の一般的尊称ということになる。そして、その同じ一族の女性に対する尊称としては、「首」でなく「刀自」が用いられているのである。すなわちここに、イヘノキミ・イヘノトジ以前の男女対の尊称として、オビト・トジを見出すことができる。

オビトは史（フヒト）がフミヒト（文筆に従事するヒト）の約であるのと同様、オホヒト（大いなるヒト）の約である。[16]日本古代の〃ヒト〃とは、別稿で明らかにしたように〃王権への奉仕者〃を原義とし、首長層が配下の共同体成員を率いて王権に奉仕するところから首長層の誇称・尊称ともなっていった、と考えられる。[17]船氏は渡来伝承を有する氏で、墓誌にも「等由羅宮に天下治す天皇の朝……に奉仕す」とあるように、文筆の業をもって王権に奉仕し、史（フヒト）のカバネを賜ったのである。オビトはそうした政治的支配者に対する社会的尊称であった。

男女対の尊称としての首と刀自は、八世紀末前後に原型が成立したと推定される「丹生祝本系帳」[18]の古伝承にも見ることができる。丹生祝氏の「小牟久首・丹生麻呂首・麻布良首」に対して、小牟久首の母は「阿牟田の刀自」、丹生麻呂首の妻は「古の刀自」と称されている。[19]この場合にもカバネは祝→真人であり、小牟久首は別の箇所では「小牟久君」と記されてもいる。丹生祝氏は紀伊国で古くから丹生津姫神を祀ってきた在地の首長一族であり、その神官としての職によって天皇から祝のカバネを賜ったと伝える。オビトがそうした首長一族の男性に共通して用いられる尊称であるのに対して、同じ階層の女性は〃**刀自〃の称でよばれているのである。

刀自の史料として有名な忍坂大中姫と闘鶏《つげ》国造をめぐる話にも、従来は注意されていないが、首と刀自の対の関係がみられる。

初皇后。随レ母在レ家、独遊二苑中一。時闘鶏国造、従二傍径一行之。乗レ馬而莅《のぞみて》レ籬、謂二皇后一、嘲之曰、「能作レ薗《その》乎、汝者也」（汝、此云二那鼻苔《なびと》一也）。且曰、「壓乞、戸母其蘭《あららぎ》一茎」（壓乞、此云二異提《いで》一。戸母、此云二覩自《とじ》一）。……時皇后、結二之於意裏《こころのうちに》、乗レ馬者辞无レ礼、即謂之曰、「首《おびと》也、余不レ忘矣」。是後、皇后登祚之年、覓《もとめ》二乗レ馬乞レ蘭者一、而数二昔日之罪一以欲レ殺。……於レ是、皇后、赦二死刑一貶《おとして》二其姓一謂二稲置《いなき》一。

（『日本書紀』允恭二年二月己酉条）

大中姫（允恭皇后）が母に随ってその家にいた時、苑で遊んでいると、闘鶏国造が馬で通りかかり、「よく薗を作っているな、汝は。さあ、戸母《とじ》よ、その蘭を一本くれ」といった。大中姫はいわれた通りに蘭を渡したが、内心でその無礼を怒り、「首《おびと》よ、私は忘れませんよ」といった。そして（允恭が即位して）皇后になるとすぐに、この者を捜しだして罪を責め、姓を貶して稲置とした、というのが右の記事の大意である。ここから刀自をめぐってどのようなことが考えられるだろうか。

まず、「戸母《とじ》、其の蘭一茎」という国造のよびかけに対して大中姫は意の裏に怒りを含んだのであるから、この「刀自」には軽侮のひびきが込められていたことになる。国造は、蘭（ノビル）の植わった薗に出ている女性に対して、「おかみさんよ」という程度のよびかけをしたのである。つまり、「刀自」は、生活上の統率をする女性に対して、彼女に率いられる人々からみた尊称ではあるが、あくまでそうした私的集団内での尊称であって、必ずしも社会的に身分の上位にあることを示すものではなかったことが、ここからうかがえる。また、大中姫が皇子（↓允恭天皇）の妃となって後も自分の母に随ってその家にいたことは、一―1でみた「金井沢碑」の女性たちのあり方とも通じ、興味深い。大中姫はそこの〝若い刀自〟とみられたのであろう。さらに「戸母、此を覩自《とじ》と云ふ」とあることからもわかるように、音表記の「覩自」に対して「戸母」はトジを意味による当て字で表したものである。戸の母であるから、（戸の意味はおくとして）トジが女性に限定される称であったことは、ここからも確認できよう。

次に注目されるのは、「首や、余、忘れじ」という大中姫の言葉である。この「首」は、従来単に「二人称として用い」たものと解されている（『日本書紀』〈日本古典文学大系〉頭注）が、そうではなく、「船氏王後墓誌」にみられたのと同様、首長層の男性に対する尊称とみてよいのではないか。ただし、ここではそれは決して尊称として用いられてはいない。むしろ怒りを含んで見下した表現である。しかしそれも、「首」の尊称としての成り立ちを考えれば納得がいく。（オホヒト⇩）オビトというのは、王権に奉仕するヒトのなかの大なる者、という意味の尊称である。したがって、天皇の孫・皇子の妃として王権の側に身を置く大中姫からすれば、当然、「首」は目下の者に対するよびかけの称となりうるのである。

以上のように、『日本書紀』の記事からも、首と刀自の対の関係を見出すことができた。ただし、「船氏王後墓誌」の首と刀自が一族の側からの尊称としての対であったのに対して、大中姫の記事のそれは、上位の者から見下した称としての対の関係である。

では、首と対の関係でとらえられる刀自とは、どのような女性だったのか。一―2でみた家長と対をなす家室＝家刀自と、どのような点で違っていたのだろうか。

三　里刀自をめぐって

1　半布里の里刀自

首と対の関係にある刀自の性格を明らかにするために、まず「首」の性格からみていきたい。

イ　『日本書紀』大化二年正月甲子条

即宣㆓改新之詔㆒曰、其一曰、罷㆘昔在天皇等所㆑立子代之民・処々屯倉、及別臣連伴造国造村首所㆑有部曲之民、処々田荘㆖。

ロ　『日本書紀』同年三月甲申条

凡養二馬於路傍国一、将レ被二雇人一、審告二村首一（首は長也）、方授二酬物一。

イは有名な大化改新詔のなかの部民廃止の詔、ロは同じく大化の旧俗改廃の詔の一節である。「村首」とは、ロで馬を預けることについての契約に立ち合っていることからも知られるように、「地域社会でその社会的秩序を人格的に体現した」村落首長層である。[20] イに示されるように、彼らは部民制のもとでは、〃＊＊部首〃として最末端の部民管掌者とされた存在であった。オビトの尊称でよばれた大小の首長層のなかで、七世紀半ば前後の段階までに上位の豪族（「臣連伴造国造」）に成長することなく、村の小首長にとどまった部分が「村首」にほかならない。彼らのうちのある部分はやがて律令制下の下級官人となり、そうならなかった部分も、里長・郷長として地方行政組織の最末端に組み込まれていく。また八世紀の史料には「村長」が三例みられるが、これらは村落の首長層を「彼等の村落構成員に対する私的な検断機能、人格的統率力」の側面で把握したものであり、現実には里長・郷長と重なりあう存在であった。[21] すなわち、いずれもその前身は「村首」であったと考えられ、ロの分注にも「首は長なり」とある。

では「村首」に対応する女性はどのような形態で存在していたのだろうか。そこで注目されるのが「里刀自」である。[補3] 一九七七年に岐阜県の東山浦遺跡の住居址（八世紀前葉）から「里刀自」という墨書のある盤が出土した。東山浦遺跡は大宝二年（七〇二）の戸籍の残る御野国加毛郡半布里の故地との強い関連が推定され、その点からもこの「里刀自」の解釈は重要な意味を持つ。

報告書では、ピットの底に埋納のような状態であったという盤の出土状況から祭祀との関連が考えられ、「里刀自」については「里長の妻」の可能性も指摘されている。[22] これについて野村忠夫氏は、氏姓が記されていないこと、半布里戸籍（ほぼ全戸分が残る）に「里刀自」なる名前の女性が見当たらないことから、「里刀自」は固有人名ではなく、「集落または里という行政的村落の呪術的祭祀にかかわった長老的な女性」＝巫女であった、と推定した。[23] これに対して藤田富士夫氏は、①古代の史料で〝＊＊刀自〟の名をもつ女性にはいずれも呪術性はみとめられず、階層的にも多様である、②他遺跡の同様のピット例よりみて、これは祭祀施設ではなく胎盤・死産児を埋めた可能性が強い、の二点から「里長の妻」「巫女」説を批判し、さらにすすんで、③「里刀自」はその死産児の個人名で、当時の名前のつけ方からいってその母は半布里戸籍の母里売または比里売の可能性がある、と論じた[24]。

藤田氏の所説のなかで、祭祀的性格に対する批判は、これまでに検討してきた刀自の史料に、特に祭祀的性格をうかがわせるもののなかったことからみても、うなずける点である。このピットが胎児を埋めたものと断定できるかどうかはともかくとして、ここから「里刀自」の祭祀的性格を云々することには確かに無理があろう。しかし、他の批判点については、疑問を感じざるを得ない。

まず第一に、すでに女性人名の一部と化している刀自と、尊称としての性格を明確に残している「刀自」とは、史料の検討にあたって区別されねばならない。藤田氏が検討したのは、もっぱら女性人名としての「＊刀自」や「＊刀自売」である。しかし、「船氏王後墓誌」の「安理故の刀自」、『日本書紀』歌謡の「八重子の刀自」、「山の上碑」の「黒売の刀自」の例に明らかなように、固有人名の一部ではない刀自の用法がある。これらの尊称としての「刀自」を持つのは、例外なく豪族層の女性である。そして、そのなかでの一族・家族の統率者が「家の刀自」なのである。とするならば、「里刀自」とは、こうした階層のなかでの「里」を統率する女性＝「里の刀自」なのではないだろうか。また、「金井沢碑」の、夫を含まない〝家〟の「家刀自」というあり方をふまえるならば、「里刀自」を「里長の妻」と見るべき積極的理由はないといえよう。

もちろんこの東山浦遺跡の「里刀自」だけでは、はたしてそれが固有人名の一部としての「刀自」なのか尊称としての「刀自」なのかは決定できない。そこで、もう一例、「家原邑知識経」の「刀自」からこの問題を考えてみたい。

2　家原里の刀自

「家原邑知識経」は、紀州花園村に伝わった大般若経で、そのうちの巻四二一・四二五・四三〇の三巻に共通する長文の願文から、天平勝宝六年（七五四）に、河内国家原里の人々が万福法師・花影禅師の造橋の功徳に結縁して書写を行なったことが知られる。[25]

竊以、昔河東化主、諱万福法師也、行事繁多、但略陳耳。其橋構之匠、啓二於曠河一、般若之願、発二於後身一。此始二天平十一年一、迄二来十二年冬一、志未二究畢一、亦偃（迹）二松嶺一。是以改二造洪橋一、花影禅師、四弘之願、発二於宝橋一、一乗之行、継二於般若一、汎導汎誨二良父良母一。于レ茲吾家原邑男女長幼、幸預二其化一、心託二本主一、謹敬加二写大般若経二帙廿巻一、繕餝已畢。此第四十三帙幷第五十二帙也。仰誓、辱捧二一豪（毫）之善一、威（咸）報二四恩之重一。伏願、人頼二三益之友一、家保二百年之期一、広者少善余祐、普及二親疎一、自他相携、共遊二覚橋一。

この時代の民間の写経は、一般に「（七世）父母」などの身近な肉親のためになされるものが多い。そのなかにあってこの「家原邑知識経」は、「吾が家原邑の男女長幼」「普く親疎に及ぼし自他相携へ」とあるように、一つの邑（里）の人々が全員で村全体の繁栄を祈願したものであり、「村落をきずなとする知識結」「共同体的結合を中核とする宗教行為であったこと」[26]を示している点で、極めて貴重な例といえよう。

さてそこで、「家原邑知識経」として知られる五巻の知識名記載部分を見ると次のようである。「……吾家原邑男女長幼……」という前記の長文の願文はこのうちの巻四二一・四二五・四三〇の三巻に共通して記されている。

イ（巻四二一）　奉仕知識伯太造畳売

天平勝宝六年九月廿九日

ロ（巻四二五）　奉仕知識牧田忌寸玉足売

天平勝宝六年九月廿九日

ハ（巻四二六）　奉仕知識家原里私若子刀自

天平勝宝六年九月廿九日

ニ（巻四二九）　奉仕知識家原里牟（ママ）文史広人

「~~天平勝宝六年九月廿九日~~」（抹消）　物部望麻呂

下村主弟虫売

文牟史玉刀自売

天平勝宝六年九月廿九日

ホ（巻四三〇）　奉仕知識馬首宅主売

天平勝宝六年九月廿九日

ここで注目したいのは、「家原里」の有無をめぐってである。このなかで、「……家原邑男女長幼……」の願文をもたないハ・ニには人名の前に「家原里」と明記され、逆に「……家原邑男女長幼……」の願文に続くイ・ロ・ホには、奉仕知識の人名に「家原里」との冠称がない。わずかに五巻しか知られない史料からの推論ではあるが、まったく同日の書写月日を記すひとまとまりの写経における「家原里」の冠称の有無（と願文の有無との対応）には、それだけの明確な意味があるとみるべきであろう。そこで考えられるのは、それが家原里の人々願文に代わる意味、すなわち「家原里＊＊」という個人名表記そのものに、村人こぞっての書写を代表するものであることが示されているのではないか。ハの若子刀自とニの牟文史広人は、家原里を代表する人間として「家原里＊＊」とその名を記していると考えられるのである（ニの物部望麻呂以下三名は、実際にその巻の書写に参加した人のなかの主だった人物として、いったん牟文史広人の名の後に書き入れた日付を抹消して書き加えられたものであろう）。イ・ロ・ホにみえる伯太造・牧田忌寸・馬首は、いずれも河内国の豪族層の氏名である。彼女たちは、「家原邑男女長幼」の一員としてではあるが、その私的財力を背景に単独で一巻を書写した。それゆえに「家原里＊＊」とは記されなかったと推定されるのである。

以上のように考えてよいとするならば、「家原里＊＊」と記す牟文史広人は里長的男性、そして私若子刀自はまさに里刀自的女性ということになる。二人が夫婦でないとの確証はないが、一―2でみた同時代の「男性名＋家刀自＊」の写経奥書との対比で考えると、別個に一巻の奥書に記される私若子刀自は、「里長の妻」ではない、単独での「里の刀自」と見るべきだろう。「若子《わくご》」とは、「殿の若子」（『万葉集』14・三四五九）、「久世の若子」（同11・二三六二）などの例にもみられるように、親しみと尊敬をこめて若者をいう言葉である。後宮に長年仕えた上野国の采女が「上野佐位朝臣老刀自」なる名をもつこと（『続日本紀』神護景雲二年六月六日条）なども参照すると、「若子刀自」とは、家原邑を統率する里刀自的女性に対する里人からの尊称的呼名がそのまま人名化したものといえるのではないだろうか。

以上にみてきた里刀自についての考察をふまえると、前節で確認した、豪族層における首と刀自の男女対の称は、そもそもは共同体結合の核となる男女に対するものであったと考えられる。しかし、結合の核という面では共通しつつも、男性が、オビト（共同体を代表する王権への奉仕者）たることを通じて臣連伴造国造へと成長し、村落レベルでも〝村首⇒里長〟として行政組織の末端に組み込まれつつ支配者としての地位を確立していったのに対して、女性は里刀自（里のヌシ）として、あくまでも里の内部の人々によって支えられる現実的私的統率者の面にとどまった。このように、男性とは異なる（本来的には支配の契機の乏しい）統率者として、少なくとも八世紀以前には、「刀自」は、たんに一族・

家族の生活上の統率者（家刀自）に限定されない、村落結合の核としても存在していたのである。

おわりに

以上、刀自の語の検討を通じて、〝家刀自＝主婦〟となる以前の「刀自」の姿を、対になる男性の称との関係に注目しつつ明らかにしてきた。まとめてみると次のようになる。

(1) 「家刀自」の熟語は八世紀から見え始め、①（夫婦が構成単位となっていない）一族的結合の統率者としての家刀自から、②夫と構成する「家」のペアの経営主体としての家刀自へ、そして③夫の「家」の家事をつかさどる家刀自（≠主婦）へ、という変化の段階がたどれる。八世紀は①から②への過渡期で、中央貴族官人層ではいちはやく②の家刀自が出現する。

(2) ②の段階で家長《いえのきみ》・家室《いえのとじ》という男女対の称が成立する。家室の具体的機能は、家内の人々に対する（支配の契機の乏しい）直接の統率である。それに対して男性家長は、キミの語に象徴される公的政治的権威を背景としつつ、次第に「家」の内部における経済的支配者となっていったと考えられる。

(3) 家長・家室以前の男女対称として確認できるのは、豪族層における首・刀自である。オビトは（共同体を代表しての）王権への奉仕者たることを象徴する称であり、村落レベルでの村首（⇒里長）から臣連伴造国造（⇒貴族官人）にいたるまで、男性は、政治組織のなかに地歩を得ることを通じて支配者となっていった。トジはあくまでも集団内部の私的尊称にとどまり、次第に「家刀自」的存在となっていったが、八世紀にはまだ、一族や家の範囲に限定されない、村落結合の核となっている「里刀自」の姿が確認できる。

以上の考察の結果を一言でまとめるならば、トジとは、（共同体レベル・家レベルの両者を通じて）支配の契機の乏しい統率者にとどまった女性の私的尊称であった、ということになろう。

刀自については以上のように考えられるが、女性がすべて政治的支配者とならなかったわけではない。それを明らかに示すのが男女刀禰の存在である。刀禰について、本居宣長は、「もと上中下に亘りて、公に仕奉る者の総名にて、甚賤き品の者までを云り」とする。(27)刀禰の本質をめぐっては多くの議論があり、(28)ここでそれらを全面的に検討することは不可能だが、従来の刀禰の議論では取り上げられていない女性刀禰の意味するものについて、一言だけ見通しを述べておきたい。

「はじめに」でも述べたように、平安期の宮廷の儀式用語に「刀禰・女《ひめ》刀禰」があり、(29)(補4)刀禰とは男女に共通して用いられる称である。しかし、男性の刀禰が後の時代にいたるまで、中央・地方の官人から村落有力者までをさす称として機能しているのに対して、女性の刀禰は、女刀禰＝後宮の宮人をさす儀式用語としてしか見られない。こうした刀禰の称のあらわれ方は、男性が村落から宮廷にいたるまでの重層的政治構造のなかで支配者としての確固たる地位を占めていったのに対して、女性は、一部貴族女性を除いては政治的支配者として存在しえず、里刀自から家刀自へと、次第に私的世界で生きる存在へと限定されていったことを、如実に示しているといえよう。

他にも、トジとトメ・トべとの関係、トジ＝戸ヌシだとして県ヌシ・国ヌシなどとの関係、夫人＝オホトジという称号の意味するもの、(補5)平安期以降の後宮下級女官の一名称としての刀自など、論じ残した問題は多いが、すべて今後の課題としたい。

ただ最後に、女性史の問題としてひとつだけ述べておきたい。それは、貴族女性から古代の女性の地位の高さをみることに対する疑問であり、さらにすすんでいうならば、女性が支配者として成長しなかったことを敗北としてとらえるべきなのだろうかということである。女性史の目標が、究極的には未来へむけての男女の人間解放にあるとするならば、この点についての視点を確立することが、古代女性史においても重要な課題なのではないだろうか。

注

(1)『日本書紀』上(日本古典文学大系)(岩波書店、一九六七年)補注16—4。
(2)高群逸枝『招婿婚の研究』(講談社、一九五三年。『高群逸枝全集』二・三、理論社、一九六六年所収)。
(3)「金井澤碑銘」『群馬県史・資料編』四、一九八五年、一〇六~一〇七頁。解説は一二二三~一二二七頁参照。
(4)田中久夫「「祖」の意味について」(比較家族史学会編『シリーズ家族史1 生者と死者—祖先祭祀—』(三省堂、一九八八年)。
(5)関口裕子「日本古代家族の規定的血縁紐帯について」(井上光貞先生還暦記念会編『古代史論叢』中、吉川弘文館、一九七八年)。
(6)「山上碑銘」、前掲注(3)『群馬県史・資料編』四、七九~八〇頁。解説は一二〇九~一二一五頁参照。
(7)イ・ロ・ニは『寧楽遺文』宗教編下「経典跋語」。ハは『平安遺文』題跋編。
(8)勝浦令子「院政期の宗教活動に見える夫と妻の共同祈願」(『高知女子大学紀要(人文社会科学編)』三五、一九八七年)。
(9)同右、勝浦論文、注5。
(10)「光覚知識経」に「守刀自」「米刀自」など人名化した刀自を名前にもつ女性が多いのは、下級官人・富豪層という階層性の反映であろう。神前倉人一族が知識として結集する「大法炬陀羅尼経」の場合、「神前倉人刀自」は、そうした一族の「刀自」、すなわち「金井沢碑」の「家刀自」に相当する女性だったのだろうか。過渡期のさまざまな刀自たちのなかで、〝妻である刀自〟を明示する冠称、それが「相知」なのではないか。
(11)家長=家産所有主体、家室=家産分配主体とする見方もある(河音能平「日本令の戸主と家長」『中世封建制成立史論』東京大学出版会、一九七一年。鬼頭清明「稲春女考」黒沢幸三編『日本霊異記』三弥井書房、一九八六年)が、この段階での家長家室はともに所有・経営主体である(関口裕子「日本古代の家族形態と女性の地位」『家族史研究』二、大月書店、一九八〇年)。そこでのいかなる機能の違いから、家長を唯一の家産所有主体とする方向が生まれてくるのかを見るべきであろう。
(12)吉田孝『律令国家と古代の社会』Ⅲ章(岩波書店、一九八三年)一四九~一五〇頁。

(13) 同右。
(14) 奈良国立文化財研究所飛鳥資料館編『日本古代の墓誌』同朋舎出版、一九七九年。
(15) 「大兄」とは、一族の長を含意する長子のことである（荒木敏夫『日本古代の皇太子』吉川弘文館、一九八五年、四五頁）。
(16) 本居宣長『古事記伝』巻九（『本居宣長全集』九、筑摩書房、一九六八年）四一三頁。
(17) 義江明子「古代の共同体と「人」「子」」（桜井徳太郎編『日本社会の変革と再生』弘文堂、一九八八年。のち、『日本古代系譜様式論』吉川弘文館、二〇〇〇年、Ⅱ―第二章に「古代の「人」・「子」」として所収）。
(18) 田中卓「丹生祝本系帳の校訂と研究」（『日本上古史研究』一七・一八、一九五八年。のち『田中卓著作集』二、国書刊行会、一九八六年所収）。
(19) ただし、別の箇所では阿牟田刀自は「阿牟田首」とされている。とすると、オビトの称が必ずしも当初から男性に限定されるものではなかったことになり、最後に述べる刀禰の問題とも併せて興味深い。しかし、『丹生祝本系帳』は転写を重ねた後世の写本・引用としてしか現存しておらず、確実なことはいえない。一応の留意点としての指摘にとどめておきたい。
(20) 吉田晶『日本古代村落史序説』（塙書房、一九八〇年）六一頁。
(21) 宮瀧交二「「村長」に関する一考察」（『古代研究』六、一九八七年）。
(22) 富加町教育委員会編・刊『古代・半布里を物語る　東山浦遺跡』（一九七八年）。
(23) 野村忠夫『古代の美濃』（教育社〈歴史新書〉、一九八〇年）。
(24) 藤田富士夫「半布里「里刀自」に関する一考察」（『信濃』三二―一〇、一九八〇年）。
(25) 五来重「紀州花園村大般若経の書写と流伝」（『大谷史学』五、一九五六年）、井上正一「奈良朝における知識について」（『史泉』二九、一九六四年）他。原本は一九五三年の洪水で流失し、現存しない。『寧楽遺文』宗教編下「経典跋語」、『大日本古文書』二五―一七二〜一七五、『柏原市史』一（一九六九年）七六〜七七頁に記載がある。
(26) 鬼頭清明「奈良時代の民間写経について」（『日本古代都市論序説』法政大学出版局、一九七七年）。
(27) 本居宣長『古事記伝』巻三三（前掲注（16）、『本居宣長全集』一一）五二七頁。
(28) 古代の刀禰については、小林昌二「刀禰論序説」（『愛媛大学教育学部紀要（人文・社会科学）』七、一九七四年。のち「刀禰論」と改題して『日本古代の村落と農民支配』塙書房、二〇〇〇年所収）他。

（29）『儀式』大祓儀に「文武官刀禰」、『儀式』神今食儀に「兆人女《ひめ》刀禰」、『延喜式』中務省に「宮人（訓曰比売刀禰《ひめとね》）」など。広瀬・竜田祭祝詞の「倭国六御県刀禰男女」は、他の祝詞の「天下公民」との対応関係からいって、おそらく「刀禰の男女」ではなく「刀禰と男女」であろう。

補注

（補1）「三家子孫」については、近年、勝浦令子氏によって、「三家子□」という男性人名で祖先供養の願主をさす、との注目すべき指摘がなされている（「金井沢碑を読む」、あたらしい古代史の会編『東国石文の古代史』吉川弘文館、一九九九年）。勝浦氏は、現在通用している「三家子孫」という読みの妥当性を研究史と碑面字形の両面から厳密に検討し、「「三家子□」を「三家子孫」と読むことは、江戸期や明治・大正期に確実に読めたことによるものではなく、多くは若干残る左の偏に相当すると思われる字形と、文意を勘案して予想されたものが継承されているにすぎない」ことを明らかにした。その上で、他の写経題跋や仏像造像記など、類似した願文の構成例を検討して、「三家子□」が「願主主体を示す部分に相当すること」を確認する。そして、「金井沢碑」の構成を再検討して、「願主グループ全員の六口と後半の知識結人のグループ全員の三口を合わせた計九口分の個人名を、一人一人が特定できる形で平等に明記して誓願することに重要な意義をもっていた」とし、「現在侍家刀自」をこれだけで一口分とみてきた従来の説をしりぞけ、「「現在侍家刀自」は「他田君目頬刀自」の立場を示す語」とみる。「□」にはいる字は特定できないものの、「子」字を冠する男性人名は多々あることから、「「三家子□」は三家を氏とした「子□」という名をもつ男性の名であると推定」するのである。

勝浦氏の系譜関係復原案は次の通りである。

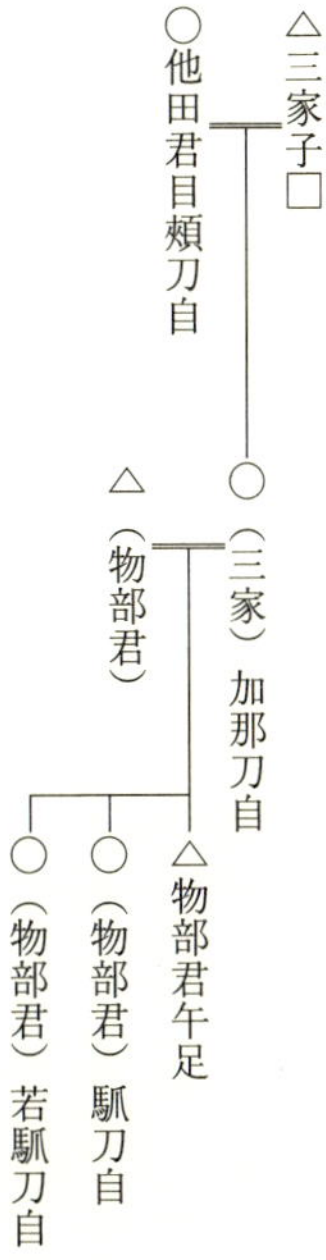

「三家子□」を願主を示す人名とみ、「現在侍家刀自」＝他田君目頰刀自とする勝浦説は、考証の手順および「六口」との整合性からいっても、従来の説を超える高い蓋然性を持つと思う。拙論が『群馬県史・資料編』四に依拠して「他田君」を「池田君」としたこととあわせて、訂正しておきたい。したがって、「三家子孫」と読むことと「現在侍家刀自」を一口分の女性表示とみなすことを前提として、「夫を排除した女系三世代のまとまりが「三家子孫」の〝家〟として「家刀自」に率いられる一つの社会的単位を構成し、祖先供養の主体ともなっている」とした点は、再考したい。ただしその場合にも、勝浦氏もいわれるごとく、「三家子□」＋「他田目頰刀自」夫妻と、その娘、さらに娘の子である異姓の男女子、という女系でつながる「六口」が祖先供養の中核をなし、三家姓の「三口」が知識結としてそこに加わる、という構成の特色に変わりはない。また、そのことを考えた場合、本章において、同時期における東国の「家刀自」と、畿内の一代限りの「家」の「家刀自」とに地域差・段階差をみようとした点は、依然として一定の妥当性を持つと考える。

（補2）前掲注（11）のうち、河音能平氏は一九九〇年の「生活の変化と女性の社会的地位」（女性史総合研究会編『日本女性生活史2　中世』東京大学出版会）においては、「家長＝家産所有主体、家室＝家産分配主体」とする見方をあらため、「富豪層の大部分は、首長（郡司）と富豪層経営者という二足のわらじをはいていた。そのためその「家」は首長制的秩序によって制約されていた。……その「家」は夫たる「家長《いえぎみ》」と妻たる「家室《いえとじ》」との結合を中核として成り立っていた。しかしその「家」はいまだ家父長制家族形態をとっていたとはいえない。……その「家」の主導権は経営能力にすぐれた方が握ったのである」として、『日本霊異記』下巻二七話にみえる讃岐国美貴郡大領小屋県主宮手と妻田中真人広虫女の例をあげ、「富豪経営においては妻の方が凄腕であったが、おそらくこのような富豪層の「家」は当時の社会において決して例外ではなかったと考えられる」と述べている（七頁）。

（補3）本章をまとめた段階では、「里刀自」と明記した資料はこの東山浦遺跡出土の墨書土器のみだった。そこで、知識経願文から「里を統率したと推定できる女性」で「＊＊の刀自」という尊称を持つ女性の事例を検出し、そこから類推して、東山浦遺跡の「里刀自」についても「里を統率する女性」、つまり「里の刀自」と解釈する余地のあることを指摘したのである。その後、一九八三年に福島県荒田目条里遺跡から「里刀自」宛の郡符木簡が出土し、そこには男女三四人の「田人」を率いて郡司職田の田植えに赴くべきことが、里刀自への命令として書かれていた。知識経願文から推定したのは、写経という知識活動において村人の中核となった「刀自」だが、荒田目条里遺跡木簡からは、農耕労働において村人を率いる「刀自」の姿が浮かび上がり、「里刀自」が一種の職名的称号でもあることが明らかになったのである。なお、本書I―三章「「田夫」「百姓」と里刀自」参照。

（補4） 前掲注（29）については、その後考えを改め、現在では、「百官男女」との表現上の共通性を重視して、「刀禰男女」は「刀禰の男女」を意味するとみて、

「男帝・女帝」（天皇） ―― 「百官男女」 ―― 「刀禰男女」 ―― 「百姓男女」

という重層構造を考えている（本書Ⅲ―一章「古代の家族と女性」、二三三頁参照）。

（補5） 天皇の配偶者の称の一つとしての「夫人」（オホトジ）については、YOSHIE AKIKO "Gender in Early Classical Japan: Marriage, Leadership, and Political Status in Village and Palace." *Monumenta Nipponica* 60-4（2005）で述べた。

〔付記〕 本章は、日本大学史学会の『史叢』四二号（一九八九年）に同題で掲載ののち、総合女性史研究会編『日本女性史論集3 家と女性』（吉川弘文館、一九九七年）に再録したものである。その後の研究の進展で考えを改めた部分も何箇所かあるが、本文はそのままとし、補注に略記した。

第三章　「田夫」「百姓」と里刀自

――加賀郡牓示札における魚酒型労働の理解をめぐって――

はじめに

二〇〇〇年に、石川県津幡町の加茂遺跡から出土した加賀郡牓示札は、九世紀半ばの具体的な勧農と生活規制のあり方、国符を受けた郡符の書式、村ごとの巡回と路頭への牓示という周知方法等々、そのきわめて興味深い内容から、「古代のお触れ書き」として、発見当初から多くの注目を集めてきた。すでに周到な解説の報告書も出され、いくつか注目すべき論考が発表されているが、まだまだ基本的な問題をめぐっても、解明を待つ点が少なくない。

本章では、牓示札の「田夫」と「百姓」の語に焦点を絞り、両者の書き分けの意味を考察する。そこから、従来、雇傭労働の歴史的展開として議論されてきたいわゆる魚酒型労働に、あらたな角度からの光をあてることを目指している。それをふまえて、同じく九世紀半ばの、農繁期労働のあり方を示す郡符という意味でも共通性をもつ、福島県荒田目条里遺跡出土木簡との比較を行なう。この考察を通じて、同木簡で郡符の宛先として登場する「里刀自」の機能を魚酒型労働の展開のなかに位置づけ、「人夫」語をも手がかりとして、律令国家形成の前後を通じての男女の労働とその国家的編成のありようを考えたい。

一　加賀郡牓示札の「田夫」――先行研究より――

まずはじめに、牓示札の全文釈文を、石川県埋蔵文化財センター編の報告書(1)の復元案により以下に掲げる。上端部が割れて欠けているが、その部分もふくめて、不明の文字は報告書の推定にしたがって□囲みで示した。

[郡]符深見村[諸]郷駅長幷諸刀彌等
　　應奉行壹拾條之事
　一田夫朝以寅時下田夕以戌時還私状
　一禁制田夫任意喫魚酒状
　一禁斷不勞作溝堰百姓状
　一以五月卅日前可申田殖竟状
　一可捜捉村邑内竄宕為諸人被疑人状
　一可禁制无桑原養蠶百姓状
　一可禁制里邑之内故喫酔酒及戯逸百姓状
　一可塡勤農業状　[件]村里長人申百姓名
[検]案内被國去正月廿八日符併勧催農業
有法條而百姓等恣事逸遊不耕作喫
[酒]魚殴亂為宗播殖過時還稱不熟只非

[疲]弊耳復致飢饉之苦此郡司等不治
[田]之期而豈可○然哉郡宜承知並□示
[符]事早令勤作若不遵符旨称倦懈
[之]由加勘決者謹依符旨仰下田領等宜
[各]毎村屡廻愉有慨怠者移身進郡符
[旨]國道之商縻羈進之牓示路頭厳加禁
[田]領刀彌有怨憎隠容以其人為罪背不
[寛]有符到奉行

　大領錦村主　　　　　主政八戸史
　擬大領錦部連真手麿　擬主帳甲臣
　少領道公　夏　[麿]　副擬主帳宇治
　擬少領勘了

　　　　　嘉祥二年二月十二日
　　　　二月十五日請田領丈部浪麿

右の牓示札には「田夫」の語が二箇所にみえる。第一条と第二条である。一方、「百姓」の語は五箇所に見える。第三条・第六条・第七条と、第八条の注記部分、そして国符本文の二行目である。この「田夫」と「百姓」について、報告書では「語句解説」として次のように述べている。

田夫（でんぷ）　農民の意味。第一条と第二条の禁令にのみ使用されている。

百姓（ひゃくせい）　一般の人民の意味。「田夫」と使い分けされている。例えば第三条は、農業のみではなく、村人全体に関わる溝や堰の修理命令であるため、百姓を対象としたのであろう。

この「語句解説」に対応して、関連する「現代語訳」の第一条・第二条・第三条および本文をみると、そこでは次のようになっている。

②八カ条の禁令

第一条　田夫、朝は寅の時に田に下り、戌の時に家に帰れ。

田夫（農民）を勤勉に働かせるために出された条文。

第二条　田夫が好きなように魚酒を食うことを禁ずる。

当時、在地の有力者は、酒やご馳走を振る舞うことで農繁期に人を集め水田を経営していた。十分な魚酒を振る舞えない農民は、種まきや田植えの時期に人手が集められずに不作となり、飢饉の原因にもなっていた。（後略）

第三条　溝と堰の管理運営をしない百姓（一般人民）を、禁じ処罰する。

当時、溝（用水）や堰は、農業のみでなく、村全体にとっても生活の根幹であった。このため、農民（田夫）だけでなく、一般の人々（百姓）にもこの条文が適用されている。

（後略）

③加賀国符

農業を奨励する法律があるにもかかわらず、百姓は怠けてばかりで耕作せず酒魚を食い、乱れた生活をしている。そのため、種まき・田植え（播殖）の時期を逃し、稲が実らないという。これでは、疲弊するだけではなく、飢饉になってしまう。このようなことは、郡司たちが良く治めていないために起こる。郡は国から出された命令をよく承知し、百姓たちに口頭で命令を伝え、早く耕作に勤しむようにさせよ。もし、命令に遵わず、怠る（倦懈）者がいれば、罰せよ。

つまり報告書では、「田夫」＝農民（農業従事者）、「百姓」＝農業以外の産業従事者を含む人民全般、という書き分けを想定しているのである。しかし、牓示札の文面に照らして考えた場合、この想定にはいくつかの難点がある。

1　溝堰は農業のみならず生活の根幹であったとはいっても、三世一身法、あるいは『政事要略』所載の溝堰修築を命じる諸官符(3)をみても明らかなごとく、「労作溝堰」が第一に農業の基盤整備のための重要事であったことは、いうまでもない。牓示札の構成を考えても、後半の国符本文に「勧催農業」とあるように、この布告全体が農業奨励のために出されたものであることは疑いない。第八条の「勤農業」に関わって問題とされているのも「百姓」である。「田夫」＝農業従事者、「百姓」＝農業従事者以外を含む総称、という使い分けをここに見いだすことは難しいのではないか。

2　第二条について、現代語訳には「田夫が好きなように魚酒を食《くら》う……」、解説には「十分な魚酒を振舞えない農民は……」とあり、「魚酒」を食う主体と食わせる（ふるまう）主体が区別されていない。後者の解説はいわゆる「魚酒史料」（二節後述）の理解から導き出されたものであろうが、第二条の「田夫任意喫魚酒」という構文をみる限り、「田夫」は食う主体であって、振舞う側ではない。従来の「魚酒史料」の解釈を本牓示札の解釈に応用するにあたっては、「魚酒」をふるまう側とふるまわれる側の区別に留意した、より厳密な検討が必要なのではないか。

3　「魚酒」を「喫」す行為に関して、牓示札には①第一条の「喫魚酒」（田夫）、②第七条の「喫酔酒」（百姓）、③

国符本文の「喫酒魚」（百姓）という、やや表現の異なる三箇所での言及があり、関わる主体にも「田夫」と「百姓」の使い分けがある。この三箇所の「喫魚酒」「喫酔酒」「喫酒魚」が同じ行為をさしているのかどうかの検討も、「田夫」と「百姓」の使い分けの有無を考える上では必須だろう。

次に、先行研究諸説での「田夫」「百姓」理解をみてみよう。藤井一二氏は、前掲報告書刊行以前に発表された論考において、第一条「田夫の農作業時間の設定」について、「この場合、「田夫」を「百姓」の呼称と区別して使用している点に注意すれば、この田夫は百姓全般を指したものではなく、おそらく農繁期における田植・開墾・草取り・刈取り・溝堰の造作や修理などに動員されたり、各種の田地に雇傭された人夫を指すもの」とする。そして、第二条「田夫の魚酒飲食に対する禁制」については、「（従来の魚酒史料が）労働力の報酬として魚・酒を提供する側に対する」ものであったのに対して「これは……要求する田夫に対しても強い警告を発したもの」と解している。さらに、第七条「里邑内で酒に酔乱し戯れすぎる百姓の禁制」については、「ここで問題とされたのは、日常レベルでの「酔乱」や「悪戯」に対してであって、そこには「田夫」ではなく「百姓」を対象とする点で、村落内のあらゆる住民を対象にして飲酒行為に制限を加えたもの」という。[4]

つまり、藤井氏の理解では、「田夫」＝農繁期労働に雇傭された人夫、「百姓」＝村落内の全住民であり、それに対応して、第二条で「喫魚酒」（＝労働報酬として）主体は「田夫」、第七条の「喫酔乱」（＝日常レベルにおいて）の主体は「百姓」、という区別にも注目している。藤井氏のいう「百姓」の具体的内容は、「村落内のあらゆる住民」というだけで、必ずしも鮮明ではない。しかし、「田夫」を雇傭対象者に限定することによって、農業従事か否かではない側面から「百姓」と「田夫」の使い分けを考えていること、飲酒禁制の内容の多様性にも目配りしている点は、重要であろう。

藤井氏以後の研究では、「田夫」と「百姓」の区別について、積極的な考察はみられない。本史料の国符・郡符としての性格を検討した鈴木景二氏は、「九世紀半ばごろの中央貴族の意識した勧農政策、理想的農民像」を表現したものとしており、[5]全体を「農民」を対象とするものとみていることは明らかだが、「田夫」「百姓」の使い分けについては特に言及しない。平川南氏は、第一条を「田夫が農業に従事する時間の規定」、第二条を「農民がほしいままに魚酒を飲食することを禁ずる」とみ、第六条については「桑畑を持たない村人が養蚕することを禁ずるという内容」と述べているので、[6]「田夫」＝農民、「百姓」＝村人、という区別で理解していることがわかる。

このようにみてくると、牓示札における「田夫」と「百姓」の使い分けの意味を再検討するうえでは、藤井氏の研究がまず考察の出発点となることが明らかである。そこで二では、本牓示札の「田夫」＝農繁期労働に雇傭された人夫、という藤井説の当否を、これまでの魚酒史料における「田夫」の検討から確認したい。魚酒史料にも「田夫」と「百姓」の使い分けがあり、そこでの使い分けの意味を明確にすることで、藤井説では必ずしも明確でなかった「百姓」の具体的内容についても、より踏み込んだ解釈が可能と思われるからである。

二　魚酒史料の「田夫」と「百姓」——構文の分析より——

従来、いわゆる魚酒史料として、しばしば取り上げられてきたのは左にあげる三点である。[7]

A　『日本書紀』大化二年（六四六）三月甲申詔

凡始畿内、及四方国、当農作月、早務営田。不合使喫美物与酒。

B　『類聚三代格』巻一九、禁制事、延暦九年（七九〇）四月一六日官符

太政官符

応禁断喫（イ）田夫魚酒事

右被右大臣宣称、奉勅、凡制魚酒之状、頻年行下已訖。如聞、頃者畿内国司不遵格旨、曾無禁制。（ロ）因茲殷富之人多蓄魚酒、既楽産業之易就、貧窮之輩僅弁蔬食、還憂播殖之難成。是以貧富共競竭己家資喫彼田夫、百姓之弊莫甚於斯。於事商量深乖道理。宜仰所由長官厳加捉搦、専当人等親臨郷邑子細検察。若有違犯者、不論蔭贖随犯決罰。永為恒例。不得阿容。

延暦九年四月十六日

C『日本後紀』弘仁二年（八一一）五月甲寅条

（イ）勅、農人喫魚酒。禁制惟久。而国司寛縦、無情糾断。今須遣使重加督察、宜令国司在前禁止。（ロ）若有輙喫并与者、即禁其身、使到之日、付行決罰。不得慣常寛容。

また、殺牛祭神儀礼の一環として取り上げられることの多い『古語拾遺』の大地主神をめぐる話も、さきに拙著で述べたように、そこにみえる「牛宍」は、御歳神への供え物であると同時に、営田労働に参加した「田人」への給与物であり、まさに祭祀での共同飲食に淵源をもつ「魚酒」の一種にほかならない。いわゆる魚酒労働の「魚」（前掲史料Aでは「美物」）とは、祝詞に定型表現としてみえる「毛の和き物・毛の荒き物」（宍）と「鰭の広き物・鰭の狭き物」（魚）の総称であり、神にささげる狩猟・漁撈の獲物のなかから、奈良時代を通じて次第に狩猟の獲物（宍＝獣肉）が排除されていき、「魚酒」として定着したと考えられる[8]。三上喜孝氏は、新潟県和島村八幡林遺跡出土二四号木簡にみえる「四月五日　干宍」を、『古語拾遺』にいうところの「営田の日」の「牛宍」にあたるものとみて、まさに「（義江のいうところの）農耕儀礼を具体的に示す史料として貴重」であり、そこで大量に出土した墨書土器を、農繁期の共同労働・共同飲食にともなう儀礼の場で使用されたものと位置づけている[9]。よって、「田夫」の考察に関連する『古語

史料	X	Y	物	動詞
A	(「営田」者が)	〔　　〕に	「美物・酒」を	使喫（くらわしむ）
Bのイ	〔百姓〕が	「田夫」に	「魚酒」を	喫（くらわす）
ロ	「殷富之人」「貧窮之輩」が	「田夫」に	「魚酒」「蔬食」を	喫（くらわす）
Cのイ	「農人」が	〔　　〕に	「魚酒」を	喫（くらわす）
ロ				喫・与（くらわし、あたえる）
D	「大地主神」が	「田人」に	「牛宍」を	食（くらわす）

拾遺』の冒頭部分も、史料Dとして参考に掲げることとする。

D　『古語拾遺』御歳神段

昔在神代、大地主神、営田之日、以牛宍食田人。……

さて、右の四種の魚酒関連史料のなかで、「魚酒」(「牛宍」)を「喫」(「食」)する行為を述べる箇所に焦点を絞り、誰が誰に何を「喫」／「食」させるのか、という観点から整理すると上記のようになる。〔　〕は、文面に明示されない人／物である。

「喫」の訓みは一般的には「くらう」(くう)であるが、上の整理をみるとわかるように、魚酒史料においては、「くらわす」という使役の訓みになる。「くらわす」人(ふるまう側)をX、「くらう」人(ふるまわれる側)をYで表すと、魚酒史料は、「X—喫—Y—物」(XがYに物をくらわす)という構文を基本としているからである。そして、XあるいはYのどちらかが語としては明示されない場合も、この構文原則にのっとって、「喫」字の前に「くらわす」人、後に「くらう」人の存在を推定することができる。XもYも明示されない場合は、「使」字によって使役であることが示される。

一つ一つ確認していこう。史料Aは、「(X)+使レ喫+〔Y〕+物」という構文である。ここでは「使」字によって「喫」を「くらわしむ」と訓むことは明確で、明示されない〔Y〕には、Bを参照すると「田夫」ないしはそれに相当する語が想定されよう。Xも明示されないが、「早努営田」の語句より、一応、(「営田」者が)とした。ただし、ここでくらわす側とくらう側の双方が明示されない、いいかえれば両者の区分が明白には読み取れない、ということ自体に逆に大きな意味があるとも考えられよう。これについては「おわりに」で述べる。

Bのイは「〔X〕＋喫＋Y＋物」の構文である。「喫」字の次にくるY＝「田夫」が、「くらわす」人ではありえず「くらわせられる＝くらう」人であることは明白だが、「くらわす」人＝〔X〕が何であるかはこれだけではわからない。そこでロをみると、「X＋喫＋Y＋〔物〕」となっていて、ここでXに相当するのは、「（多く魚酒を蓄えた）殷富之人」と「（僅かに蔬食を弁じる）貧窮の輩」である。その「貧・富」の両者が共に競って「彼の田夫」に（魚酒あるいは蔬食を）「くらわす」のである。そして、これに続く文に「百姓の弊、斯より甚だしきは莫し」とあることよりすれば、「貧・富」＝「殷富之人と貧窮之輩」＝「百姓」ということになろう。したがって、イの〔X〕、すなわち「くらわす」人としては、「百姓」の語が妥当する。

史料Cは「X＋喫＋〔Y〕＋物」である。「農人喫二魚酒一」の部分だけをみると、「農人が魚酒をくらう」という単純な構文としての訓みも可能であり、従来はそのように訓んで、「農人」をくらう側（雇われる側）とみてきたのである。しかし、つづいて「禁制惟久」とあり、これは、いわゆる魚酒型労働の禁令が史料A・Bにみるごとく、七世紀後半から九世紀初めまでの長期にわたって繰りかえし出されてきたことをいっているのであるから、A・Bと同様に「X＋喫＋〔Y〕＋物」の構文で理解しなければならない。したがって、「喫」字の前に置かれたX＝「農人」は「くらわす」人であり、明示されない〔Y〕には、「田夫」ないしはそれに相当する語が想定される（ここの「農人」を「営田」者にあたるとみることの妥当性は、次節でも後述）。

つまり、魚酒型労働の禁制を内容とするA・B・Cの法令が「X＋喫＋Y＋物」の構文からなるのは、Xが法主体であり、国家は法主体であるXに対して、「Yに魚酒を喫わせる」という行為を禁止する、というのが法令の基本構成だからである。そこではYは直接の法主体たりえない、ということもこの構文から確認しておきたい。

そこで史料Cにもどると、ここでの禁制対象としての「魚酒を喫わす」という農人の行為が、後文では「若有二輙喫幷与者一」と言い換えられている。この部分も、従来の「農人」を「くらう」人とする訓みでは、「喫」＝くらう側、「与」（あたえる）＝くらわす側という、主格を異にする二つの行為に対する禁制と見てきた。しかし、右に述べたように、魚酒禁制史料において法主体たりえるのはX＝「くらわす」側なのであるから、ここも、「喫」と「与」の二つは、ともに「くらわす」側、すなわち「農人」の行為とみなければならない。この勅が出された弘仁二年（八一一）段階においては、イにおいて「喫」という総称で表現される共同飲食の形でのふるまいが、ロで示される具体的な実態としては、「魚酒」を「喫わす」行為と「魚酒」相当の物品／貨幣を労働報酬として「与える」行為の、両者を含む（「幷」）ものとなっていたことが知られるのである。

なお、参考としてあげた史料Dは法制史料ではないので、構文も異なり、「喫」ではなく「食」が用いられている。「X＋以レ物＋食＋Y」で、物がYの前に位置するが、「以」字によって、Y＝「田人」に「くらわしむ」と訓むことは明らかである。

以上、A〜Dの構文分析の結果から、「くらわす」人と「くらう」人に相当する語を各史料から抜き出して示すと、次のようになる。

「くらわす」人＝X

（「営田」者）／「百姓」（貧・富）／「農人」／「大地主神」

「くらう」人＝Y

「田夫」／「田人」

四種の魚酒史料のうち、加賀郡牓示札と同じく「田夫」と「百姓」の語を用いて魚酒型労働の禁断を命じるのは、史料Bである。他の三種の史料との整合性もふまえて、あらためてBをみてみると、「田夫」＝「くらう」人、「百姓」＝「くらわす」人、という明確な区別のあることがわかる。そして、史料Aによれば、「くらわす」人とは「営田」に務める人であり、史料Dでも、「くらわす」人＝「大地主神」は「営田の日に牛宍を以って田人に食らわした」のである。とすれば、「百姓」と「田夫」の使い分けの意味するものとは、「百姓」＝「営田」者（農業経営者）、「田夫」＝「下田」者（農作業者）、ということなのではないだろうか。

ここで「田夫」＝被雇傭者としないのはなぜかといえば、雇傭労働の歴史的展開のなかに魚酒型労働を位置づける観点からすれば、「田夫」が被雇傭者となっていく過程こそが考察の対象なのであって、概念として「田夫」＝被雇傭者とすることはできないと考えるからである。そこで、用語としては熟さないが、「営田」者と対比させる意味で、加賀郡牓示札の第一条にみえる「下田」の語を借りて、「田夫」＝「下田」者として以下の論述をすすめる。

三　加賀郡牓示札の「田夫」「百姓」と荒田目条里遺跡木簡の「里刀自」

魚酒史料における「田夫」と「百姓」の使い分けを、それらに相当する語も含めて総合的に検討した結果、加賀郡牓示札の「田夫」＝農繁期労働に雇傭された人夫、という藤井説がほぼ妥当であることが確認できた。また、藤井氏も含めて従来の諸説では必ずしも明確でなかった「百姓」についても、「田夫」と対比する形で、「営田」者（＝田夫に「魚酒」をふるまう側）という明確な位置づけのなされているらしいことがわかった。また、魚酒型労働の禁制法令においては、「百姓」が法主体であり、「百姓」に対して禁令の遵守が命じられていることもわかった。そこで、「百姓」が「営田」者（農業経営者）であり、法主体とみるこの理解に誤りがないかどうかを、牓示札にみえる五箇所の「百姓」

について逐一検討してみよう。

（1）第三条　禁一断下不レ労一作二溝堰一百姓上状

雑令12条の「凡取レ水漑レ田。皆従レ下始。依レ次而用。……即須三修一治二渠堰一者。先役二用水之家一」について、『令集解』「古記」は「先役二用水之家一。謂不レ堪二修理一者、差一発二人夫一修治」、「穴記」は「役二用水之家一、謂先役下用二其水一作レ田之人上、不レ堪乃依二営繕令一役二人夫一耳」とする。渠（溝）と堰の修理は、その水を用いて「作田」する「用水之家」の責任であり、それが不可能な時に「人夫」の公的労働によって修理するのである。ここで、差発される「人夫」と対比して、「用水之家」「作田之人」といわれていることに注意しておきたい。これは、牓示札の「不労作溝堰百姓」を、（「田夫」とは区別された）「営田」者とみなす私見と矛盾しない。

なお、天長元年（八二四）五月五日格では、「応不修溝池農人決杖八十事」として、「不勤不修、田疇荒廃」「用水之家、不事営作」「不事営作、田穀焦萎」という事態に対して、「農人」「農民」への罰則が定められている。[10]ここからも、牓示札の「不労作溝堰百姓」とは「用水之家」の「農人」であること、また前節二で魚酒史料Cの構文を検討した際に、「農人」を「くらわす」側＝「営田」者であるとしたことの妥当性が確認できよう。

（2）第六条　可下禁一制中无二桑原一養レ蠶百姓上状

この条について藤井氏は、「桑の播殖に関してではなく、「桑原」なくして養蚕する行為を対象とした点で注意すべきであろう。それは「田令」に定める上戸・中戸・下戸に対する桑樹の播殖・栽培が無実化し、自家生産を回避して養蚕を営む百姓の動向を端的に示すもの[11]」とし、平川氏は第三条が「八世紀後半ごろから大きな社会問題となってきた富豪層による田植え・刈り取りなどの農繁期における労働力の独占に対する警告」であるのと同様に、「これも八世紀後半以降の激しく変動する村落社会を背景とするもの」であり、（本条の）ねらいは、栽桑と養蚕を連動させること、つまり「富豪層による桑の独占行為を禁止[12]」することにあるという。ここであるべき姿として求められているのは、「栽桑と養蚕を連動」させた自家生産を行なう、経営主体としての「百姓」である。

（3）第七条　可下禁一制中里邑之内故喫一酔レ酒及二戯逸一百姓上状

　この禁制については、加賀国符本文のなかで同じ事態がよりくわしく述べられているので、それとあわせて検討することが有益である。牓示札中の「百姓」語の五箇所目になる。

（5）国符本文二行目　百姓等恣事二逸遊一不二耕作一喫二[酒]魚一殴乱為レ宗、播殖過レ時還称二不熟一

　（3）と（5）をあわせて考察すると、「故に酒を喫ひ酔ひ、戯逸に及ぶ百姓」とは、「恣に逸遊するを事とし、耕作せず[酒]魚を喫ひ、殴乱するを宗と為す」百姓のことであった。それらの行為が禁制の対象となるのは、耕作を放棄して酒に酔い喧嘩に明け暮れる結果、「播殖の時を過ぎ、（その結果、充分な収穫を得られず）還りて不熟と称す」からである。このように、播殖時期に気を配り、より良い収穫が得られるように努力すべき「百姓」とは、農繁期に労働報酬としての「魚酒」をふるまわれて作業に従事するだけの「田夫」とは、明らかに異なる存在である。まさに「営田」者といってよいであろう。ここの「百姓」を、あえて「農民以外を含む一般人民」とみなければならない理由はない。「営田」者としての「百姓」が日常的に「喫《くら》ふ」酒・魚は、労働報酬としての「魚酒」とは性格が異なる。それが、（3）では「酒」を「喫ひ酔ひ」、（5）では「[酒]魚を喫ひ」とあって、「魚酒」という定型表現では記されない理由でもあろう。

（4）第八条　可三塡一勤二農業一状　[件]村里長人申二百姓名一

　ここの注記について、報告書では「禁令に違反した者の名前を申告せよ」との意味としている。具体的には、

「農業を塡（慎）勤しない」（農業に励まない）「百姓」がいたならば、その名前を村長・里長が申告せよ、ということであろう。国符本文は「勧‐催二農業一有二法條一」から始まり、郡司らが「不レ治レ田」ことを戒めて、「郡宜下承知並□‐示二符事一早令中勤作上、若不レ遵二符旨一称二倦懈之由一加二勘決一」で結ばれ、それを受けて郡符は「謹依二符旨一仰‐下二田領等一宜二各毎レ村屢廻愉一有二概怠者一移レ身進レ郡」とする。村長・里長が法令を遵守しなかった者として名前を申告した「百姓」は、「概怠者」として郡に送られるのである。ここで、「百姓」の名前を申すのが「件村里長人」であることに、注意を払っておきたい。

平城宮址下ツ道の西側溝から出土した過所木簡には、藤原京から近江国に「田作人」として出かけていた男女二名の名前が記されていた。(13) これほど遠方ではなくても、農繁期の郡を超えての「田夫」（「田作人」「田人」など）の移動は、通常のことであった。五月・八月の農繁期の休暇について、『令集解』仮寧令定省仮条の「古記」が「其郷土異レ宜、種収不レ等、通随レ便給、謂添下郡・平群郡等四月種、七月収、葛上・葛下・内等郡五月種、八月・九月収之類、是」と述べるように、ほぼ郡ごとに田植えと収穫の時期にはズレがあったからである。したがって、「村里長人」が長の職務として名前を申告すべき違反者とは、他郡からの出稼ぎ者も含まれたであろう「田夫」ではなく、その村の「百姓」である。本条が農業を督励するものであることは紛れもなく、ここの「百姓」を「農民以外を含む人民一般」とみなければならない理由はない。

さて、以上のように五箇所の「百姓」について、「営田」者とみる私見と矛盾しないことが確認できた。では、第四条と五条に「百姓」が登場しないのはなぜであろうか。それは、この郡符全体が、「深見村諸郷驛長幷諸刀禰等」に条事の「奉行」を命じたものであり、四条で五月三〇日以前に（管轄内での）田植えを終えてそのことを郡に報告する義務を負うのも、五条で村邑内にひそむ疑わしい人物を捜捉する責任を負うのも、個々の「百姓」ではなく、「深見村諸郷驛長并諸刀禰等」＝（八条にいうところの）「件村里長人」だからである。同様に、三条・六条・七条においても、「不勞作溝堰」「无桑原養蠶」「故喫醉酒及戯逸」という違反行為にはしる「百姓」を、「禁斷」し「禁制」する責を負うのは「件村里長人」であり、だからこそ彼らは、これらの行為を行なう「百姓名」を郡に報告しなければならないのである。

前節二で、魚酒型労働の禁制に関わる史料A・B・Cを検討し、それらが「X＋喫＋Y＋物」の構文からなること、そこにおいてはX＝「百姓」が法主体であり、Y＝「田夫」は法主体たりえない、ということを明らかにした。A・B・Cが直接にXに法の遵守を命じるものであるのに対し、加賀郡牓示札は「郡符」であって、郡が郷長・駅長・諸刀禰らの「村里長人」に対して、それぞれに管轄内の「百姓」に法を遵守させるべきことを命じたものである（このことの意味については、「おわりに」で再度ふれる）。こうした郡符の基本構成に照らして考えれば、第一条と二条についても、「田夫」ではなく「村里長人」を主格とする訓みをするべきことが明らかとなろう。つまり、第一条は「田夫、朝は寅時を以て、田に下し、夕は戌時を以て私に還すの状」と訓み、郡符は、「諸郷駅長・諸刀禰等」に対して、寅時～戌時という田夫の作業時間を守らせることを命じているのである。同様に、第二条においても、「田夫」の「意に任せて魚酒を喫らう」ことを「禁制」するのは「諸郷駅長・諸刀禰等」である。「田夫」のこうした行為は、「勧催農業」の法条に背くものではあるが、営農主体であり法主体として農業に励むべき「百姓」とは異なり、「田夫」は「慎勤農業」しないことを咎められるのではなく、たんに、「任意喫魚酒」行為が禁制されるだけである。第二条が、三条（「禁断……百姓状」）・六条（「禁制……百姓状」）・七条（「禁制……百姓状」）と同様の「禁制……田夫状」という構文になっていないのは、「田夫」は法主体たりえないためと見ることができる。

以上、加賀郡牓示札に五箇所にわたってみえる「百姓」について、いずれも「営田」者（「田夫」にふるまう側）とみて矛盾しないことを確認した。このように、魚酒史料と加賀郡牓示札の分析からは、いわゆる魚酒型労働をめぐって、国家は、「百姓」＝「くらわせる」側、「田夫」＝「くらう」側、という書き分けを法令の上で行なっていることが明らかになった。では、この両語がみえる魚酒史料Cおよび牓示札の出された八世紀末〜九世紀半ばの時点において、「百姓」と「田夫」とは実態として別々の存在を指し示しているのかといえば、そうではあるまい。そのことを、福島県荒田目条里遺跡出土木簡の「里刀自」のあり方から確認したい。

荒田目条里遺跡出土二号木簡は、大領が「里刀自」に対して、男女「田人」を率いて「職田」のための労働を行なうことを命じた、郡符木簡である。「郡符」で始まり、「里刀自」を筆頭とする男女「合卌四人」の名前が書き上げられ[14]、「右田人、為下以二今月三月一上面職田令レ殖上可二扈発一如レ件」で結ばれる。最後に「以五月一日」の日付があり、五月の田植え労働のための「扈発」であることが知られる[15]。本章の主題である「田人」（＝田夫）について考える上で重要なことは、この木簡の「田人」が里刀自をも含むということである。

小林昌二氏は、ここの「里刀自」について、里長の妻が夫の役目を代行したものとみる説[16]を、「何らかの事情があって妻が代理を余儀なくされたというのであれば、それを示唆する文言があって然るべき」としてしりぞける[17]。そして、各種の隠れた「公」的女性が共同体内の諸労働の指揮・統制を行なっていたことを指摘した拙論をも参照して、「郡符が里刀自に直接に充てられたのは、里刀自が職田の田植え労働における三六人の田人たちを指揮するなど実際の責任者であったため」であり、「この郡符木簡は、……里刀自に対し、公職に準じて充られ」たものとする。その上で、「不参の二人を除き、召に応じて参上した郡符宛先の里刀自を含む三四人に合点が付されている」こと、「この木簡の「田人」には、里刀自も含められて」いることに注意をうながし、一一世紀の『栄花物語』にみえる〝「田主」の翁と田植えをする「女ども」〟というあり方と対比して、「（里刀自は）なお指揮下の他の田人と同じく扱われ、指揮者の分離や男女の分業的姿が窺われない」と指摘している。[18]

重要な指摘であるが、田植え労働の指揮編成という実態面にひきつけた理解には、やや疑問がある。当木簡が「郡符」であるという、史料の性格をふまえた解釈が、まず必要なのではないか。実態としては、「里刀自」ないし「里刀自」的女性は、まさに魚酒史料Bにいうところの「殷富之人」の階層に属し、村のなかにあっては、間違いなく「魚酒」を「くらわせる」側の「営田」者であろう。したがって、もし「里刀自」がみずからの所持する田の田植え作業のためにこれらの人々を（「魚酒」によって）動員したとすれば、彼女は、魚酒史料Bおよび加賀郡牓示札の書き分けでは「百姓」に相当する。にもかかわらず、郡司職田の田植えの人手を郡符によって「扈発」する郡司の側からすれば、里刀自も含めた全員が「田人」（「田夫」）なのである。

すなわち、魚酒型労働をめぐって、各種の禁令・郡符にみられる「百姓」と「田夫」の書き分けは、実態区分ではなく範疇区分とみなければならない。同一実態であっても、「営田」（農業経営）者という側面では「百姓」、「下田」（農作業）者という側面では「田夫」の範疇に区分されるのである。そして、郡符によって「扈発」される労働力が、実態としての階層別や指揮統率の区分を超えて「田夫」（「田人」）範疇でとらえられるということは、「田夫」（「田人」）を、雇傭労働の歴史的展開のなかに位置づけるだけではなく、農作業によって〝公〟に奉仕する者、という側面から考察する必要のあることを示唆するのではないだろうか。

荒田目条里遺跡の郡符木簡については、郡司から「魚酒」の提供をうけての「雇傭」労働、[19]あるいは官司主導の労働力編成と在地の魚酒型労働との共通性、[20]という側面にひきつけての理解もあるが、「扈発」の「扈」は「雇」で良いとして、「発」は「差発」との共通性を考えるべきであろう。そこに、「魚酒」を提供しての労働力編成が想定できるとしても、それは郡符によって差発される、公的力役の面をもあわせもつ労働だったのであり、その構造のなかで、

「里刀自」も含む男女が「田人」とされているのである。

四　「田夫」「田人」と「人夫」「百姓」——男女の労働と奉仕——

「田夫」「田人」が男女を含むことについては、すでに小林昌二氏・三上喜孝氏が、広く関連史料を網羅して明らかにしている。(21)両氏のあげる男女「田夫」「田人」関連史料を、本章ですでにふれたものも含めて、ほぼ年代順に摘記すると左記のようになる。

1　平城宮出土過所木簡（八世紀初）　「田作人」男女
2　『日本紀略』天長九年（八三二）四月丙子条　「殖田男女」
3　荒田目条里遺跡木簡（九世紀半ば）　「田人」男女
4　『日本三代実録』貞観八年（八六四）閏三月丙子条　「農夫田婦」
5　古志田東遺跡木簡（九世紀末～一〇世紀初）　「田人」男女
6　『栄花物語』巻一九　「田人」「田子」男女
7　『新猿楽記』　「五月男女」
8　『古本説話集』（鎌倉初）第六七　「たをと」の女

「田夫」「田人」「田作人」などが男女からなることは、両氏が明らかにされた通りである。しかし、そのことを農繁期における女性労働の重要性として理解するだけでは、不充分だろう。右に挙示した史料8『古本説話集』の例は、河内国の貧しい女が、「たをと買はん」という声に応じて二〇人の人と田植えの手伝いの約束をし、道具類も受け取ったあとで、二〇人とも同じ日であることがわかり途方にくれる、という話である。三上氏はここにみえる「たをと」を漢字では「田人」にあたるとみているが、(22)「めをと」＝「女夫」（夫婦）という語のあることを考えると、むしろ「田夫」とみるべきだろう。「田夫」は男女の総称なのである。そして、荒田目条里遺跡木簡にみられた、男女の田植え労働力を郡符で「扈発」するというあり方から考えると、「田夫」とは、「田」の作業に奉仕する「人夫」を語義とするとみることができるのではないか。

では「人夫」とは何か。ちなみに『広辞苑』によれば、人夫は「①公役に徴用された人民。夫役（ぶやく）を課せられた人民。②力仕事に従事する労働者。人足」である。加賀郡牓示札の「田夫」について、藤井氏が「各種の田地に雇傭された人夫を指す」という場合には、おもにこの②の用法、すなわち現代的な意味での力役労働者として用いているように思われる。しかし、古代の史料に見える「人夫」には、（1）律令法の規定にもとづいて力役に動員され、調庸を貢納する民としての用法と、(23)（2）良民と同義の、広義の「人夫」の用法がある。本章の議論と密接に関わるのは（2）の「人夫」であり、これは（1）とは異なり、男女を含むところに特色がある。拙論でもすでにいくつか述べているが、(24)紙数の関係で充分に意をつくせなかったこともあり、あらためて（2）の「人夫」の主要事例を以下に挙示し、その意味するところを考察したい。それによって、（1）と（2）とが歴史的にいかなる関係にあるかも明らかになるはずである。

1　茨田久比麻呂解(25)

□伊郡人夫茨田久比麻呂解　申大宅朝臣加是麻呂与久比麻呂争良人賤□……（男女名列記）…以前人夫、祖父祖母籍、自康（庚）午年始五比七比籍、附浄良人所貫、仍悉款状録、恐々謹以申　天平勝宝三年……

2　『令集解』儀制令春時祭田条「古記」

古記云、春時祭田之日、謂国郡郡里毎村在社神、人夫集聚祭。……一云、祭田之日、設備飲食、併人別設食、男女悉集、告国家法、令知訖、即以歯居坐、以子弟等充膳部、供給飲食。春秋二時祭也。

3 イ『皇大神宮儀式帳』皇太神御形新宮遷奉時儀式行事

禰宜内人幷人垣可仕奉男女等……給明衣了。……行幸時、立先禰宜、次宇治内人、次大物忌父、次諸内人物忌等、及妻子等、人垣立弖、衣垣曳弖……

ロ『止由気宮儀式帳』新宮遷奉時用物

禰宜一人、大物忌一人、給生絁明衣二具、……人垣仕奉内人等、幷妻子等総六十人男卅人、女卅人給明衣六十領、袴裳六十腰、……内人、物忌幷人垣仕奉人夫鬘幷玉串著木綿捌斤、板立御馬一疋、自朝廷進入。

4 イ『日本書紀』天武二年一二月丙戌（二八日）条

侍奉大嘗中臣・忌部及神官人等、幷播磨・丹波、二国郡司、亦以下人夫等、悉賜禄。

ロ『日本書紀』持統五年一一月丁酉（三〇日）条

（丙申、大嘗）饗神祇官長上以下、至神部等、及供奉播磨因幡国郡司以下、至百姓男女、幷賜絹等、各有差。

ハ『延喜式』巻七　践祚大嘗祭

凡抜穂田者、国別六段、用百姓所営田。其代以正税給之。

5 イ『日本書紀』持統元年一〇月壬子（二二日）条

皇太子率公卿百寮人等幷諸国司国造及百姓男女、始築大内陵。

ロ『日本書紀』天武元年五月是月条

時朝廷宣美濃・尾張両国司曰、為造山陵、予差定人夫、即人別令執兵。

ハ『類聚三代格』巻八、調庸事、養老元年一一月二二日勅

並随郷土所出附国役中男進、若有不足中男之功者、即以折役人夫之雑徭。

ニ『類聚三代格』巻一二、正倉官舎事、弘仁二年九月二四日太政官符

応修理官舎事

……上総国諸郡百姓欵云、計帳之時狩追人夫修理正倉、男女老少皆悉赴役。

6　イ『日本書紀』応神一四年是歳条

弓月君自百済来帰、因以奏之曰、臣領己国之人夫百廿県而帰化。

ロ『日本書紀』応神一六年八月条

乃率弓月之人夫、与襲津彦共来焉。

ハ『続日本紀』宝亀三年四月庚午（一九日）条

坂上大忌寸刈田麻呂等言、……先祖阿智使主、軽嶋豊明宮馭宇天皇御世、率十七県人夫帰化。

明石一紀氏は、木簡にみえる「某里人夫姓名」という表記（注（23）に挙示した例参照）の意味を考察する過程で、1の「茨田久比麻呂解」をとりあげ、「良賤の争論の対象となっている有姓の男女を列挙した上で「以前人夫云々」として良人身分であることを申し述べている。自ら賤ではなく郡郷に所属する公民であることを主張した表現である。……即ち、編戸＝調庸之民である某里人と何ら相違はない」(26)として、荷札木簡にみえる「人夫」とこの解文の「人夫」の用法を同一視している。しかし、荷札木簡にみえる「人夫」は律令規定にそって男性に限定されるのに対し、1では良民（男女）が「人夫」と自称しているのである。私見によれば、その違いにこそ、古代における「人夫」の特質をさぐる手がかりがあると思う。

行論の都合上、2は後でふれるとして、3は伊勢神宮（内宮・外宮）の遷宮神事で「人垣仕奉」する人々である。ロの「人夫」は、イをも参照すると、神職者とその妻子からなる「男女」であることがわかる。神宮の公的神職者は、物忌童女の他はこの段階では、すべて男性である。しかし、儀式帳を丹念にみていくと、神職者の「後《しり》家《へ》」「妻子」「物忌母」、「戸《へ》人《ひと》男女」といった形で、公的神職者以外の成人女性が神事奉仕に広範に関与していることがわかる。(27)〝隠れた〟「公」的女性の働きの一例である。律令規定をはなれた力役においては、男性に限定されない「仕奉」が展開しているのである。

4は、国家儀礼としての大嘗の成立期にあたる、天武・持統朝の記事である。イで、ユキ・スキ両郡司に率いられて大嘗の神事に奉仕した功によって賜禄の対象となった「人夫」とは、ロの「百姓男女」にあたる。すなわち、ここでの「人夫」は、官人を除く公民男女とほぼ同義であり、ハをはじめとする大嘗祭の儀式規定を参照すると、「抜穂田」（神田）の耕作からはじまって、「抜穂稲」の奉進、脱穀・造酒などの神饌調整まで、一連の力役に奉仕する男女に相当する。(28)そして、「抜穂田」には「用㆓百姓所㆑営田㆒」（『儀式』では「御田」）という規定が特に設けられていることを重視するならば、「百姓男女」＝「営田」者が、同時に「人夫」として、農作業に従事し収穫をささげる神事にも奉仕するというあり方が、国家の求める理念型であったことがうかがえるのである。

5は、律令規定によって力役に動員される「人夫」の前史と実態がうかがえる史料である。ロでは、近江朝廷側が山陵造営に動員した「人夫」に武器を与え、ひそかに戦いに備えようとしていることが語られる。壬申の乱の直接の発端をなす記事であり、ここにみられる、律令軍制成立以前の人夫＝兵士というあり方は、のちの軍防令や擅興律の人夫動員規定（注(23)参照）につながるものであろう。ただしこれも、イをみれば、七世紀末において山陵造営の力役に動員された「人夫」は「百姓男女」であること、またハ・ニからは、律令制下において力役に動員される「人夫」

も、男女がこぞって「赴役」という実態であったことが知られる。律令軍制は、〝兵士＝男〟というジェンダーを制度的に確立したが、そのことは、実際の戦闘の場面に女が不在だったことを意味するわけではない[29]。まして、日常的な力役は、男女「人夫」が担うものであった。3で神宮の「人垣仕奉」についてみた、律令規定をはなれたところでの、男性に限定されない「仕奉」の展開とは、実は律令規定のもとでの力役の実態としてもいえるのである。

6は、渡来系氏族の伝承のなかで語られる「人夫」の用例である。これらの「人夫」を律令規定の力役に基づいて解釈することは困難だが、1〜4で述べてきたことをふまえれば、族長に率いられた配下の民衆（「己国之人夫」「一七県人夫」）とみて少しも違和感がない。渡来して王化に浴（「帰化」）した後は、天皇のもとでの「百姓男女」になる人々である。『続日本紀』以降の正史では、「人夫」の用例はもっぱら律令規定にそった力役従事者をさすが、そのなかで例外的に民衆一般をさす「人夫」がみられるのは、ハの渡来氏族の氏族伝承の引用においてである。

最後に2について。古代の村落祭祀のありようを具体的に語る史料として、あまりにも有名なものであるが、本章での問題関心からいえば、「人夫」と「田夫」のつながりを具体的に解き明かす史料として注目される。矢野建一氏は、ここにいう春時祭田は、「御田への耕種という実際の農作業」を含み、「人別設食」にそうした「共同体の共同労働の代価」としての意味があることを明らかにした[30]。すなわち、春時祭田の神事の直会における共同飲食は、まさに本章でみてきた魚酒型労働の淵源をなすものと考えられるのである。そしてこの祭田の行事は「古記」では「人夫集聚祭」とされ、「一云」によれば「男女悉集」という。「人夫」＝「男女」であり、村ごとの社神の祭りという性格から考えても、これを律令規定の力役としての「人夫」として理解することはできない。1ないし4の用法に通じる、「良人」男女・「百姓男女」と同義の「人夫」であり、農耕労働に従事するという側面で「人夫」と表現されているのであろう。

「田夫」が男女からなることの意味を、1〜5の「人夫」関連史料の検討結果をふまえてとらえなおすと、それは、農繁期の労働力として女性労働も重要だったということを示すだけではない。魚酒型労働の淵源をなす共同労働・共同飲食に参加する「百姓男女」が、農耕の実作業を通じて国家に「仕奉」する「人夫」としての側面で把握された者、それが「田夫」男女にほかならない。荒田目条里遺跡の木簡において、郡符で「扈発」される「田人」が、指揮統率者である里刀自も含む男女からなることの意味を、以上のような歴史的背景において理解しておきたい。

おわりに――「下田」「還私」をめぐって――

以上、本章では、加賀郡牓示札における「田夫」と「百姓」の書き分けの意味を再考し、魚酒型労働、「人夫」「里刀自」などの論点に説き及んだ。簡単に整理して示すと、以下の通りである。

・牓示札の「田夫」＝農民（農業従事者）、「百姓」＝農業以外の産業従事者とする、報告書をはじめとする従来の理解には、牓示札の文面構成からみて疑問がある。

・魚酒史料の構文を、誰が誰に「魚酒」を「喫」／「食」させるのか、という観点から分析すると、「百姓」＝「営田」（農業経営）者＝「くらわす」側、「田夫」＝「下田」（農作業）者＝「くらう」側、という書き分けのなされていることがわかる。

・この書き分けは、階層的な実態区分にもとづくものではなく、範疇区分であり、同一実態であっても、「営田」者という側面では「百姓」、「下田」者という側面では「田夫」として把握される。

・「田夫」（「田人」「田作人」）は男女よりなり、国家の側からみた場合、「田」の作業に奉仕する「人夫」という位置づけが基礎にあると推定される。

・「人夫」には、律令規定の力役に動員される狭義の「人夫」（男）と、「百姓男女」「良民」とほぼ同義の「人夫」（男女）の用法があり、後者は、律令規定とはなれたところで、あるいは律令制以前からひきつづく実態として、男女による力役「仕奉」の場面にみられる。

・「百姓男女」＝「営田」者が、同時に「人夫」として農作業に従事し、収穫を（神と天皇に）捧げるというのが、国家の求める理念型であった。

・以上を総合すると、魚酒型労働の淵源をなす共同労働・共同飲食に参加する「百姓男女」を、農作業に従事し国家に「仕奉」する「人夫」としての側面で把握したものが「田夫」（男女）である、との見通しが得られる。

・指揮統率者である里刀自も含む男女「田人」が郡符によって「喚発」されるという、「雇傭」労働の側面と公的力役の面をあわせもつ、九世紀半ばの地方社会における労働力編成のあり方（荒田目条里遺跡木簡）は、以上の歴史的背景において理解できよう。

旧稿において「刀自」について考察した際に、「里刀自」にもふれ、「里」を統率する女性であり、行政組織の末端に組み込まれた男性里長とは異なり、あくまでも里の内部の人々によって支えられる現実的私的統率者にとどまった、との見通しを述べたことがある。[31] 旧稿執筆時点においては、「里刀自」の三文字を記した墨書土器が存在するだけで、「里刀自」がどのようなものであるかは、「刀自」の一般的あり方、および「里＋刀自」の語義から類推するしかなかった。しかしその後、荒田目条里遺跡木簡の出土があり、今回とりあげた加賀郡牓示札ともあわせて、「里刀自」の意義を多角的に考察することが可能になった。本章はその試みの一つである。近世においては、検地帳の名寄筆頭人たる家父長男性のみが厳密な意味での「百姓」であって、女性は「百姓女房」「百姓母」「百姓妻」でしかなく、法主体・経営主体たりえない[32]のに対し、古代においては、「百姓男女」が「営田」主体・法主体であり、「里刀自」の統率機能・経営機能もその土台の上に存在することを、あらためて確認しておきたい。

最後に、加賀郡牓示札の文面理解にかかわる問題提起をして、結びとしたい。本章での考察結果にもとづくと、魚酒史料Bおよび牓示札における「百姓」＝「営田」（農業経営）者、「田夫」＝「下田」（農作業）者という書き分けは、〝「百姓男女」＝「営田」者が、同時に「人夫」として農作業に従事し、収穫を（神と天皇に）捧げる〟という、国家の求めた理念型からは、すでに大きく隔たっている。しかし、魚酒型労働の展開に対するたびたびの禁制発布は、この理念の根強さを物語ってもいる。牓示札の第一条における、「田夫」の農作業開始・終了時刻の規定が、平安京における貴族・官人の勤務時間システムを適用したものと推定されること(33)、また、作業をやめて帰途につくことが「還私」と表現されること、この作業時間を守らせることを「郷長・駅長・諸刀禰」に命じるという郡符の構造も、現実には「雇傭」労働に変質してしまっている「田夫」の「下田」作業を、あくまでも（公的な）「仕奉」とみなそうとする思考の産物、として理解することが可能なのではないだろうか。

注

（1）石川県埋蔵文化財センター編・平川南監修『発見！　古代のお触れ書き　石川県加茂遺跡出土加賀郡牓示札』（大修館書店、二〇〇一年、一四〜二一頁。この部分は湯川善一氏執筆）。なお、石川県教育委員会編『シンポジウムの記録　古代北陸道に掲げられたお触れ書き　加賀郡牓示札から平安時代を考える』（二〇〇二年）をも参照。

（2）『続日本紀』養老七年四月辛亥（一七日）条。

（3）『政事要略』巻五四、交替雑事（溝池堰堤）。

（4）藤井一二「加茂遺跡出土「牓示札」の発令と宛先―「嘉祥期御触書八箇条」を中心に―」（『砺波散村地域研究所研究紀要』一八、二〇〇一年）。

(5) 鈴木景二「加賀郡牓示札と在地社会」(『歴史評論』六四三、二〇〇三年) 四五頁。
(6) 平川南『古代地方木簡の研究』(吉川弘文館、二〇〇三年) 第一章五「牓示札―文書伝達と口頭伝達―」一二五～一二七頁。なお同項は、前掲注 (1)、『発見! 古代のお触れ書き』第四章1「牓示札の語るもの」を改稿したものである。
(7) 魚酒型労働については、吉村武彦「初期荘園の耕営と労働力編成」(『日本古代の社会と国家』岩波書店、一九九六年、初出一九七四年) 等参照。
(8) 義江明子「殺牛祭神と「魚酒」―性別分業と経営の観点より―」(佐伯有清先生古稀記念会編『日本古代の祭祀と仏教』吉川弘文館、一九九五年)、および同『日本古代の祭祀と女性』(吉川弘文館、一九九六年)、第三章一、一八一～一九三頁。
(9) 三上喜孝「墨書土器研究の新視点―文献史学の立場から―」(『国文学 解釈と教材の研究』四七―四、二〇〇二年)。
(10) 『類聚三代格』巻一六、堤堰溝渠事。『政事要略』巻五四、交替雑事 (溝池堰堤)、(貞雑格)。
(11) 前掲注 (4)、藤井論文、四頁。
(12) 前掲注 (6)、平川著書、一二七～一二八頁。
(13) 『木簡研究』二 (一九八〇年)、六四頁。
(14) 名前は三六名分書かれているが、「不」の二名を除くと、「合卌四人」に合う。
(15) 『木簡研究』一七 (一九九五年)「福島・荒田目条里遺跡」および同二四 (二〇〇二年)「釈文の訂正と追加 (五)」。木簡学会編『日本古代木簡集成』(東京大学出版会、二〇〇三年)、図版四二 (一九三)、解説六四頁。なお、伴出の一二～一三号木簡は田植え用の種籾につけた荷札と推定されている。
(16) 平川南「里刀自小論―いわき市荒田目条里遺跡第二号木簡から―」(『国立歴史民俗博物館研究報告』六六、一九九六年。のち前掲注 (6)、『古代地方木簡の研究』所収)。
(17) 義江明子「古代の家族と女性」(『岩波講座 日本通史6 古代5』岩波書店、一九九五年)、本書Ⅲ―一章所収。
(18) 小林昌二「九世紀農村の経営と労働編成の一考察」(『日本古代の村落と農民支配』塙書房、二〇〇〇年、初出一九九七年)。
(19) 三上喜孝「古志田東木簡からみた古代の農業労働力編成」(『山形県立米沢女子短期大学紀要』三六、二〇〇一年)、一三五頁。
(20) 前掲注 (4)、藤井論文、四頁。
(21) 前掲注 (18)、小林論文。前掲注 (19)、三上論文、および同「文献史学からみた墨書土器の機能と役割」(奈良文化財研究所『古代官衙・集落と墨書土器』二〇〇三年)。

(22) 前掲注(19)、三上論文、一三九頁。

(23) この意味での「人夫」の用例は近年、木簡でも多数検出されている。

(平城宮・京址)

遠敷郡丹生里人夫膳臣・御調塩/備前国邑久郡香止里人夫矢田部未呂米五斗八升/淡路国津名郡賀茂里人夫中臣足嶋庸米三斗/淡路国津名郡物部里人夫竹野君廣島・和銅七年/野中里人夫・六斗/淡路国津名郡安乎郷人夫戸主磯秦僧一斗五升・天平廿年/郡大家郷人夫庸米/淡路国津名郡阿餅郷人夫・海部荒海調三斗/淡路国津名郡阿餅郷人夫・戸主物部文屋戸口同姓文調三斗/淡路国三原郡倭文郷人夫日下部□調一斗・天平七年/餅郷人夫□□□太三斗

長屋皇宮俵一石春人夫・羽咋直嶋/□里春人夫煎

辛苦之間人夫持少々粮皆食

嶋上郡司解申嶋上郡・人夫□事/進人夫合六・□出雲廣万呂

(長野県屋代遺跡)

符・屋代郷長里正等・神宮室造人夫/殿門大前□□人夫者□□進上

令規定としては、軍防令(53)、営繕令(9・11・12・16)・捕亡令(2)に人夫差発の規定があり、『令集解』では、賦役令37の「古記」が、「令條之外雑徭者、毎人均使、惣不得過六十日」の注釈に右掲の軍防令53、営繕令11・12・16、捕亡令を引用するほか、雑令12の「古記」と「穴記」が「修治渠堰」と関わって、「用水之家」「作田之人」と対比する形で「差発人夫」「役人夫耳」としている(この史料については、前節三で禁制第三条を検討する際にとりあげた)。なお、律では、雑律36「失時不修堤防」の疏議が営繕令16相当条文をひいて「差人夫修理」と述べるほか、擅興律1に盗賊追捕と関わって「権差人夫」との規定がある。この実例としては、『日本三代実録』貞観四年五月丁亥(二〇日)条に「差発人夫、追捕海賊」、元慶七年二月丙午(九日)条に「俘囚卅余人叛乱、……差発人夫、早速追捕」などがある。

(24) 前掲注(17)、義江論文、二二八〜二二九頁。

(25) 『寧楽遺文』経済編下「東大寺奴婢帳」、『大日本古文書』三―四九一頁。

(26) 明石一紀「調庸の人身別輸納と合成輸納—木簡の書式と和銅六年格—」(竹内理三編『伊場木簡の研究』東京堂出版、一九八一年)、一七一頁。
(27) 前掲注(8)、義江著書、第二章「物忌童女と「母」」。
(28) 義江明子「女丁の意義—律令制国家支配と女性労働—」(阿部猛編『日本社会における王権と封建』東京堂出版、一九九七年)、一〇〇頁。
(29) 義江明子「戦う女と兵士」(西村汎子編『戦争・暴力と女性1　戦の中の女たち』吉川弘文館、二〇〇四年)、四三頁。
(30) 矢野建一「律令国家と村落祭祀」(菊地康明編『律令制祭祀論考』塙書房、一九九一年)、八八頁。
(31) 義江明子「「刀自」考—首・刀自から家長・家室へ—」(『史叢』四二、一九八九年)、本書I—二章所収。
(32) 深谷克己『百姓成立』(塙書房〈選書〉、一九九三年)九五頁。なお、近世の「家」のジェンダー構造については、長野ひろ子『日本近世ジェンダー論—「家」経営体・身分・国家—』(吉川弘文館、二〇〇三年)参照。
(33) 前掲注(4)、藤井論文、二頁。

付論1　「寺刀自」ノート
――女性の労働指揮権をめぐって――

はじめに

古代の女性労働をめぐっては、男女の性別分業、婢・女丁・雇女などの労働編成や具体的労働内容をめぐっての研究がなされている。(1) また、労働の指揮統率にあたった女性としては、『日本霊異記』などに特徴的に見える「家室」（イヘノトジ）の機能や「家長」男性との権限の分担をめぐる論争がある。(2)

旧稿「「刀自」考」において、私は、「刀自」関連史料の比較考察から、岐阜県の半布里故地出土墨書土器（八世紀前半と推定）に見える「里刀自」(3) は、それまで主張されてきたような里長妻・巫女・個人名などではなく、村落結合の核となる女性統率者の存在を示すものと推定し、サトノトジからイヘノトジへの歴史的変化を考察した。(4) 近年、福島県の荒田目条里遺跡出土木簡（九世紀半ばと推定）から、男女「田人」の農耕労働を指揮する「里刀自」の姿がより具体的に明らかとなり、(5)「刀自」をめぐる論議は活発化しつつある。この小文では、裾野の女性労働統率者のあり方を、従来ほとんど注目されていない「寺刀自」について見ることにより、サトノトジの労働指揮の本質を考える一助としたい。

一　「造石山寺所食物用帳」の寺刀自

「寺刀自」は、奈良時代のものでは天平宝字六年（七六二）の「造石山寺所食物用帳」に見える。(6)

又下黒米肆升乗米内（異筆）「納了」
　右、借充寺刀自倉人女、

「寺刀自倉人女」が黒米四升を乗（剰）米のうちから借り、返却したという記録である。「食物用帳」の配列を整理し、石山寺造営組織を全般的に検討した福山敏男氏は、造営者のうちの女性として優婆夷と雇女が「雑工等の炊事」に従事したと述べているが、寺刀自にはふれていない。(7) 奈良時代の女性関係史料を網羅的に検討した須田春子氏も、「写経所関係文書には女豎、官(ママ)人以下優婆夷、夷従、寺刀自、寺女、雇女、女力、斯女、婢・何某妻と呼ばれるものの就労記録が現存し……」として寺刀自にふれてはいるものの、「ここに初見する「寺刀自倉人女」について寺刀自がどういうものか明らかでない。……在俗の女子の応援に待つこともあったのだろう」と述べるだけで、それ以上の考察はない。(8)

写経所関連史料をみていくと、おおむね優婆夷・雇女の食料は日別一升二合、夷従は八合、宮内省管理の宮中の仕女丁は一升五合である。(9) 倉人女の借りた四升は、ほぼ仕女丁の食料二〜三日分に相当することになる。須田氏は、東大寺写経所の優婆夷・雇女・夷従・客人・寺女について、「夷従」は「優婆夷」の手足となる下働きの女子、「客人」は女手を補う臨時奉仕の女性、「雇女」は大体が臨時雇いで、「寺女」は造東大寺司「常雇」の下働きの女子であろう、とする。(10) この「寺女」については、男女之法に(11)「若し寺家の仕丁の子は、良人法の如くせよ。若し別に奴婢に入れらば、奴婢の法の如くせよ」というところの、良人の区分に入れられた寺家の仕（女）丁との関連が考えられよう。奈良時代の史料では東大寺の「寺女」が「経師等衾」の縫製に従事していることが知られ[12]、筑紫観世音寺の「寺女奴婢」はすでに有名無実の旨が永延三年（九八九）の文書に見える[13]。倉人女は無姓だが、食料を前借りしているので婢ではなく、良人の姓表記が略されたものであろう[14]。

「寺刀自倉人女」についてはこれ以上考察の手がかりがないので、以上のことから、一応、「寺女」（の刀自）、すなわち、良人身分で寺に常備の女性労働力の一種、ないしその統率的立場にある女性の可能性を推定するにとどめておきたい。

二 「東大寺封戸荘園幷寺用帳」の寺刀自

天暦四年（九五〇）の「東大寺封戸荘園幷寺用帳（寺用雑物目録）」には、男女雑色への食料・衣料支給の記事があり、そのなかに「寺刀自」「醬刀自」「酢刀自」なる名称の女性が見える[15]。彼女たちを含む男女雑色（＝「職掌」）への支給の詳細が知られるのは、黒米・塩・絹・綿・調布・庸布・商布についてである。これを食料と衣料に分けて一覧表の形にまとめると、表1・2のようになる。竹内理三氏は、東大寺の財政組織の分析のなかでこの史料を取り上げ、男女雑色の人数・支給量を整理して示しているが、寺刀自たちについての言及は特にない[16]。以下、表1・2を手がかりに、寺刀自たちの地位・職掌について考えられることをポイント的に述べてみたい。

まず第一に、黒米支給量から見ると、女性は全般的に男性より低く、女性で最高額の「寺刀自」ですら一升三合三勺で、男雑色定額の下位グループ（一升六合六勺）にも及ばない。女雑色のなかでは、「寺刀自」が黒米支給量では最

表1〔食料〕

区分	職名	人数	支給	計	塩	塩計
黒米 男雑色65人粮料　8斗4升6合					**塩** 男女職掌105人料　2升6合2勺 28人料1升1合2勺 78人料1升5合	
定額16人	長	2人	(各) 2升	1斗	(16人) 各4勺	(6合4勺)
	造	2	〃			
	倉人	1	〃			
	倉人	3人	(各) 1升6合6勺	1斗8升6合		
	鎰取	4	〃			
	大小膳	2	〃			
	商長	*1*	〃			
				2斗8升6合		
員外47人	綱所鎰取	1人	各2升	(2斗4升)	(47人) 各2勺	(9合4勺)
	土師工	2	〃			
	杣工	2	〃			
	膳夫	7	〃			
	(他)	28人	各1升	(2斗8升)		
	泉庄預	*1*人	*8*合	(1升2合)		
	大津庄預	1	4合			
	小子	6人	各　5合	3升		
				5斗*5*升*8*合		
女雑色40人料				3斗6升7合2勺		
定額16人	寺刀自	2人	各1升3合3勺	2升6合6勺	(12人) 各4勺	(4合8勺)
	長	2人	(各) 1升	1斗4升		
	醬刀自	1	〃			
	酢刀自	1	〃			
	厨女	1	〃			
	羹女	2	〃			
	雑使	4	〃			
				1斗6升6合6勺		
員外22人		22人	各　8合3勺	1斗8升2合6勺	(28人) 各2勺	(5合6勺)
神子		2人	(各　4合)	8合		
仕丁　16人料				6斗6升	仕丁16人料	6合4勺
粮料			各2升	3斗2升	各4勺	
養料				2斗4升		

凡例　数値は写真版の記載の通りとし，合計等と矛盾するものは斜体で示した．
（　）は史料には記載がなく，計算上の推定で補った部分．

凡例は表1を参照されたい.

調布					**商布**		
役人等早袖4村 幷前裳料7端3丈8尺		男女雑色人等衣料 男63人料		266端 158端	男女雑色人等衣料		266段
					男女定額22人 同員外　69人	各4段 各2段	128段 138段
		定額16人	各4端	64端	（定額16人	各4段	64段）
膳夫　　7人	各1丈 2端1丈	（員外47人）	各2端	（94端）	（員外47人	各2段	94段）
大炊女　1 上院役女1							
女38人前裳料　5端2丈8尺		女（38人料）		108端			
	各6尺	定額16人	各4端	64端	（定額16人	各2段	64段）
		員外22人	各2端	44端	（員外22人	各2段	138段）
		諸堂童子32人		34端			
		2人 30人	各2端 各1端	（4端） 30端			

表2〔衣料〕

区分	職	人数	単価	計	綿		
絹	男女職掌等衣料			165疋	男女雑色　105人料		214屯
	男55人料			87疋	男63人料		132屯
定額16人	長	2人	各3疋	12疋	6人	各3人	18屯
	造	2	〃				
	鎰取	4人	各2疋	24疋			
	倉人	4	〃				
	（大小膳	2	〃）				
	商長	2	〃				
				36疋			
員外39人	綱所鎰取	1人	各2疋	24疋	57人	各2屯	114屯
	土師工	2	〃				
	杣工	2	〃				
	膳夫	7	〃				
	（他）	27人	各1疋	27疋			
				51疋			
					（泉庄預　1 大津庄頭1 小子　6）		
女18人料				38疋	女40人料		82屯
定額16人	寺刀自	2人	各3疋	12疋	4人	各3屯	12屯
	女長	2	〃				
	醤刀自	1人	各2疋	24疋	34人	各2屯	68屯
	酢刀自	1	〃				
	厨女	4	〃				
	雑使	4	〃				
	饔女	2	〃				
				36疋			
					（員外22）		
	神子	2人	（各1疋）	2疋	神子2人	（各1屯）	2屯
					仕丁16人	（各2屯）	32屯
					諸堂童子32人		34屯
					2人	（各2屯）	4屯
					30人	（各1屯）	30屯
					諸庄々守7人	（各1屯）	8屯

高だが、絹支給では、「女長」と同額である。男性の「長」と「造」が黒米でも絹でも同額でかつ最高額であることから見て、「寺刀自」と「女長」も同様に相並んで女雑色の統率的地位にある女性と見られよう。ただし、先述のように奈良時代の史料に見える宮中の仕女丁の食料は一升五合、康平元年（一〇五八）の東南院文書に見える「雑仕女」も二升であるから、[17]「寺刀自」「女長」は統率的地位とはいってもランクはごく低い。

では「寺刀自」と「女長」の違いは何だろうか。「男長」「造」との共通性に注目すると、男女の「長」はそれぞれ員外を含む男女労働組織の全体的統率を任とするのに対して、「造」と「寺刀自」は「長」とは別種の統率を行なったのではないか。女雑色のなかの醬刀自・酢刀自・厨女・羹女といった名称をあわせ考えると、「寺刀自」は調理醸造関係の労働を指揮したものと推定できよう（料理・給仕のためには大炊女・上院役女が女雑色のほかにおかれている）。そして、女雑色の職掌は全体的に調理醸造関係を主とするものであったゆえに、その実務を統括する「寺刀自」が「女長」よりもむしろ上位に位置づけられているのではないだろうか。醬と酢はどちらも僧尼に対する優遇措置として米塩以外に許された供養物である。(18)

女雑色四〇人のなかには、定額一六人・員外二二人のほかに「神子」二人が含まれている。「神子」は、調理用の衣裳小道具である早袖冠料・前裳料や種々の法会の布施および陰陽師布施・疫神祭の料に充てるとする調布の支給対象にはなっていない。調理雑務・仏事・陰陽道系祭祀以外の、神祇祭祀にもっぱら従事する巫女であろう。しかし、春秋神祭の浄衣に充てられた絹の支給量は、「寺刀自」「女長」の各三疋、「醬刀自」以下の各二疋に対し「神子」は一疋で、その待遇はごく軽い。このことは逆に、春秋神祭における「寺刀自」の役割が、巫女的なものではなく、日常の調理醸造活動の延長として醬刀自以下を率いてのものであることを意味しよう。

男女雑色は男女職掌ともいわれている。中世の東大寺には寺家に従属する俗人集団として「上下職掌」（上司職掌・下司職掌）があり、『東大寺要録』によれば、その淵源は奈良時代に寺家に施入された寺奴婢に遡る。(19)以上に見てきた、下級雑役従事の女雑色（「職掌」）の実務労働を統括したと推定される「寺刀自」の姿は、先述の「造石山寺所食物用帳」に見える奈良時代の「寺刀自」について「寺女」との関連を推定したこととともほぼ符合するといえよう。

おわりに

以上、ごく限られた史料からではあるが、造石山寺所・東大寺という組織のなかで、女性労働を指揮統率したと思われる「寺刀自」の姿を検出した。〝寺という組織内の労働を統括する女性〟という意味での「寺の刀自」という名称のあり方は、「里の刀自」「家の刀自」とも共通する。[20] 里刀自の農耕労働指揮の権能については、里長の妻として里長の役目を代行する、すなわち里長の「家の刀自」としての権能に基づくとする見方もあるが、[21]「寺刀自」の存在をあわせ考えると、必ずしもそうはいえないだろう。むしろ、里なり寺なり一定の組織内の労働を統括するものとしての「刀自」が日本の古代社会には広範に存在し、それをベースに、経営体としての「家」組織が形成されるにともなって「家の刀自」が生まれてくると見るべきではないだろうか。

注

（1） 服藤早苗「古代の女性労働」（女性史総合研究会編『日本女性史1　原始・古代』東京大学出版会、一九八二年）、寺内浩「女丁について」（『続日本紀研究』二七、一九九〇年）、西野悠紀子「「長屋王家木簡」と女性労働」（門脇禎二編『日本古代国家の展開（下）』思文閣出版、一九九五年）など。

（2） 河音能平「日本令における戸主と家長」（『中世封建制成立史論』東京大学出版会、一九七一年）、関口裕子「日本古代の家族形態と女性の地位」（『家族史研究』二、大月書店、一九八〇年）、鬼頭清明「稲春女考」（黒沢幸三編『日本霊異記』三弥井書店、一九八六年）など。なお河音説については、本書I—二章、（補注2）参照。

（3） 富加町教育委員会編・刊『古代半布里を物語る　東山浦遺跡』（一九七八年）。

（4）義江明子「「刀自」考」（『史叢』四二、一九八九年）、本書I—二章所収。
（5）いわき市教育文化事業団編・刊『荒田目条里遺跡・木簡は語る』（一九九五年）。「里刀自」については、本書I—三章「「田夫」「百姓」と里刀自」参照。
（6）『大日本古文書』一五—四一五頁。「造石山寺所食物用帳」の配列復原については、福山敏男「奈良時代に於ける石山寺の造営」（『日本建築史の研究』綜芸舎、一九四三年、一九八〇年復刻）、および岸俊男「但波吉備麻呂の計帳手実をめぐって」（『日本古代籍帳の研究』塙書房、一九七三年、初出一九六五年）参照。
（7）右掲、福山論文、三九四頁。
（8）須田春子『律令制女性史研究』（千代田書房、一九七八年）、第五章第三節「優婆夷考」、五四七・五五六頁。
（9）『大日本古文書』二—四三三頁、六—四一四頁、一七—三三四・三三五頁。
（10）前掲注（8）、須田著書、五五二頁。
（11）『日本書紀』大化元年八月庚子条。
（12）『大日本古文書』四—三三九頁。
（13）『平安遺文』二—四七〇頁。
（14）『日本古代人名辞典』四（吉川弘文館、一九六三年）では「寺刀自倉人女」で立項している。
（15）『大日本古文書』（東南院文書）二—三四一〜三四六頁、および『平安遺文』一—三八〇〜三八三頁。東大寺封戸文書のなかでの当文書の位置づけについては、福島正樹「封戸制再検討の一前提」（『歴史学研究』五二一、一九八三年）、同「東大寺文書に見える封戸催牒の様式について」（『研究と資料』一〇、一九九一年）参照。
（16）竹内理三『日本上代寺院経済史の研究』（大岡山書店、一九三四年）、第二章「東大寺の財政と寺領の荘園化」二二六頁、二三二〜二三八頁。竹内氏の表では一人当たりの支給量が不明であり、「宮内省書陵部撮影頒布紙焼写真」で同文書の数字の記載を確認したところ竹内氏の推定を訂正すべき部分もあることから、新たに表を作成した。
（17）『大日本古文書』（東南院文書）一—三〇八〜三一二頁など。
（18）『類聚三代格』巻三、国分寺事、神護景雲元年一一月一二日太政官符。
（19）『東大寺要録』巻七、雑事章第一〇、東大寺職掌寺奴事。永村眞『中世東大寺の組織と経営』（塙書房、一九八九年）、第三章「中世東大寺の諸階層と教学活動」四六六頁。

(20) ただし里刀自が男女「田人」を率いていることからもわかるように、刀自は女性労働のみを統括したわけではない。寺刀自がもっぱら女雑色を統括するのは、寺における男女別労働組織の存在を前提としてのことであろう。

(21) 平川南「里刀自小論」(『国立歴史民俗博物館研究報告』六六、一九九六年。のち『古代地方木簡の研究』吉川弘文館、二〇〇三年所収)。

〔付記〕 本章の初出は、前近代女性史研究会編『家・社会・女性 古代から中世へ』(吉川弘文館、一九九八年)である。

付論2　「酒を作る家主」と檀越

――『日本霊異記』中巻三二話にみる「家」と経営――

はじめに

『日本霊異記』中巻三二話は、古代の女性の経営活動を論じる際に、必ずといっていいほど取り上げられる著名な話である。そこに登場する岡田村主姑女（桜大娘）については、本書Ⅰの各章でも折りにふれて、女性の経営の独立性を示す例として取り上げてきた。これに対して吉村武彦氏は、「この説話で大娘は「酒を作る家主の妹」として描かれている。「酒を作る家主の妹」の家主はあくまで男性家長であって、女性と捉えるのは誤解である。酒造者の大娘は「家主の妹」であるにすぎない。その文脈では、酒の実質的生産者がたとえ女性であるとしても、その管理総括権は家長にあった可能性が強い」と、批判的見解を述べている。[1]

『日本霊異記』が本文中に割注として記す〈大娘者、作酒家主、即石人之妹也〉を、「大娘は、〝酒を作る家主＝石人〟の妹である」という文意で読めば、たしかに大娘は「酒を作る家主の妹」であって、「家主」ではない。しかしこの話の文脈において、はたしてその読みは成り立つだろうか。また、造酒・貸付の管理統轄権を持つのは石人だといえるだろうか。よく知られた話ではあるが、あらためてそこにみえる「家」の性格と経営権限を検討してみたい。

一　桜大娘の「家」

「寺の息利の酒を貸用て償はずして死にて牛と作《な》りて役《つか》はれ債を償ふ縁」(2)と題された話の概略は、次の通りである。

聖武天皇の御世に、紀伊国名草郡三上村の人々が、薬王寺のために知識をつのって、薬のための財源を増やそうとした。そこで、財源(となる稲)を岡田村主姑女の家に委託して、酒を作り利息を増やした。

ある時、子牛が薬王寺に入ってきたので、寺家では「誰の家の牛か」と人々にたずねたが、誰も自分の牛だと名のり出なかったので、寺の仕事にその牛を駆使した。こうして五年がたったある時、寺の檀越である岡田村主石人が夢をみた。それは、牛が石人の前に膝を屈して涙を流しながら「私は桜村にいた物部麿という者です。寺の薬分の酒を二斗貸用いて、返さないままに死んでしまいました。そのために牛の身となって生まれ、酒の負債を返すために役使されています。役使の期間は八年で、五年役われたので、まだ三年あります。寺の人が私の背を打って追い使うので苦しいが、檀越しか哀れみをかけてくれる人はいないので、事情を訴えるのです。事情は桜大娘にきいてください」というものだった〔大娘は酒を作る家主で、石人の妹である〕。不思議に思った石人が妹の家に行ってきいてみると、「その通り。(その人は)酒二斗を借り用いて、返さないうちに死にました」とのことだった。

そこで寺の知事僧浄達と檀越たちは、事の因縁を悟って、(牛＝麿を)哀れと思い、読経供養をしてやった。牛は、八年の役使を遂げて、どこかに去っていき、二度と姿を現さなかった。

「家」と造酒経営をめぐる当話の描写を、煩を厭わず文脈に沿って整理しなおし、問題の割注の位置が何を意味するのかを示すと、次のようになる。
(1) 三上村の人が(知識を率引して)、寺の薬料物を、「岡田村主姑女之家」に寄せ、「作酒息利」する。
(2) 「寺薬分之酒」を「貸用」した桜村の物部麿が、「酒債」を償わずに死に、牛に生まれかわって、寺家で「限於八年」役使される。
(3) 夢で、牛(＝麿)から、「自非檀越、無愍之人」として愁状を訴えられた「寺之檀越、岡田村主石人」が、牛に向かって「何以故知矣」とたずねると、牛は「問桜大娘、而知虚実」と答えた。
(4) 〔大娘者、作酒家主、即石人之妹也〕
(5) 石人は、「妹家」に往き、夢で見たことを語ったところ、妹は「実如言、貸用酒二斗、未償而死」と答えた。
(6) 知事僧と檀越らが、「垂哀愍心」して誦経したところ、牛は、「遂八年已」して姿を消した。

右のように整理してみれば明らかなように、この話の全体的構成において、(4)の〔大娘者、作酒家主、即石人之妹也〕という割注は、(3)で牛(＝物部麿)の答えのなかにはじめて登場した「桜大娘」という人名について、〝それは、(1)ですでに述べたところの「作酒息利」を委託された「家」の主＝「岡田村主姑女」のことであり、つまり(即)、彼女は(夢で牛の話を聞いた)岡田村主石人の妹にあたるのだ〟ということを、読み手に向かって説明する位置にある。「桜大娘」というのは、桜村に経営拠点としての「家」を持つ有力女性に対する尊称的通称であろう。桜村に住む物部麿が、岡田村主姑女という氏名ではなく、自分にとって言い慣れた通称で語ったため、話の流れとして、「岡田村主姑女」＝「桜大娘」だという説明が必要とされたのである。

以上、「作酒家主」の「家主」は桜大娘自身をさすということを確認した。なお、「姑女」という名前について付言するならば、これも実名というよりは親族呼称から転化した通称である可能性が高い。戸籍などの使用例からみて、古代の「姑《おば》」は父の妹妹をさす。とすれば、桜大娘を「姑」と呼ぶ立場にあったのは、石人の子どもたちということになろう。すなわちこの話は、石人の子どもたちを中心とする岡田村主一族の語り伝えた物語という一面を持つのでであり、そこからも、桜大娘の経営についての描写は、真実性が高いと推定される。

二　桜大娘の経営と〝仏物〟

次に注目したいのは、(3)における牛と石人の問答である。ここで、石人は「話が本当かどうか、どうしたらわかるのか」と牛にたずね、牛は「桜大娘にきいてください」と答えている。石人は薬王寺の檀越ではあるが、薬分料の造酒息利活動には関与しておらず、事情を何も知らないのである。そして(5)で、石人は「妹家」に出かけて行き、妹から「(磨に)酒を二斗貸して、返されていない」との答えを得て、はじめて牛の話が真実であったことを確認できた。寺の檀越をつとめるくらいであるから、石人自身もおそらく自分の経営拠点としての「家」を持っていたろうが、明らかにそれは妹である桜大娘の「家」とは空間的に別に存在していた。また、(3)から推定すると、経営的にも別個であった。

ここから明らかなように、文中にみえる三カ所の「家」表記、すなわち、「岡田村主姑女之家」「作酒家主」「妹家」の「家」が表しているものは、家族の住まいという意味でのイヘではなく、経営拠点としてのヤケである。(3) 桜大娘による造酒経営は、一つのイヘ内部での「家長」(夫)と「家室」(妻)の権限分担として行なわれているのではない。(4) 兄の「家」の経営を妹が手伝っているのでもない。一章でも述べたように、薬王寺の知識活動は、少なくとも三上村・岡田村・桜村の三つの村(5)にまたがって展開している(本書二八頁参照)。桜大娘の造酒息利活動も、それだけの社会的広がりのなかで行なわれているのである。岡田村主という氏姓に象徴的に示されるような、かつての共同体首長の流れをくむ小豪族の一員として、自己のヤケを持ち経営にあたる女性の姿がそこにはうかがえよう。彼女を、〃里刀自〃的女性とみる所以である。桜大娘に夫がいたか否かは、この話では一切ふれられていない。彼女の経営活動を述べる上で、ふれる必要がないからである。一つの「家」内部における「家長」と「家室」の権限分担のあり方を議論する、その歴史的前提として、当時の豪族層男女による経営拠点としてのヤケの分有があることを確認しておきたい。

最後に、表題に「寺の息利の酒を貸用て償はずして死にて牛と作りて役はれ債を償ふ縁」とあることの意味を、桜大娘の経営活動の性格、および檀越の経営権限という観点からみておく。

牛（＝物部麿）が石人の夢に現れてつらさを訴えたのは、（3）で「自非檀越、無慼之人」と述べられているように、石人が寺の檀越だからであった。ただし石人は、檀越として薬王寺の創立・運営・維持に大きく関与していると推定されるものの、麿の負債（「酒債」）を免除してやる権限は持っていないのである。僧侶方の運営責任者である知事僧(6)浄達にしても同様で、知事僧と檀越とは、ともに「垂哀慼心」して牛のために誦経することしかできなかった。（3）の「自非檀越、無慼之人」と（6）の「垂哀慼心」の対応関係にも、そのことは明らかであろう。牛は、定められた通りの八年の苦役期間を遂げたのちに姿を消す。ここでも（2）の「限於八年」と（6）の「遂八年已」は、表現として明確に対応している。表題に示されるように、「寺の息利の酒」つまり〃仏物〃を返済しなかった場合は、檀越であれ知事僧であれ、人がそれを免除することはありえず、債務者は「牛と作りて役はれ債を償ふ」しかないのである。

寺に入ってきた牛を寺家が駆使したのは、「誰の牛か」と人々にたずねる「口頭の告知」を経た上で、「本主が出現しなかったことから、寺への帰属関係が生じ」たものと考えられる(7)。しかし実は、牛はみずからの前世における債務を「役身折酬」によって返済するために寺に入ってきたのであり、その真の債権者は〝仏〟であった。その事情が判明した以上、「寺家」(の管理・運営を担う檀越や知事僧)には、牛を開放してやることはできなかったのである。

このことの意味は、他の性格の負債の描かれ方と対比してみると明らかになる。『日本霊異記』には、親が子の物をぬすんだために、死後、牛に生まれ変わり労役で負債を償うという話が二つある。上巻一〇話では「父」、中巻一五話では「母」が「牛」となるのだが、いずれも、「子」である「家長」の「免し奉る」との言葉によって、その場で息絶える(苦役を終える)。表題も、上巻一〇話では、「牛」=「父」の不思議な力に視点をあてた「子の物を偸み用ゐて牛と作りて役はれ異しき表を示す縁」であり、中巻一五話では、「牛」=「母」を救った「子」の孝養に視点をあてた「法華経を写し奉り供養するに因りて母の女牛と作りし因を顕す縁」となっている。それに対して本話は、まさに「債を償ふ縁」なのである。

別稿で、この両話の類話とされる中国の『冥報記』を比較分析した際に明らかにしたように、『冥報記』では、「母」による「子」(家長)からの盗み(下15)は、「子」によって免されることはない。米五升の盗みは、「驢」となって五年間労役することによって償われ、「母」=「驢」はそののちに息絶えるのである。こうした中国の説話との対比で考えた場合、『日本霊異記』の上巻一〇話および中巻一五話における「父」「母」の「子」(家長)からの偸みと「子」によるその「免し」というモチーフは、私有観念確立以前の、首長制的所有から私有への転換点の様相を示すと推定される。(8) こうした段階にあって、〝仏物〟の増殖・貸付に関与することは、きわめて有利な経営活動の手段だったと考えられる。そのことは、地方の政治権力の場から制度的に排除されている、すなわち、公権力を通じた私富形成手段に乏しい女性にとっては、特に大きい意味を持っていたのではないだろうか。

おわりに

桜大娘の造酒経営について、Ｉ―一章で「仏教信仰による新たな結合を利用しつつ、自らの私有の拡大を実現している」と述べた（本書二八頁参照）。あくどい手段で自己の私産の増殖をはかった田中真人広虫女（下巻二六話）が、閻魔王の前で「三宝の物を多く用ゐて報い不る罪」を問われていることから推定して、薬王寺の「作酒息利」を請け負った桜大娘も、当然、委託運営とだぶらせる形でみずからの造酒貸付を展開していたとみてよいであろう。物部麿の負債については、桜大娘も、知事僧および檀越と同じく、免除する権限を持っていない。しかし、逆にそれゆえに、〝仏物〟は必ず償わねばならない、との論理をもって厳しい取り立てを行ない、首長制的所有の制約をのりこえる私経営の拡大を図っていったと考えられるのである。

注

（1） 吉村武彦「ライフサイクル」（『列島の古代史 ひと・もの・こと2 暮らしと生業』岩波書店、二〇〇五年）三〇頁。
（2） 『日本霊異記』の引用に際しては、出雲路脩校注『日本霊異記』（新日本古典文学大系）（岩波書店、一九九六年）を基本とし、適宜、遠藤嘉基・春日和男校注『日本霊異記』（日本古典文学大系）（岩波書店、一九六八年）、および中田祝夫『日本霊異記』（新編日本古典文学大系）（小学館、一九九五年）を参照した。
（3） イヘとヤケの区別については、吉田孝『律令国家と古代の社会』（岩波書店、一九八三年）Ⅱ章「イヘとヤケ」参照。
（4） 河音能平氏は、「富豪層の大部分は、首長（郡司）と富豪経営者という二足のわらじをはいていた。……その「家」は夫たる「家長《いえぎみ》」と妻たる「家室《いえとじ》」との結合を中核として成り立っていた。……その「家」の主導権は経営能力にすぐれた方が握ったのである」として、「妻の方が凄腕であった」例として『日本霊異記』下巻二七話の田中真人広虫女をあげる。そして、（富豪層＝）「首長層の氏寺の本来のあり方を探ることができる」例として中巻三二話を取り上げ、「一般の首長層の氏寺においては、檀越がこのような「薬分」といった諸費用の元本を寺に施入したと考えられ、……これらの寺院の「薬分」などの稲籾の出挙も、本来は檀越による首長制的勧農の重要部分を占めていたと考えることができる」と述べている（「生活の変化と女性の社会的地位」女性史総合研究会編『日本女性生活史2　中世』東京大学出版会、一九九〇年、七〜九頁）。しかし、檀越の「妹」である桜大娘の経営のあり方は、まさにそれが妻の権限としてではなく、首長層女性自身の勧農活動の延長上にあることを示しているといえよう。

（5）　和歌山市薬勝寺には八世紀初頭ころの寺院址があり、海南市岡田の地が岡田村主氏の本拠地であったらしい。岡田の地は勢多とともに奈良時代には三上村に含まれていたと思われ、和歌山市小瀬田がその遺称地とされている。桜村もその近隣の海南市阪井のあたりと推定されている（加藤謙吉「聞く所に従ひて口伝を選び……」小峯和朗・篠川賢編『日本霊異記を読む』吉川弘文館、二〇〇四年、一〇四頁）。本話の本文割注に「薬王寺、今は勢多寺と請ふ」とあり、一一世紀末ころには薬勝寺の名前で官符にみえる（『平安遺文』四九三号、治安三年一一月二三日太政官符）。同官符によれば寺の所領の所在地として「名草三上野院」の「岡田村」「勢多村」などの名が記されている。

（6）　知事僧については、佐伯昌紀「寺家知事考」（『寺院史研究』四、一九九四年）参照。

（7）　勝浦令子「『霊異記』にみえる盗み・遺失物をめぐる諸問題」（平野邦雄編『日本霊異記の原像』角川書店、一九九一年）。

（8）　義江明子「〝子の物をぬすむ話〟再考—『日本霊異記』上巻一〇話の「倉下」と「家長公」—」（『帝京史学』二一、二〇〇六年）。

Ⅱ 祭祀の編成

第一章 刀自神考
——生産・祭祀・女性——

はじめに

古代には、「刀自」の名称を持つ女神がいた。宮中の造酒司に祀られていた三座の「邑刀自」、伊勢神宮の摂社・末社や神名帳にみえる「刀自」神など、史料にみえる例はごく少なく、さほど有力な神でもなく、これまでの研究もほとんどない。同じ女神でも、太陽神にして皇室の祖先神とされる天照大御神や、偉大な雷神の妻となり御子神を産んで、御祖神《みおや》として祀られた賀茂の玉依ヒメなどが、古代の女性の力の一つの象徴ともみなされて脚光を浴びてきたことと比べると、大きな違いである。しかし、「刀自」という、古代の人々の日常生活に密着した女性名称を持つ神の存在は、もっと注目されてよいのではないだろうか。

壮大な王権神話や大豪族の支配の由来を語る神話から生まれた女神ではなく、生活の匂いを感じさせる女神として、この「刀自」神の成立の背景を考えてみたい。

一　造酒司の「邑刀自」――酒甕神と王権――

宮中の造酒司には三座の酒甕神が祀られていた。『延喜式』(1)によれば、その三座とは従五位上大邑刀自・従五位下小邑刀自・次邑刀自の三神である（巻四〇、造酒司、下五七〇頁）。これら三神が酒甕であることは、「造酒司の酒甕神、従五位下大邑刀自・小邑刀自（「神」）(2)等、並びに春秋の祭に預かる」（『日本文徳天皇実録』斉衡三年九月辛亥条）、「造酒司従五位下次邑刀自甕神、大邑刀自・小邑刀自甕神等に准じ、春秋二季の祭に預かる」（『日本三代実録』貞観八年一一月壬寅条）といった国史の記事より知られる。『続古事談』（巻一―四）によれば、「造酒司ノ大刀自ト云ツボハ三十石入也。土ニ深クホリスヘテワヅカニ二尺バカリイデタルニ、一條院ノ御時ユヘナク地ヨリヌケ出テ、カタハラニフシタリケリ。人オドロキアヤシミケルホドニ、御門ウセ給ニケリ。三條院御時、大風吹キテカノツカサタフレニケルニ、大トジ、小刀自、次トジ、ミナウチワリテケリ」という(3)。

右の『延喜式』の規定では、三座に対して座別に、「蓋表料」として紫絁一尺二寸五分、「蓋裏料」として緋絁一尺二寸五分、および「衣料」として同じく各一尺二寸五分の紫絁と緋絁、さらに「衣裏幷袴料」として帛二尺二寸五分が計上されている（下五七〇頁）。これをもってみれば、三座は酒甕に蓋を被せ衣袴を着せた（被せた？）形だったのだろう（蓋と衣の用布量が同じであることからして、衣・袴とはいっても、布を甕に巻きつけるようなものだったと推定される）。

三座が酒甕の形だとすれば、「邑刀自」の前につけられた「大・小・次」が甕の大きさの表示であろうことは容易に推量できるが、次の長屋王家木簡(4)からもそれは裏づけられる。

・御酒□〔醸カ〕所充仕丁　蘇我部道　椋部呰　朝倉小常石　私部小毛人　右四人

	米	麴	水	計
大瓱	3	1	(?)3	(?)7
次瓱 a	2	1	2.2	5.2
次瓱 b	1	0.8	／	1.8
(?)次瓱 c	(?)2	1	(?)2.2	(?)5.2
次瓱 d	2	0.8	2.1	4.9
少瓱	1	0.4	1.05	2.45

・大瓱米三石麴一石水□石　次瓱米二石麴一石水二石二斗　次瓱米一石麴八斗□瓱米□石
麴一石水□石二斗　次瓱二石麴八斗水二石一斗　少瓱米一石麴四斗水一石五升

長屋王関係の家政機関には種々の機能を担う「所」が存在していたことが木簡から知られている。ここにみえる「御酒□所」もその一つであり、「御酒」とあることからして、従者・役丁・奴婢などへの支給用ではなく、長屋王一族および儀礼用の酒を醸造する「所」であろう。ここにみえる「大瓱・次瓱・少瓱」の三種の瓱の容量を、推定も交えて一覧表に整理すると上記の表のようになる。

つまり、この長屋王家木簡の場合、大瓱はほぼ七石、次瓱はほぼ五石、少瓱はほぼ三石の容量を持つといえよう。酒カメをその容量によって三区分し、「大・次・少(小)」で呼ぶ習慣のあったことがこの木簡から確認できるのである。

『和名類聚抄』巻一六では甕は和名モタヒ、瓱は和名ミカで大甕のこととするが、正税帳から関根真隆氏が整理したところによれば、甕の容量より瓱の容量の方が大きいとは必ずしもいえない。関根氏は、瓱は「口径の割りに深さの深い大形の器であったことになり、それが『和名類聚抄』所引の辨色立成に大甕とする所以であったろう」「要するに、瓱は先述の甕と同様各種醸造用の大形須恵器であった」としている(5)。

大きさの順からいうと、右に見たように「大・次・少(小)」なのだが、造酒式でも『続古事談』でも三座は「大・小・次」の順に記されている。また、先述の国史の記事でも次邑刀自は大・小の邑刀自に遅れ、それらに准じて春秋祭祀の対象とされている。思うに、そもそもは大小の酒甕の区別があり、のちにさらにその中間の容量の「次」が加わって三種となったのであろう。『小右記』には造酒司が「大刀目〔自〕・小刀目〔自〕各一瓶を進む」とある(6)。この場合には神体としてではなく酒の入った大小の瓶(カメ)そのものを指して「大刀自・小刀自」といっているのであろう。

さてそれでは、大・小・次で区別された「邑刀自」あるいは「刀自」の意味するところは何であろうか。同じく宮中の大膳職には「醬院高部神一座」が祀られている（『延喜式』巻三二、大膳上、下三五七頁）。「高部《たかへ》（倍）」は高瓶（大カメ）の意で、醬を容れる器とされる。(7) とすれば造酒司の酒カメも「三座　酒甕神」と記されていいはずなのだが、そうはならず「大・小・次」の「邑刀自」と称されている。これはどういうわけなのだろうか。ちなみに造酒式に記された祭神九座のうち、「邑刀自」以外の二座は酒彌豆男《さかみづを》神・酒彌豆女《さかみづめ》神、四座は竈神である。

三座の神について、『延喜式』享保版本の造酒司祭神条頭注には次のようにある。

　古老口伝云、於保太宇女、古太宇女、須伎乃太宇女止云、就字案之、於保伊於布止師、須奈小伊於保止師、須伎乃於布止師止可読歟。(8)

つまり、「大・小・次」の「邑刀自」は、オホタウメ・コタウメ・スキノタウメ・あるいはオホイオフトシ・スナヲイオフトシ・スキノオフトシと読むのであるという。オホ・コ・スキまたはオホイ・スナヲイ・スキは「大・小・次」だから、この部分を除いた「邑刀自」はタウメまたはオフトシと読まれていることになる。タウメは「専女」で、老女あるいは老女の刀自をさし、老狐の異称ともされる。オフトシは「大刀自」「夫人」で、刀自の尊称、あるいは天皇・貴人の妻の称の一つである。(9) 要するに、「邑刀自」はオホトジと読み、刀自を意味する。弘仁八年の勅に「妃某姓邑刀自……」とあり、(10) 妃（夫人）＝オホトジ＝邑刀自の表記が確認できる。

従来、これら三座の「邑刀自」に言及したものをみてみると、伴信友『神名帳考証』では、右述の『延喜式』頭注や国史の記事、『続古事談』などをあげ、「邑ハオホトハヨミガタシ」とするが、(11) それ以上の考察はない。栗田寛『神祇誌料附考』は、国史の授位記事などをあげた後に「その甕はいづれの神の霊実と云う事詳かならず、されど酒甕神とも甕神ともあるに因て思ふに、こは豊宇賀能売命を祭れるにはあらじか、……甕は酒を加牟かめにて、……酒造りには事に要とある器なるを以て、即この神の霊形と崇め奉りしなるべく」とし、『続古事談』の「大とじ小とじ次とじみなわれてけり」という記事につづけて、「今の世に酒屋の酒作る長を、トウジとよぶは、とじの事にて、酒を醸む甕の名なるが転て酒を造る者の稱となれるなり」と述べている。(12)「とじ」とは酒造りの容器（酒カメ）の名称であり、それゆえに酒甕を神体として崇め、そこからさらに転じて酒造りに従事するものをも「とじ」（トウジ）と称したという見方である。二宮正彦氏も、「大邑刀自ら三神は酒甕神である。……飲食物の容器が神聖視され、神位を奉授して神祭に預かることは、前述の高倍神の例があり、造酒司では酒の容器である酒甕が三女神として奉祭されるのである。その訓み方は……大・小・次の順位を表現している」とする。(13)

たしかに造酒司の「邑刀自」は酒甕だが、だからといって、そもそも「刀自」とは酒甕の名称ということですませてしまっていいことにはなるまい。『小右記』の「大刀自・小刀自」は造酒司から進められた酒瓶であるから、神名を転用した称と見て別に不審はない。しかし逆にこれ以外に、酒カメそのものを一般的に「刀自」と称したとみるべき資料はみあたらない。また、後でもふれるが、〝高部（大カメ）の神〟、〝酒彌豆（酒水）の神〟、〝竈の神〟といった神名に対して、この「邑刀自」たちは〝酒甕の神〟とはあっても、本来、〝邑刀自の神〟とは称されておらず、あくまでも「邑刀自」なのである。こうしたことからも、刀自＝酒カメの別称、とすることには従いにくい。

折口信夫は猿女君の神懸りにふれた文のなかで、「古代に於ては、酒の用ゐられる場合は、はっきりと定まり、且、其機会も、さう度々ではなかった。神事だけに用ゐたのである。而も、そうした神酒を掌るのは女性であった。……造酒司——さけのつかさ——の酒瓶の名は、女性の名で、おほおとじ（おほとじ）・ことじ・つぎとじ（すきとじ）とある。とじは、刀自と字を充てゝ、女主人を意味する語である。……酒を造り、酒を酌む者は女であった。この酒により、または暗示により神懸りする」と述べ、〝酒造り・女（刀自）・神懸り〟を関連づけて造酒司の酒カメ神を考えている。(14)

つまり、刀自は女主人の名称であり、女性は酒を造り神懸るゆえに、酒カメが刀自とも称されるようになり、カメ自体が神聖視され神格化したという見方である。

折口はその巫女論の構想ともかかわって、刀自の酒造りをもっぱら神事と関連づけているが、「刀自」といわれる女性たちの本来の働きは、酒を造ることだけでも神懸りでもない。別稿で古代の刀自について全般的に考察した際に、刀自は豪族層女性の尊称で、古くは男性の首《をびと》と対の関係にあること、刀自は一族や里を統率する機能を持ち、そうした刀自の機能をベースにして、八世紀後半〜九世紀にかけて富豪層の「家」が形成されてくる際に家長《いへぎみ》・家室《いへのとじ》という夫婦寄合の経営形態が現出すること、家刀自≒主婦というあり方はさらにその次の段階に出てくること、を明らかにした(15)。また、一九九三年の調査でいわき市の荒田目条里遺跡から出土した木簡からは、郡司の命令に応じて男女「田人」を率いて郡司職田の田植に赴く「里刀自」の存在が知られ、九世紀段階での里刀自の農耕労働指揮の機能が確認される(16)。

「刀自」の語源は、通説的には「戸《と》＝主《ぬし》の約か」とみて主婦とされるが(17)、伴信友が「古文書に、戸主を仮字にへぬしと書るが見えたるに准(ママ)へふに、とぬしとは云ふべくもおもはれず、また戸主の義ならむには、家刀自、家の刀自など、家といふことを添ふべきにはあらざるめれば、件の説は随ひがたし(18)」と指摘するように、この説では「イヘノトジ」なる古訓の成り立ちが説明できない。「家ノ刀自」「里ノ刀自」「寺ノ刀自」など、各種の組織・単位に統率者・労働指揮者としての刀自が存在した。大祓祝詞にみる「気吹戸《いぶきど》に坐す気吹戸主《いぶきどぬし》」の神名(19)を考え合わせても、「戸《と》」を家族に直結して理解することには強い疑問がもたれる。『古事記伝』が立処・伏処・祓処などの例をあげて説くように、「トは処なり(20)」とみるべきだろう。つまり、「刀自」とは本来、ある範囲の場（の人々）を統率する女性の称だったと思われるのである。

造酒司の「邑刀自」（酒甕神）についても、こうした刀自たちの統率・生産労働指揮の働きをベースに、その成り立ちを考えてみることはできないだろうか。

先にも述べたように造酒式に記される祭神九座のうち、邑刀自三座、竈神四座を除く二座は酒彌豆男・酒彌豆女という対の名称の男女神である。ところが神名帳の「宮中神卅六座」に「造酒司坐神六座」としてあげられるのは「大宮売神社四座」と「酒殿神社二座　酒彌豆男神・酒彌豆女神」だけで、「邑刀自」三座は含まれない（『延喜式』巻九、神名上、上二九一頁）。この酒彌豆男神・酒彌豆女神の性格、とりわけ『新撰姓氏録』右京皇別下の酒部公条にみえる「酒看都子・酒看都女」との関係、および神名帳の「大宮売神社四座」と造酒式の「竈神四座」との関係については種々の議論があるが、(21)ここではふれない。

なぜ「邑刀自」が宮中神に含まれないのかについての明確な答えはないが、神名帳の「延」の標柱からみて、「酒殿神社二座　酒彌豆男神・酒彌豆女神」が官社の列に加わったのは延喜式段階であると考えられる。(22)一方、国史の祭祀・授位記事を見ると、先述のように斉衡三年（八五六）に大邑刀自・小邑刀自が「春秋祭」に預かるようになるが、この時の神位は従五位下である。次いで貞観元年（八五九）に「大戸自神」(23)は従五位上になり、同時に「无位酒殿神」が従五位下を与えられている（『日本三代実録』貞観元年正月二七日甲申条）。そして貞観三年（八六一）には従五位下の「酒美豆男神・酒美豆女神」が従五位上となり（同、貞観三年一〇月一一日辛亥条）、貞観八年（八六六）に従五位下の「次邑刀自甕神」が大邑刀自・小邑刀自に准じて「春秋二季祭」に預かる。このようにみてくると、造酒司の祭神としては、「邑刀自」の方が酒殿神に先だって官祭に預かり、位も一歩先んじていることがわかる。

神名帳の人格神について全般的に考察した阿部武彦氏は、「（風土記の）物語の中に人格神は多数見えるが神社と結びついた神々は少ない。そして又延喜式神名帳に見える多くの人格神と風土記の神話にみえる人格神との間にも殆ど関係がない」、「仁明・文徳・清和の御代は……前代の傾向と著しく異なり神事関係の記事が甚だ多い。而してこの時代に出てくる神々の表現が延喜式神名帳の人格神と著しい相関関係にある」、「神観念の発展の上からいって人格神の表現が必ずしも古いものでなかろうと思う」、「地名に比古・比売・別・雄等の呼称を付して人格神にすることは最も簡単であり、最も容易に出来ることである。このことはそれだけ個性を持たないともいい得よう」と述べている。(24)

造酒司の酒殿神がはじめて国史に登場する貞観元年正月の諸神同時昇叙は、神位によって諸神の序列化を押し進めていく神祇行政転換の画期となったとされ、(25)二五七神が同時に昇叙された。そのなかには、梅宮社の酒解子神、平野社の合殿比咩神、枚岡社の枚岡比咩神、安房大神の「后神」(26)天比々理刀咩命神、建御名方冨命の前八坂刀売命神など(27)のヒメ神も多くみられる。こうした男神に添えるものとしてのヒメ神・キサキ神合祀は、平安期に入って顕著になる新しい傾向である。(28)

人格神・ヒメ神についての右のような全体的傾向をふまえて、この「酒殿神」についてあらためて考えると、貞観元年の記事では「无位酒殿神」とあるものが、二年後の貞観三年には「酒美豆男神・酒美豆女神」という明確な男女対の名称をもって従五位上に叙せられている。これは、造酒司の酒殿神男女二神の神格成立の新しさと、逆にそれに先行して祀られていながら『延喜式』の宮中神の座からは除かれた「邑刀自」の神格の古さを暗示するものではないだろうか。人格神のなかでも、「刀自」神は後述のように伊勢神宮の延暦『儀式帳』にもみられ、奈良時代以前に成立していた女神と考えられるのである。

『続古事談』は、その冒頭の「王道　后宮」の部分で、「神璽宝剣」が(源平内乱のなかで)「目ノ前ニウセニキ」と述べた後、「東宮ノ御マモリニツボキリト云太刀」も「火事ニヤケテ身バカリノコリ」、「アマクダリタル油漏器」「大嘗会御火オケ」「元三ノ御クスリアタヽ、ムルタヾラ」など「世ノハジマリノ物皆焼ニケリ」と続ける記述の流れのなかで、造酒司の（大刀自が）「地ヨリヌケ出テ……御門ウセ給ニケリ」、「大トジ・小トジ・次トジ、ミナウチワリテケリ」と書いている。つまり、後世の観念ではあるが、三座の「邑刀自」の酒甕神は、こうした王権守護にかかわる古くからの宝物の一種とも考えられていたらしいのである。その歴史的背景はどこにあるのだろうか。造酒司の供御の機能とそれに関わる女性労働のあり方から探ってみよう。

二 女丁と刀自部――女性の貢納仕奉――

宮内省の管下にある造酒司は、酒・醴・酢の醸造を職掌とする。司には酒部六〇人と酒戸一八五戸が属し、造酒および節会の際の給酒などに従事する（職員令造酒司条）。酒部には負名氏族が優先的に任じられ（『類聚国史』巻一〇七、造酒司、天長八年二月甲申条）、造酒作業の統括、供御および儀式の宴での酒の供給をおもな職掌とする（『延喜式』巻四〇、造酒司、下五八四頁）。酒部に統括されつつ実務的な造酒に従事したのは酒戸である。「古記」「釈」所引の別記によれば、酒戸は倭国に九〇戸、川内国に七〇戸、合わせて一六〇戸が置かれ、八〇丁ずつが交代で上番する。免調雑徭の品部である。津国には二五戸が置かれ、客饗に役す（『令集解』造酒司条）。しかし、実際の造酒に従事したのは酒戸だけではない。一般公民女性から差点された女丁《によちょう》も重要な働きをしていた。

女丁の働きの具体的な内容については、他の官司の女丁をも含めて別稿で検討を加え、その歴史的意義についても考えた。そこでの考察結果をまとめると次のようになる。(29)

① 従来の研究では、女丁は男性の仕丁とまったく同様の女性労役従事者であり、具体的な使役の場としては主に後宮、労働内容としては裁縫・舂米・洗濯などに従事したとみなされてきた。しかし、五〇戸ごとに一人（廝丁

も含めると二人）の割合で膨大な人数が差点され、各官司の下働き労働に駆使された仕丁に対して、女丁は、大国四人・上国三人・中国二人・下国一人の割で差点され、総数でも一〇〇人前後にすぎない。このようにごくわずかの、格別の特殊技能も持たない、畿内周辺からの雇役でも十分にまかなえるはずの女性労働力を、遠国を含む全国から集めることの意味は、単なる労役従事では説明できない。また、後宮を主な働きの場とする女丁を宮内省が検校・分配する理由も不明である。

② 女丁の分配先としては、後宮および縫殿寮・大膳職・大炊寮・内膳司・造酒司などの若干の一般官司が史料的に確認できる。このなかでも最も具体的な働きのわかる造酒司の女丁についてみてみると、女丁（舂稲仕女）は新嘗の黒白二酒の造酒に際して、殿地神を祭り、官田稲を舂き、醸酒に従事する。また、践祚大嘗にあたっては、造酒童女《さかつこ》の下働きとして舂米作業を行なう。しかし、女丁の舂米・醸酒作業は、造酒司の造酒機能のごく一部、新穀奉献の重要神事たる新嘗に供される酒のなかの、さらに特殊な黒白二酒の一部に関わってのものであること、毎年の新嘗における舂稲仕女の役割と共通する働きが、一世一代の践祚大嘗ではユキ・スキ両郡の郡司の女子よりなる造酒童女の儀礼的所作として行なわれており、女丁は実務のみならず造酒童女的要素をもあわせ持つ存在と考えられること、こうした重要神事以外の日常供御の造酒は後宮女司（酒司）宮人の儀礼的立会のもとに酒部官人・酒戸が行なっていると推定され、女丁の関与はみられないこと、を勘案すると、女丁はたんなる実務労働従事者ではなく、天皇に関わる祭祀儀礼の場で何らかの象徴的役割を担う者であったと考えられる。

③ 造酒司以外についても、大炊寮の女丁は、寮が扱う膨大な量の米（飯）のなかで、天皇・中宮・東宮の日常供御用および特別に重要な神饌（神今食と新嘗）のためだけに舂米作業を行なう。この供御と神饌のための舂米作業も、造酒司女丁について確認したのと同様に、践祚大嘗の際の神饌調理で造酒童女が行なう儀礼的所作と共通し、

造酒童女的要素の通常儀礼版と位置づけることができる。また、内膳司・縫殿寮の女丁についても、官司全体の所要労働量に比しての女丁数の僅少さからみて、やはり実務的意味だけでは理解できない。

④　以上のように、宮中の女丁は、在地における女性の主要日常生産労働分野である舂米・造酒・織成の作業を、天皇（および中宮・東宮）への供御および重要神事に関わる局面で、儀礼的・実務的に担っている。女丁は、女性も国家に対して「蚕桑之労・杵臼之役」を担う存在であること（元慶三年太政官符）を、原理的・象徴的に示す意味をもって、遠国を含む諸国からくまなく差点され、蚕桑・杵臼労働の成果を天皇および神に直接タテマツル役割を担わされていたのではないか。

⑤　公民男女のうち、男性労働は、調・庸・雑物の貢納と雑徭・仕丁などの直接の力役の二本立てで収取されるのに対し、女性労働の収取は、男性への賦課を通じて実現され、表面には現れない。そのため、女丁には、調庸収取の蔭に隠れた女性労働の貢納を象徴的に明示するという、男性仕丁にはない役割が第一義的に付与されているとみられる。ごく少数の女丁が、雇役で代替されることなく諸国から差点されつづけた意味はそこにあろう。

⑥　女性を原則的に公的地位から排除しようとする律令制国家組織のもとでは、女丁の実際の配属場所は女性の空間である後宮一二司が大部分だが、天皇への公民男女の貢納を象徴するものとして、天皇に密着した内廷組織の伝統をひく宮内省が検校分配することを必須とした。女丁は、共同体成員男女の、最高首長たる天皇への貢納儀礼の伝統を象徴的に担いつつ、令制下で官司の下働きに従事したのである。

⑦　『令集解』儀制令春時祭田条「古記」所引一云からは、村落祭祀の場に男女成員が参加し、「供給」（タテマツリモノ）を行なっていたことがわかる。祭祀におけるタテマツリモノが首長へのタテマツリモノとなり国家的貢納物に転化していく、とする先学の成果をふまえるならば、女丁をめぐる考察結果は、律令制国家支配が共同体成

員男女の貢納仕奉の上に成り立っていることを、基底の共同体レベルのみならず、重層する首長制の構造の頂点である宮中の労働編成の場においても確認せしめるものといえよう。

以上、別稿で明らかにした女丁の意義をふまえて、女性労働という観点から造酒司で行なわれる造酒の意味をとらえなおすと、それは、たんに宮中の需要に応じた造酒作業の場であるにとどまらず、共同体成員女性がみずからの日常的農耕労働の成果たる稲を「汁」(酒)の形にして[30]天皇・神に直接にタテマツル儀礼的象徴の場という意味を持つ、ということになろう。

『続古事談』によれば、造酒司の大刀自と呼ばれるツボ(酒甕)は、「土ニ深ク掘リスヘテ」置かれていた。践祚大嘗祭での造酒の次第について『儀式』の記述をみると、一〇月上旬に、まず小斎の麹室を鎮め、麹料米を納め、白・黒・大多米の三酒麹料飯を炊き、次いで小斎御酒料の甕と甅《さらけ》[31]を掘り据える。この甕四口は「造酒司卜食の甕」である。次いで稲実卜部と禰宜卜部が造酒童女・物部人を率いて竈・門・井・山積・意加美・水神の六神を祭り、さらに斎院の大多米酒料の甕と甅を掘り据える。次に、童女・酒波・粉走・相作などの女性を含む物部人男女に明衣・冠・襷料を支給し、斎場の御井を掘り、ユキ・スキ郡の神田から運んできた抜穂御稲を納めて、いよいよ御稲を舂き醸酒が始まる(巻三、践祚大嘗祭儀中、六一～六三頁)[32]。つまり、酒甕を掘り据え、造酒(のための炊飯・水)に関わる神を祭り、神聖な水をくみ出すべき井戸を掘り、しかるのちに神聖な稲を舂いて酒が作られるのである。井戸を掘る際も、稲を舂く時も、造酒童女がまず儀礼的に最初の所作を行なう。

ここで造酒の場に日常的にあるものは何か、という観点から考えてみると、大嘗祭では殿舎は祭りに際してそのつど新たに作られるものであって、日常的には存在しない。造酒司のような官司の場ともなれば、通常の造酒は恒常的な場でなされたろうが、それでも、新穀による新酒を神に捧げる最重要神事たる新嘗においては、やはりそのつど、建物が建てられるのである。『延喜式』によれば、女丁（春稲仕女）が酒部官人・仕丁とともに殿地神を祭った後に、酒殿一宇・臼殿一宇・麴室一宇を木工寮が黒木で構え造り、しかるのちに女丁が稲を舂きはじめる（造酒司、下五七五頁）。何度も言うように、ここでの女丁の役割は践祚大嘗祭での造酒童女の役割と共通している。また、酒造りのための水をくみ出すべき井戸も、大嘗祭ではそのつど新たに掘られる。

平城宮跡からは、一九六四〜六五年の第二二次調査で、内裏東方から「造酒」関係の木簡のほか、覆屋を持つ井戸、酒か水を入れた大形の甕の据え付け穴を持つ建物などが検出され、造酒司跡と推定された。その後、一九九三〜九四年の第二四一次調査でそのさらに南方に接して、三時期にわたる計五棟の甕据え付け穴を伴う掘立柱建物と、それに併存する甕を伴わない建物、および井戸二基が検出され、東西六〇メートル、南北九〇メートル以上の広大な面積を占める区画が造酒司跡である蓋然性の高いことがあらためて確認された。この甕を伴う建物は「酒の貯蔵などの施設」、伴わない建物は「精米などの作業場もしくは管理施設」と推定されている。また井戸のうちの一基は同心円状の石敷、六角形の覆屋を備え、周りを大型建物が取り囲み、「特殊な酒の醸造にかかわる井戸であった可能性」が指摘されている。(33)

このように造酒司では、造酒のための建物と井戸を備えていたことが発掘より確認される。しかし、前述のように大嘗祭では建物・井戸ともにそのつど新たに造り掘られること、また『風土記』の播磨国揖保郡萩原里条の、〃御井を掘り、清水がこんこんとあふれでたので酒殿を造り、酒船で酒を醸した〃という伝承からも、井戸と酒殿は本来は常設ではなかったことがうかがえよう。この伝承には米舂女《よねつきめ》たちと従臣との聖婚の話も伴っており、〃御井掘り―造殿―（舂米）―造酒―祭祀〃という流れが読み取れる。『延喜式』によれば、詳細は不明なものの、毎年一〇月の造酒始めに先立って七月上旬に「御井酒」を醸造するとある（造酒司、下五七二頁）。先述の平城宮造酒司推定地で検出された特殊な井戸の存在とも考え合わせると、宮中での造酒に際しても、本来は御井掘りから開始されたのではないだろうか。

本来のあるべき姿としては、殿・室も井戸も祭りのつど造られるものだったとすれば、つまり、酒造りを象徴するものとして日常的に造酒の場に存在するのは、地中深く掘り据えられ酒を醸し貯蔵しておく甕、ということになるのではないか。平城宮の造酒司推定跡からも、大型のカメを掘り据えた特徴的な建物が検出されていることは前述の通りである。『儀式』からは、造酒司でト食した甕を特に大嘗祭の造酒始めに用いたことが知られ、酒甕が神聖視されていたことは間違いない。このように考えると、神位授与のあり方からみて「邑刀自」の方が「酒殿」神(酒彌豆男・酒彌豆女、すなわち酒水の男女)よりも造酒司に祭られる神としては古い神格であるらしい、との先の推定とも符合することになろう。

以上、造酒司の女丁の働きに共同体成員女性の農耕労働の成果の貢納仕奉という意味があることを別稿の紹介を通じて述べ、そうした意味を持つ造酒活動が特にモノとしての「酒甕」に集約的に象徴されるに至る途筋を、井・殿を常設しなかったであろう本来の造酒のあり方から推定した。しかし、これではまだ、造酒司の酒甕が「刀自」といわれる由来が明らかになったとはいえない。「刀自」とは、前節で述べたように、豪族層女性の古来の尊称であり、ある範囲の場の人々(の労働)を統率する女性、というのがその原義だったと考えられる。そこで、大嘗と新嘗の比較からわかる造酒童女と女丁の儀礼的役割の共通性の意味をあらためて考えてみよう。

造酒童女はユキ・スキ両郡郡司の女子であり、一世一代の践祚大嘗祭において、両郡に代表される地方の王権への服属と貢納の儀礼を担う。造酒童女は耕種・舂米・造酒等々の儀礼的所作を行ない、神事に奉仕するのだが、その本質は従来いわれているような聖なる巫女・童女というところにだけあるのではない。王権祭祀において造酒童女とほぼ同様の性格を持つと思われる伊勢神宮の物忌童女について考察したところによれば、「物忌母・禰宜内人妻」といわれる神職者一族（在地豪族層）の成人女性が、物忌童女の儀礼的役割の背後にあって、童女を介助しつつ実質的神事奉仕を担っていた。そして、御田耕作・炊飯・造酒の儀礼的所作、およびそれらを中心とする神饌の奉仕という物忌童女の一連の働きは、成人女性の日常的生産活動をベースとし、そうした生産活動の成果を神に捧げるという村落祭祀とも共通するあり方が、王権祭祀のレベルでは童女の儀礼的所作へと変質させられたものと考えられるのである(34)。

一方、『儀式』によれば、大嘗祭においても賜禄記事より「郡司妻」の「供奉神事」が推定される（巻四、践祚大嘗祭儀下、九八頁）。とすれば、神宮祭祀における〝物忌童女―「物忌母」〟と同様の構造的関係を、大嘗祭の〝造酒童女（郡司女子）―「郡司妻」〟の間に想定できるのではないか。郡司は、在地首長層のトップに位置し、在地の生産構造を統括する位置にある。そして、別稿で春時祭田条の考察を行なった際に述べたように、基底の村落レベルの生産活動・祭祀・供給から郡司豪族層の経営活動にいたるまで、各層の首長層女性の働きが必要不可欠なものとして存在していた(35)。神宮祭祀における成人女性（物忌母）の働きとその意義を媒介として、造酒女丁と大嘗祭の造酒童女の儀礼的役割の共通性をとらえなおすならば、おおよそ次のようにいうことができるのではないだろうか。

大嘗祭における造酒童女の儀礼的所作の背後には、在地首長層女性の女性労働指揮と貢納統括の働きがあり、そうした女性労働の成果の天皇への供給＝貢納を日常的かつ直接に儀礼的に明示するものが宮中の女丁にほかならない。造酒童女と女丁の役割の共通性は、首長層女性に率いられた共同体成員女性の生産活動とその成果の貢納を、造酒童女は首長層女性、女丁は共同体成員女性を代表するものとして、それぞれに象徴的に即位儀礼・宮中儀礼の場で表現せしめられたことによるのである、と。ユキ・スキ御田が「百姓所営田」と指定され（『延喜式』巻七、践祚大嘗祭、上二二四頁）、特に抽出して宮内省から造酒司に送られた女丁（同宮内式）が造酒童女の下で舂米実務に従事する（『儀式』巻三、践祚大嘗祭儀中、六三頁）というところにも、同様の意味が読みとれるのではないか。

首長層女性・共同体成員女性の造酒活動とその貢納仕奉を視覚的に集約し象徴する造酒司の酒甕が、首長層女性の一般的尊称である「刀自」の名をもって呼ばれる歴史的背景を、以上のように理解したい。女丁の働きが、（刀自に率いられた）共同体成員女性の天皇への貢納の伝統を象徴的に担うものであるがゆえに、その働きの象徴たる酒甕は、王権の安泰に密接に関わるものと観念されるようにもなるのではないだろうか。このようにみてくれば、「大トジ・小刀自・次トジ」が地から抜け出し、ついにはそろって倒壊したことを、「神璽宝剣」の消失などとともに王権衰退を象徴する重大事とする『続古事談』の記述も、それほどの違和感なく理解できるように思われるのである。

ただし、造酒司の造酒活動における女性の働きのなかには、直接に「刀自」の名称を見いだすことはできない。共同体成員女性を率いる首長層女性の働きを史料の背後に探り出し、そこから首長層女性の一般的名称である「刀自」とのつながりを想定したにすぎない。しかし、宮中の、同じく供御に関わる別の祭祀儀礼の場では、「刀自」の名称が、在地の生産活動・貢納と関わって明瞭に確認できる。それは、川尻秋生氏が近稿において綿密な分析を加えた次の史料である。

□様進二納内膳司一。所司即採レ物別二其表一。而召二阿房之刀自部一。令レ祀二膳神一。但春秋之祀物者。臨時取□浄物依二恒数一充行。自今以後。永為二恒例一。(36)

天平三年九月十二日

川尻氏は、安房国と大膳職・『高橋氏文』の関係を考えるなかでこの史料を取り上げ、刀自についての旧拙稿（本書Ⅰ—二章）をも援用しつつ、「阿房之刀自部」は、安房国造（大伴直氏）一族の女性に率いられた大伴部の女性よりなり、安房大神を勧請した膳職《かしわでのつかさ》（大膳職・内膳司を包括する）の御食神《みけつかみ》の宮中祭祀に奉仕した女性祭祀集団であろう、との解釈を示した。安房国の貢納の中心は、天皇の長寿を予祝する機能を持つとされた鰒《あわび》であり、安房大神の勧請は天皇に対する在地の神の奉仕を表す。安房国造の高橋（膳）氏への統属を前提に、安房地方からは服属儀礼を伴う鰒の貢納が伝統的に行なわれており、律令租税制・個別人身支配の成立の後にも、安房大神の宮中祭祀にのみは部民制仕奉関係が温存されたのであるという(37)。

川尻氏の所論は、『高橋氏文』・贄貢納などの全体的把握と関わる大きな構想のもとに組み立てられており、その全体について論及する力は私にはない。ただ、問題の「阿房之刀自部」についていうならば、女性祭祀集団による膳神祭祀が、天平三年以前からの伝統に根ざし、弘仁式撰上の弘仁一〇年以降にまで恒常的に行なわれ、それは部民制仕奉関係が律令制下にも宮中祭祀の場で温存されたもの、との結論はきわめて注目すべき内容を含む。綿密な史料分析に基づくこの推論の妥当性は高いと思う。川尻氏の労作によって、在地の生産集団からの貢納が宮中祭祀に象徴的に儀礼化され、「刀自」の名称をもつ女性たちによって律令制下でも担われ続けていたことが、史料的裏づけをもって明らかにされたのである。

細部の実態は不明なものの、「阿房之刀自部」による膳神祭祀と、造酒司の「邑刀自」神とは、在地の女性集団による生産活動とその成果の貢納を歴史的背景として持つらしい、という点で本質的に共通する。そして、特に注目すべき点として、安房大神の勧請が服属儀礼を伴う鰒の貢納の祭祀的表現であり、「刀自部」がその貢納儀礼祭祀を担っていたとするならば、そこからは、「刀自」が、農耕労働およびそこから派生する舂米・造酒のみならず、鰒採取・衣料生産・織成などを含めて、古代において在地での女性の生産活動を統括した首長層女性の一般的名称であったことが、はっきりとみえてこよう。「刀自」は、従来いわれてきたような、たんに酒造りに関わる女性の名称ではないのである。

以上、川尻氏の成果によりつつ、「刀自部」ないし「刀自」による貢納仕奉とその宮中における祭祀儀礼の存在を確認した。これによって、造酒司の酒甕神が「刀自」と称されるに至る途筋がおぼろげながらみえてきたといってよいのではないか。次節三では、宮中以外の在地の「刀自」神の事例から、この途筋をさらに考えてみたい。

三　神社に祀られた刀自神

まず取り上げるのは、伊勢神宮の摂社・末社に祀られた刀自神である。周知のように、伊勢神宮は内宮＝皇大神宮と外宮＝豊受神宮とからなるが、そのそれぞれに別宮・摂社・末社がある。延暦二三年（八〇四）の『皇大神宮儀式帳』『止由気宮儀式帳』によれば、内宮は別宮四・摂社二五・末社一五、外宮は別宮一・摂社一六・末社八からなる。(38) 別宮は専任神職の物忌・内人などがおかれ特別の祭祀の行なわれる神社、摂社は官帳に載せられ祈年班幣の対象となる官社、末社は官帳に載せられず祝の倕も免じられない「田社」である。このうちで刀自の名称を持つ神は、内宮の摂社一・末社一の計二例で、外宮には刀自名称の神はみられない。ただし、内宮の二例は祭神名であって神社名ではなく、外宮の摂社・末社についてはそもそも神社名だけで祭神名の記載はいっさいないので、外宮の諸社に刀自名称の祭神があったか否かは不明としかいえない。内宮の二例についての『儀式帳』の記載は次のようである。

小朝熊神社（摂社）

神櫛玉命の児、大歳の児、桜大刀自。形は石に坐す。又、苔虫神。形は石に坐す。

又、大山罪《ママ》命の子、朝熊水神。形は石に坐す。倭姫内親王の御世に定め祀る。

正殿一区、御床一具、玉垣二重、御門二間、御倉一宇、前社一処、坐地八町、四至（東大山、南公田、西宇治大川、北御竈嶋）。

熊淵神社（末社）

大水神の御子、多岐大刀自。形无し。

また、『延喜式』神名帳に載せる諸国官社のなかには、神社名に「刀自」名称を持つものが、伊勢国多気郡の「大海田水代大刀自神社」と、出雲国出雲郡の「阿須伎社神魂意保刀自神社」の二例みられる。これも、祭神名に「刀自」名称を持つ社がこの他にあったか否かは不明というほかない(39)。

『神名帳考証』『神祇志料』などの述べるところを検してみても、これら四例の刀自神についての詳細はさほど明らかではない(40)。要するに在地の小社で、朝熊神社を除けばほとんど後世には存続しえなかった、ということをうかがうにとどまる。「阿須伎社神魂意保刀自神社」については考察がないが、阿須伎神社の祠社の一つであり、「意保刀自」は大刀自であろう。とすれば、四例の刀自神はすべて「大刀自」の称を持つことになり、神名として造酒司の「邑刀自」と一致することになる。とりあえずここでは、在地の小社で、「大刀自」を称とするということだけを、共通項として押えておきたい。

神社名以外の考察の手がかりがいくらかでもあるのは神宮の摂社・末社である。これについては、近世の神職者によるやや詳細な考証が『大神宮儀式解』および『神宮典暦』でなされているので、次にそれを見てみよう。

『儀式解』によると、朝熊神社の「櫻大刀自は佐久良於保止志《サクラオホトシ》とよむべし。……大刀自《オホトシ》は借字《カリモジ》、大年の義なり。此神紀には見えず。……さて此櫻大刀自は当社の前なる川の南の辺に櫻木《サクラキ》ノ森ありてそこに御霊《ミタマ》をとどめられ、又本宮直会院の辺に櫻宮あり、これも比神を祭る所なり。……櫻大刀自神は当社に主《ムネ》として斎ヒ奉り、苔虫ノ神已下は前にて主《ムネ》たる神に由縁《ヨシ》ある神なり。……此ノ神苔むすを以て御名とせり」という。熊淵神社については「多岐大刀自は他芸於保登慈《タギオホトジ》とよむべし。……多岐《タギ》は滝《タギ》の義、大は美稱、刀自は女の稱なり。御社も右にいう淵の辺にあれば、水に功《イサヲシ》ある神にて御名も滝《タギ》を以《モ》て稱《タヽ》へ奉ると見えたり」としている。[41]

桜大刀自の「大刀自」を「大年」（大歳神）とするのは、次の多岐大刀自の例や宮中の「邑刀自」からみても不自然であり、明らかに失考である。しかしこのように神名としての「桜大刀自」を否定することは『神宮典略』にも共通し、『神宮典略』は「多岐大刀自」も含めて「傍書の混入」とする。その理由は「神号に刀自といふ名もいかゞ、古書に比売神、某比咩神といふはあれど、某刀自神といふは見えず。刀自とは人家の女主を云名にて、……たゞ人の婦をかく云べけれど、神名を稱へて刀自といふ例あるべくもあらず」という点にある。[42] 刀自＝「人家の女主」（主婦）の通念が確固たるものとなった近世にあっては、ヒメならともかく、一般の婦人名称が神名になるとはとうてい考えられず、第一級史料たる『儀式帳』の記載を無理やり否定する注釈をほどこす結果となったのであろう。しかし、前節でみてきた古代における「刀自」の機能をふまえて考えるならば、その判断の根拠が古代の現実に即していないことはいうまでもない。

この点を除いて考えると、要するに、朝熊社の主神は桜大刀自であって川を控えた山頂に位置し、他の二神とともに神体は石で、苔虫神が石の苔むしたさまによる称とすれば、もう一座が朝熊水神の名を持つことからも、川水との関わりが知られる。また、「大歳神児桜大刀自」という神系からすれば、年穀の実りとの関わりもうかがえる。多岐大刀自も淵の辺にあって神の形はなく滝を名とするとすれば、この内宮摂社・末社の二例の大刀自神は、ともに川・滝という自然の水ないし農耕のめぐみに関わる女神ということになろう。

神宮の摂社・末社群の性格を全般的に考察した岡田精司氏は、外宮の摂末社には、度会地方の土地神・国魂神としての性格が明瞭な神名・社名をもつものが少なくないこと、度会家行の『神名秘書』に記す祭神名を参照すると祭神は木神・川神・水神・草神・沢姫・五穀霊・水戸神といった自然神格がほとんどであり、総じて別宮から摂社・末社に至るまで在地的性格の強い社ばかりであるとしている。また内宮については、別宮には土着の信仰とは異質な大王守護神の祭祀に関わるものがみられるものの、摂社の神々は、祭神を記紀の神々に附会しようと苦心した『大神宮儀式解』の著者が、多くの場合に「土地に拠りしことなり」「地名を御名とせり」「他にみえず」とせざるをえなかったように、地域住民の信仰するローカルな神がほとんどであること、神体も「形石坐」「形在水」「形無」といった原始信仰をとどめるものばかりであること、末社は神体「石」か「無」という素朴な姿のものばかりで、いっそう土着性の濃厚な村落の小祠とみられるものだけであることを指摘し、内宮・外宮を通じて摂末社の神社群は、度会郡の村落の神々の主要なものを網羅して大神宮司の管理下に置いたもの、と結論づけている(43)。

神宮の摂社・末社をめぐる岡田氏の考察をややくわしく紹介した。これによって、刀自神を含む摂社・末社が在地の村落の小社に由来することは、疑問の余地なく明らかにされたことと思う。ではそのなかでの「刀自」神の特色はどこにあるのだろうか。すでに見てきたように具体的な考察の手がかりはほとんどないが、「個々の社名が古代の地方信仰を反映したもの」であり、『儀式帳』の祭神名は「『風土記』の神名とならぶ地域的信仰解明の資料として活用の可能性が大きい」とする岡田氏の提言をうけて、二例の刀自神の含まれる内宮摂社・末社の他の女神名との比較から、「刀自」神についていま少し考えてみよう。内宮の摂社二五社三五神のうち、神社名・祭神名から女神と推定できるものは、刀自神を除くと、大土神社の「佐々良比売命」(石)、国津御祖社の「宇治比売命」(石)・「田村比売命」(無)、久麻良比神社の「千依比売命」(石)、宇治山田神社の「山田姫命」(無)、津長大水神社の「栖長比女命」(石)、江神社の「長口女命」(水)、神前神社の「荒前比売命」(石)、久具神社の「久々都比女命」(石)、楢原神社の「那良原比売命」(石)、榛原神社の「天須婆留女命」(無)、狭田神社の「速川比女」(石)の一二神である(( )内は神体)。

岡田氏が「古代南伊勢の星信仰の存在をうかがわせるもの」とする「天須婆留女命」以外は、すべてヒメ名称の神であることが注目されよう。この多数のヒメ神のなかにあって、一例の「刀自」神（桜大刀自）は特異な名称の女神といってよい。なお、これらのヒメ神のなかで、「佐々良比売命」「久々都比女命」「速川比女」は、それぞれ「水佐々良比古命」「久々都比古命」「速川比古」と男女対のヒメ神である。またこのほかに、「太歳御祖命」（湯田神社）・「大山罪乃御祖命」（大水神社）・大歳御祖命（江神社）の三例の御祖神がある。前述のように「宇治比売命」「田村比売命」は「国津御祖社」の祭神であり、「御祖」が女神である可能性はあるものの、必ずそうとは言えないので一応除外して考える。

末社について同様に見てみると、一五社二三神のうち、女神は多支大刀自を除くと、鴨下神社の「鴨比女命」（無）、津布良神社の「津布良比女命」（無）、葭原神社の「伊加利比女」（無）、新川神社の「新川比売命」（無）、加努彌神社の「稲依比女命」（石）、那自売神社の「御裳乃須蘇比売命」（石）、葦立弖神社の「玉移良比女命」（石）、牟彌乃神社の「寒川比女命」（無）の八神で、すべてヒメ神名称である。うち、「鴨比女命」「津布良比女命」「寒川比女命」の三例は男女対のヒメ神である。また、御祖神は「宇加乃御玉御祖命」（葭原神社）・「大水上御祖命」（那自売神社）の二例である。ここでも「刀自」神一例（多支大刀自）を除き他はすべてヒメ神であって、やはり「刀自」名称の特異性が際立っているといえよう。

先述のように、近世の『神宮典略』はこうした「刀自」名称の神名としての特異性をもって「古書に比売神、某比咩神といふはあれど、某刀自神といふは見えず。……神名を稱へて刀自という例あるべくもあらず」と、刀自神の存在を否定した。しかし、これにはまったく異なる解釈も可能であり、逆にそこにこそ「刀自」神の歴史的意義をうかがう貴重な手がかりがひそんでいるといえるのではないか。

一でも若干ふれたが、阿部武彦氏は『延喜式』神名帳の人格神を検討し、人格神を神社に祀ることは神観念からみて比較的新しい傾向であること、特に地名にヒコ・ヒメなどの男女を明示する神々は小社に多く、比較的遅くに地名神から変わったものと推測されることを指摘している。阿部氏の一覧整理によれば、神名帳で人格神的表現をとる神社のうち女神は、「某ヒメ・ヒメ命神」が一二八、「某メ・メ命神」が五、「某刀自神」が二、「某姉子神」が一、「某刀女神」が一で、ヒメ神が圧倒的に多い(44)（二例の刀自神は既述の伊勢と出雲のもの）。

神名帳全体の分析から導き出された人格神の類型をめぐる特色は、『儀式帳』からみた伊勢神宮の摂社・末社についてもほとんどそのまま該当する。久具神社の「久々都比古命」「久々都比女命」、津布良神社の「津布良比古命」「津布良比女命」など、たしかに個性の乏しい、比較的容易に編み出された神名という印象を受ける。それに対して「刀自」神の名は、摂社・末社の二例、神名帳の二例のいずれもそれぞれに個性的であり、相応の歴史的成り立ちをうかがわせる。ヒメ名称の女神は、神名帳以外にも平安前期以降の国史の授位記事などに頻出し、人格神化の新しい傾向に合致した神名であることが裏づけられる。「刀自」神の成立がヒメ神の成立より一般的に古いか否かは何ともいえないが、ヒメ神名称のその後の隆盛に比して、「刀自」神名称はその後ほとんど発展の形跡がないという意味では、より古層の、七〜八世紀ごろまでの歴史的状況のなかで成立した女神だった、と見てよいと思われるのである。

もう一つ、ヒメ神と「刀自」神の名称からいえる大きな違いとして、ヒメは八・九世紀ごろまでの女性の一般的名称としては貴族女性のごく一部を除きほとんどみられない神話的名称であるのに対し(補注)、「刀自」は、真稲刀自・清刀自売・刀自古等々、枚挙に暇のないほどに、一般庶民女性から豪族・貴族女性にいたるまでの、もっとも普遍的な古くからの生きた女性名称だったということがあげられよう。「刀自」神は、人格神としてははなはだ人間臭い、神格化の不十分な、つまり、祀り手と神格との距離のあまり遠くない神だったといえるのではないだろうか。『儀式帳』

において「桜大刀自」「多支大刀自」が他の女神たちと異なって名称に「命」「神」を持たないこと、前節で見た造酒司の場合も、『延喜式』で他の祭神が「酒彌豆男神」「酒彌豆女神」「竈神」とあるのに対して、三座の「邑刀自」のみが「神」を名称のうちに持たないことは、人間離れの不十分な「刀自」神、という理解を裏づけるように思われる。

前節で別稿での考察結果として紹介したように、神宮祭祀の隠れた重要な担い手として、在地首長層を母体とする神職者一族の成人女性の神事関与が確認できる。しかも彼女たちの働きは、摂社・末社において特に明瞭に見られるのである。村落の小祠に由来するとされる摂社・末社の祀り手にこうした在地首長層女性＝「刀自」を想定できるとするならば、下からのゆるやかな自生的神格化として、人間臭い「刀自」神の形成されてくる過程を考えてよいのではないだろうか。

そこで、神社に祭られた神では必ずしもないが、『風土記』にみえる二例の刀自神についてもみておきたい。いずれも播磨国の例である。

揖保郡飯盛山　讃岐の国宇達の郡の飯の神の妾、名は飯盛の大刀自といふ。此の神度り来て、此山を占めて居りき。故、飯盛山と名づく。

美嚢郡吉川里　吉川と号くる所以は、吉川の大刀自の神、此に在す。故、吉川の里といふ。

どちらも神社などの遺称地はない。「播磨国風土記」は女神が多く登場することで知られるが、それらの女神には伝承上の女性首長像の投影と思われるものの少なくないことが指摘されている[45]。この二例も、飯盛山・吉川里にいたとされる女性首長的女神とみられよう。どちらもやはり「大刀自」の名称をもち、飯盛大刀自は「神の妾《め》」とはあっても自身大刀自「神」とは称されず、人間臭い女神であり、讃岐からの集団的移動を背後にうかがわせる伝承を持ち、名称の上で農耕労働・炊飯との関連を示唆する。また、吉川大刀自は地名＋刀自で、女性による「里」レベルの統括をうかがわせる刀自神であることに注目しておきたい。『風土記』成立は八世紀前半であるから、そこにこうした伝承の形で記録された刀自神の成り立ちは、ほぼ七世紀以前のものということになろう。

以上、『儀式帳』から二例、『延喜式』神名帳から二例、『風土記』から二例の「刀自」神をみてきた。どの例からもさほど明確なことがいえるわけではないが、全体を通じて、国家レベルの神話・祭祀とは無関係に、地方の村落レベルで自然神信仰と密着しながら、七世紀ごろまでに「刀自」神が形成されつつあったこと、村落の生産と祭祀を統括した「大刀自」の名称で呼ばれる首長層女性の存在をその背景として想定しうること、「刀自」神は神格化が不十分な（人間臭さを多く残す）人格神であり、九世紀以降のヒメ「名称」の女神の頻出傾向に比して、その後さほど発展することなく多くは消え去っていったこと、を述べた。「刀自」神の神格化の不十分さは、それだけこの神が、観念的神話世界を背景として生まれたのではなく、在地の生産活動に密着した女神だったことを意味するのではないだろうか。

最後に一例、神社に祀られ後世にまで存続した著名な「刀自」神にふれておきたい。

> 十二月十九日壬戌、斎院に参るに女房云く、朝夕の御膳散飯等、野宮に至りては難良力目〔刀自〕之神に奉ると云々、而るに里第に御坐すの時は之を為すに如何と。
> 廿日癸亥……前院に案内するに其の報に云々、里第と雖も皆御膳散飯を奉る。……又、毎月酉日此神を祭らる。其の儀は事々に非ず、只御炊男に給分の物を充て、酒肴を以て祭ると云々。……抑、難良力〔刀〕自の御祭の事、野宮に入らしめずと雖も、近来自り祭らるる宜しきかと云々。[46]

右は『左経記』長元四年（一〇三一）の記事で、賀茂斎院が野宮にある時、「難良《なら》刀自《とじ》之神」を祀り、朝夕の御膳散飯を供する習いであることが述べられている。現在、上賀茂神社境内のいわゆる「ならの小川」横の東辺、庁屋の西方に奈良社があり、奈良刀自神が祀られている。庁屋神饌所の西端に拝殿が設けられ、そこから後方の奈良社を拝する形である。『神道大辞典』の「奈良神社」の項には「官幣大社賀茂別雷神社境内の北、神饌所西脇に鎮座。賀茂別雷神社の摂社。宇迦之御魂神（一に難良刀自神）を祀る。この神は保食神の又の御名で、御饌の事を司り給ふ神である。されは同社では古より神饌所に之を斎き祀ってゐるが、同社の祭祀の場合には、謂はゆる散飯神として、必ず先ず最初にこの社に本社の神饌の初穂を捧ぐる例である」とあり、続けて先掲の『左経記』の記事を引く。(47)詳細は不明だが、神饌調理に関わる神であることだけは確認できよう。

おわりに

以上、三節にわたって、「刀自」神について考察してきた。わずかな史料を手がかりに推測を重ねたところも少なくないが、おおよそ次のようなことを明らかにできたと思う。

① 宮中造酒司に祀られた「邑刀自」（オホトジ）は、大・中・小の大きさの酒甕を神体とし、後世には王権守護に関わる宝物の一つともみなされていたらしい。

② その背景としては造酒童女・女丁に儀礼的に象徴される共同体首長層女性・成員女性の造酒活動と貢納の伝統が想定される。膳職の膳神祭祀に奉仕した「阿房之刀自部」の存在をあわせ考えると、農耕のみならず鰒採取・織成等々を含めて、在地での生産・祭祀の統括者たる「刀自」の名称が宮中の祭祀儀礼の場で定着していく途筋がうかがえる。

③ 伊勢神宮の摂社・末社、『延喜式』神名帳、『風土記』などに見られる「刀自」神の事例からは、村落レベルで

自然神信仰・生産活動と密着しながら、「大刀自」＝首長層女性の働きをベースに、人間臭さを多分に残した人格神としての「刀自」神が、七世紀ごろまでに村落の小祠として形成されつつあったことが推定できる。

以上の「刀自」神をめぐる考察から、今後、派生的に展開すると思われる二〜三の問題点を指摘して、この小論の結びとしたい。

まず部民制論に関して。首長層女性の働きをもっと具体的に解明していく必要があろう。この点は従来ほとんど手つかずといってよいが、在地における女性労働のあり方を全般的に押えた上で、それが部民制支配のなかにどのように組み込まれていたのかを解明することなしには、社会的分業の国家的編成も、律令租税制成立の意義も明らかにはならないと思う。

次に后論に関して。天皇の配偶者を意味する和語としては、ミメ・キサキ・オオトジがある。従来は、天皇の妻たちの一人としてのミメ（御妻）、あるいは王権の分掌者としてのキサキ（后）という側面からの議論がもっぱらだった。しかし、「大刀自」が首長層女性の最も一般的尊称だったとみてよいとすれば、それぞれの出身の氏を背後に背負い何らかの経営機能を担う天皇の配偶者＝オオトジ（夫人）、という側面からの検討も重要なのではないだろうか。本文で少しふれた「妃某姓邑刀自」の呼称法は、そのことを強く示唆すると思われる。

最後に女神論に関して。従来の女神研究は、玉依ヒメに代表される神の母としての御祖神《みおや》、あるいは男神の妻としての妃神《きさき》が主にとりあげられてきた。それは、神に仕える巫女の神格化としての女神の誕生、という理解とも強く結びついている。しかし、神の母としてでも妻としてでもなく、生産と密着した女神形成のコースがあったこととその意味を、もっと考えてみてもいいのではないだろうか。それは祭祀と女性の関係全般を見直すことにもつながるであろう。

注

（1）以下、『延喜式』については、『延喜式』上・下〈神道大系〉（神道大系編纂会、一九九一年）をテキストとし、その頁数を記す。必要に応じて国史大系本を参照。

（2）国史大系本によれば、この「神」字は「今意補」とある。後述のように「刀自」神の成り立ちと『延喜式』の表記からみて、「神」の字を補う必要はないだろう。

（3）『群書類従』二七および『古事談　続古事談』〈新日本古典文学大系〉（岩波書店）所収。

（4）『平城宮発掘調査出土木簡概報』二三（長屋王家木簡二）、五頁。

（5）関根真隆『奈良朝食生活の研究』（吉川弘文館、一九六九年）、第八章第三節「貯蔵用具」。

（6）『小右記』〈大日本古記録〉（岩波書店）、永祚元年六月九日戊午条。

（7）二宮正彦「宮中神一三座について」（直木孝次郎先生古稀記念会編『古代史論集』下、塙書房、一九八九年）、二四九頁（のち『古代の神社と祭祀』創元社、一九八八年所収）。および志賀剛『式内社の研究二　宮中・京中・大和編』（雄山閣、一九七八年）、三三頁など。

（8）『延喜式』下〈神道大系〉、五九七頁、および『延喜式』〈国史大系〉頭注、参照。

（9）『和名類聚抄』・『時代別国語大辞典　上代編』（三省堂）・『日本国語大辞典』（小学館）などの「刀自」「大刀自」「専女」項、参照。

（10）『類聚符宣抄』巻六、少納言職掌、弘仁八年六月二三日勅。

中納言兼兵部卿藤原朝臣縄主宣す。勅を奉るに、少納言奏するに、妃某姓邑刀自の辞を称する有り。自今以後、宜しく姓を除き只、妃邑刀自と称すべし。若し両妃有りて事、相疑うべくば、更に勅裁を聴け。……

（11）『伴信友全集』一（一九〇七年。ぺりかん社、一九七八年復刻）、九頁。

（12）栗田寛『神祇志料附考』上（一九二七年。思文閣出版、一九七一年復刻）、三二四～三二五頁。

（13）前掲注（7）、二宮論文、二五三頁。

（14）折口信夫「上世日本の文学」（『折口信夫全集』一二、中央公論社、一九五五年所収。初出一九三五年）、三九二頁。

（15）義江明子「「刀自」考―首・刀自から家長・家室へ―」（『史叢』四二、一九八九年）、本書Ⅰ―二章所収。

（16）いわき市教育文化事業団編・刊『荒田目条里遺跡・木簡は語る』（一九九五年）、および平川南「里刀自小論」（『国立歴史民俗博

物館研究報告』六六、一九九六年。のち同『古代地方木簡の研究』吉川弘文館、二〇〇三年所収）に紹介と考察がある。「福島・荒田目条里遺跡」（『木簡研究』一七、一九九五年）、木簡学会編『日本古代木簡集成』（東京大学出版会、二〇〇三年）、一九三号木簡をも参照。

(17)『時代別国語大辞典　上代編』（三省堂）「刀自」項など。

(18)伴信友『比古婆衣』巻一四「召専考」（前掲注（11）、『伴信友全集』四）、三二二頁。

(19)「気吹戸」とは息を吹くところの意である。

(20)『古事記伝』（『本居宣長全集』九、筑摩書房、一九六八年）、一四八頁。

(21)佐伯有清『新撰姓氏録の研究　考證篇』二（吉川弘文館、一九八二年）、二二四頁。前掲注（7）、二宮論文、二五二頁。ほかに伴信友『神名帳考証』、栗田寛『神祇志料』上・下（一九二七年。思文閣出版、一九七一年復刻）『神祇志料附考』、志賀剛『式内社の研究』など。

(22)『延喜式』写本の標注と官社成立時期の関係については、小倉慈司「延喜神名式「貞」「延」標柱の検討―官社の数量的変遷に関して―」（『延喜式研究』八、一九九三年）参照。

(23)ここは後述のように諸神同時昇叙の記事で、二五七神がすべて統一的に「〇〇神」と記される。

(24)阿部武彦「延喜式神名帳の人格神」（『日本古代の氏族と祭祀』吉川弘文館、一九八四年、初出一九五五年）。

(25)前掲注（7）、二宮論文、二四〇頁。諸神同時昇叙については、他に宮地直一「諸神同時の昇叙について」（『神祇史の研究』古今書院、一九二四年）、二宮正彦「神祇官西院坐御巫等祭神二三座について」（井上薫教授退官記念会編『日本古代の国家と宗教』上、吉川弘文館、一九八〇年）、二七〇頁など。

(26)『続日本後紀』承和九年一〇月壬戌条に「安房国従五位下安房大神に正五位下を授け奉る。无位第一后神天比理刀咩命神・信濃国无位健御名方富命前八坂刀売神……に並びに従五位下」とある。

(27)伴信友『神名帳考証』にもいうように、「前ト ハ 相殿の称」である（前掲注（11）、三三四頁）。

(28)義江明子「平野社の成立と変質」（『日本古代の氏の構造』吉川弘文館、一九八六年）、第三節。

(29)義江明子「女丁の意義―律令制国家支配と女性労働―」（阿部猛先生古稀記念会編『日本社会における王権と封建』東京堂出版、一九九七年）。

（30）「初穂をば、千穎《ちかひ》八百穎《いほかひ》に奉り置きて、𤭖の上高知り、𤭖の腹満て双べて、汁にも穎にも稱辞竟へまつらん」（「祈年祭祝詞」）の表現からもわかるように、稲は「酒」（汁）と穂束（穎）の二種の形態で捧げられるのである。

（31）𤭯は𤭖より一回り小さい浅甕である（前掲注（5）、関根著書、三八五頁）。

（32）『儀式』は、『儀式・内裏式』（神道大系）（神道大系編纂会、一九八〇年）をテキストとし、その頁数を記す。

（33）奈良国立文化財研究所編『平城宮木簡二　解説』（真陽社、一九七五年）、および「一九九三年出土の木簡　奈良平城宮跡」（寺崎保広執筆部分、『木簡研究』一六、一九九四年）。なお、平安宮の造酒司跡は、宮の西方、豊楽院西北に位置するが、それとは別に「酒殿」が内裏東部にあり、『平城宮木簡二　解説』では、その場所が平城宮の造酒司推定地と似かよった場所であることから、「平城宮では造酒司と酒殿が接近した場所にあったのではないか」とみている。一九九六年の発掘調査では酒殿推定地から井戸と「内酒殿……弘仁元年……」の木簡を検出した（「京都・平安宮内酒殿・釜所・侍従所跡」『木簡研究』一八、一九九六年）。

（34）義江明子『日本古代の祭祀と女性』（吉川弘文館、一九九六年）、第二章「物忌童女と「母」」。

（35）義江明子「古代の村落祭祀と女性・経営―「春時祭田条」ノート―」（『総合女性史研究』一一、一九九四年）。

（36）『類聚三代格』巻一〇、供御事。

（37）川尻秋生「古代安房国の特質―安房大神と膳神―」（『延喜式研究』一〇、一九九五年）。

（38）『延喜式』の巻四「伊勢大神宮」に記すところとは若干の出入りがあるが、考察には関わりない。

（39）『神名帳考証』・『神祇志料』（前掲注（21））に載せる「式外旧社」のなかには、「白伊大刀自神」（遠江国　貞観一六年従五位下）、「安達嶺禰宜大刀自神」（陸奥国）の二例の「刀自」神がみえるが、ここではふれない。

（40）右掲『神名帳考証』八、伊勢国度会郡・多気郡。『神祇志料』下（巻一一）。式内社研究会編『式内社調査報告』六［伊賀国・伊勢国（A）］（皇学館大学出版部、一九九〇年）。前掲注（7）、志賀剛『式内社の研究』九［東海道編］。

（41）中川経雅『大神宮儀式解』前篇（神宮司庁篇〔大神宮叢書〕、一九三五年。臨川書店、一九七六年復刻）、五四八～五五〇・六三九頁。

（42）薗田守良『神宮典略』前篇（同右）、四七～五一・九〇頁。

（43）岡田精司「伊勢神宮を構成する神社群の性格」（『立命館文学』五二一、一九九一年）。

（44）前掲注（24）、阿部論文、四〇六頁。

(45) 倉塚曄子「女神に関する覚書―播磨風土記の世界―」(『(都立大学国語国文学会) 都大論究』二、一九六二年)。
(46) 『左経記』(増補史料大成)(臨川書店)。
(47) 『神道大辞典』(平凡社、一九三七年。臨川書店、一九八六年縮刷復刻)。

(補注) 女性名であることを明示する接尾辞としての「ヒメ」「メ」名称の一般的成立が七世紀末～八世紀初頭と考えられること、それは男女の制度的区分にともなって必要とされたジェンダー記号であること、『風土記』の「女神」たちの多くは「ヒメ」の名を持つものの「男神」との活動内容の違いはほとんどみられないことについては、義江明子『つくられた卑弥呼―〈女〉の創出と国家―』(ちくま新書、二〇〇五年)参照。

(付記) 本章の初出は『帝京史学』一二号(一九九八年)である。

第二章　御巫の再検討

——庶女任用規定をめぐって——

はじめに

御巫《みかんこ》とは、古代の宮廷にあって天皇に身近な祭祀に奉仕した巫女である。大御巫（たんに御巫ともいう）・座摩巫《いかすり》・御《み》門巫《かど》・生島巫《いくしま》の四種があり、これらすべてを総称して御巫ともいう。中宮と東宮にも御巫がいた。(1) 訓みとしてはミカンコ・ミカンノコまたはミカンナギで、(2)『東宮年中行事』には「ふ」「御かむ」「御かん」とある。(3)

御巫の祭る神八座

神産日神・高御産日神・玉積産日神・生産日神・足産日神・大宮売神・御食津神・事代主神

座摩巫の祭る神五座

生井神・福井神・綱長井神・波比祇神・阿須波神

御門巫の祭る神八座

櫛石窓神・豊石窓神（それぞれ四面門に各一座）

生島巫の祭る神二座

生島神・足島神

以上は、「神祇官西院坐御巫等祭神二十三座」として『延喜式』（巻九、神名）の冒頭に記される、重要な神々である。

ところがそのように重要な祭祀に奉仕するにもかかわらず、彼女たちは職員令に規定する神祇官の神職団（神部三〇人、卜部二〇人）には含まれず、神祇伯の職掌のうちに「掌ること、神祇祭祀、祝部・神部の名籍、大嘗、鎮魂、御巫、卜兆、官事惣判」と記されるにすぎない。また『延喜式』（巻三、臨時祭）では、座摩巫に「都下国造氏の童女」を充てる以外は、「庶女の事に堪える」者を任用する定めとなっている。

こうした宮廷の御巫は、日本古代の女性祭祀者全体を見渡した場合、どのような存在として位置づけられるのだろうか。

古代祭祀の研究において注目すべき点として、岡田精司氏は、村落や地方首長レベルの祭りは農耕生産のサイクルを基盤とし、神が季節的に来臨（通常は春と秋の二回）して人々の祭りをうけるのに対し、国家・宮廷レベルの祭祀では、神々は恒常的に天皇や王宮を守護する機能を要求され、それゆえに常在し季節的来臨の様相を示さないこと、専業神職団や常設社殿の成立もそうした事情と深く関わるであろうことを指摘した(4)。

これは、古代祭祀研究において不可欠の基本的視点を明らかにしたものと思う。この指摘、および後述のように同じく岡田氏が明らかにした専業神職団における男女一組の原則をふまえて、私は別の機会に古代の女性祭祀者像の再検討を試みた(5)。研究の第一歩として、まず岡田氏のいう「村落や地方首長レベル」に視点を据え、王権祭祀における女性祭祀者（伊勢斎宮・賀茂斎院に代表される）との対比に留意しながら、その特色を明らかにしようとしたのである。

そこでの結論を簡単にまとめると、

・女性と祭祀の関わりは、従来いわれてきたように女性の霊能・神秘性によるのではなく、男女の日常的働きにもとづく。専業神職団の男女一組の原則も、男女の（模擬的）生殖儀礼による豊饒祈願と、男女それぞれの生業の成果を神にささげての収穫感謝という、共同体レベルでの祭りに基礎を持つ。それゆえに、共同体に根ざした豪族層の祭祀においては、本来、女性祭祀者は成人女性を原則とし、祭りに際して「処女」の役割をつとめることはあっても、恒常的に未婚の処女あるいは童女である必要はなかった。また、斎み籠もりは祭りに先立つ限定された期間になされる。

それに対し王権祭祀にあっては、王権守護神の常在を象徴するものとして、斎宮・斎院には日常的な斎み籠もりが求められ、処女でなければならなかった。一方、斎宮の下にあって実際の祭祀を担う伊勢の物忌は、在地豪族の王権への服属を象徴するものとして弱小な「童」が任じられた。中世以降は、そこにさらに（成人女性に対する）女性不浄観が加わり、その裏返しとしての聖童女像が生み出されていくのである。

もちろんこれはまだ試論の域を出ず、古代の女性祭祀者のあり方を女性史のなかに位置づけ、とらえなおしていくためには、まだまだ考えなければならないことが多い。その一つが本章で取り上げる御巫である。なぜなら、御巫は、宮廷で重要な王権祭祀を担う巫女でありながら、座摩巫以外は成人女性だったと考えられ(6)、しかも特定の在地伝統氏族との結びつきを特色とする豪族祭祀とは異なり、「庶女」任用が規定されているからである。在地祭祀と王権祭祀の「分化」ないし「重層」を考える上で、御巫は考察の重要な手がかりとなることが予想されよう。

以上に述べた問題関心にそって、この小論では特に庶女任用規定の背景を探ることを課題としたい。

一　御巫の任用と職掌――研究史より――

御巫を主たる考察の対象として取り上げた研究としては、二宮正彦「神祇官西院坐御巫等祭神二三座について」、岡田精司「宮廷巫女の実態」、野口剛「御巫考」の三編がある。(7)これ以外にも、祝詞・八神殿・鎮魂祭・『古語拾遺』をめぐる所説のなかで、御巫の祭神や役割にふれた研究は多い。(8)ここでは右記の三氏の研究に沿って御巫の任用と職掌のあらましをみていこう。

1　祭神の統一的配置――二宮正彦氏――

二宮氏は、『延喜式』の神名帳に採録された宮中神三六座のなかでも、特に神祇官西院で御巫により奉斎された二三座には「宮中祭祀の祖型」がうかがえるとして、祭神の性格の究明を課題とする。本章の問題関心にそって二宮氏の考察結果の概略を摘記すると、

神位授与史料よりみて、二三座は御巫祭神グループと座摩・御門・生嶋の各巫祭神グループに大別され、さらに御巫祭神八座のうちでも神産日神・高御産日神・玉積産日神・生産日神・足産日神の「ムスビの神」グループとそれ以外の大宮売神・御食津神・事代主神とでは神格差があった。諸神の神格・神徳を『古語拾遺』『高橋氏文』『古事記』の伝承および祝詞から検討すると、「ムスビの神」グループの五神は天皇の身体を守護する鎮魂祭の主神、大宮売以下の三神は斎女・供御・言辞の神霊という天皇奉護の日常生活に不可欠の神、座摩巫奉斎の五神は

大宮地の神霊、御門巫奉斎の二神は宮中四門の守護神、生嶋巫奉祭の二神は大八洲の神霊で、二三座の配列は「天皇個人より国土全体に波及する壮大な神霊観を、内より外へ段階的に表現したもの」である。二宮氏によって御巫の祭る神の全体的性格が明らかになった。任用についての見解は必ずしも明確ではないが、通常の神祇官人との異質性、「御巫祭神」の象徴性の指摘が注目される。

2　宮廷巫女としての御巫——岡田精司氏——

祭神の性格については二宮氏の見解を適切としたうえで、御巫の任用・職掌に正面から取り組んだのが岡田精司氏である。

岡田氏はまず男女一組の司祭者の組み合わせが古代の公的祭祀の基本であったこと、本来、両者の間に地位の優劣・上下の関係はなかったであろうことを明らかにし、「神祇官の巫女」である御巫の法制上の地位の低さを問題にする。御巫についての岡田氏の考察の概略は次の通りである。

御巫たちの祭りへの参加のありようを検討すると、「1 非常に古い形の祭儀であり、2 呪術的色彩の極めて濃厚なものばかりであること、3 祭神は人格神以前の精霊的なものばかりであること、4 天皇自身に直接かかわる祭儀が多いこと」が、共通点として浮かび上がる。また、御巫が新任と同時に給わる「屋一宇」と伊勢神宮の物忌童女の籠もる「斎館」との共通性、座摩巫が「都下国造氏童女」をとることと神主一族の娘を任ずる伊勢神宮の物忌童女や悠紀・主基二郡の郡司の娘が選ばれる大嘗祭の造酒童女との共通性からは、「古い宮廷祭祀に奉仕する巫女の姿が浮かんでくる」。御巫たちが職員令にも規定されず雑色人の扱いであり、座摩巫以外は庶民の出であるという地位の低さは、「律令制度の下では神祇官においても官人制度になじまぬ古い形態のものは、官人の枠から疎外されてゆくのではあるまいか」。

岡田氏が古代の司祭者が男女一組を原則とすることを明らかにしたことは、古代祭祀研究の上で画期的意味を持つ。また、御巫を広く古代の王権祭祀に関わる女性たちのなかに位置づけたことも重要であろう。これによって、祭神のみならず御巫の存在そのものの古さと彼女たちの祭儀の古さもはっきりし、御巫の問題が王権祭祀の成り立ちを考える上で不可欠の重要性を持つことが明らかとなった。御巫のありようを律令官人制形成のなかに位置づける視点も欠かせない。

3　御巫総論——野口剛氏——

二宮・岡田両氏の研究もふまえ、御巫について全面的な考察を展開したのは野口剛氏である。野口説の概容をまとめると、次のようになる。

職員令の神祇伯の職掌にみえる「御巫卜兆」は「御巫の卜兆」ではなく「御巫。卜兆」であり、他の史料からも卜占は御巫の職掌とはいえない。(9)

『令集解』の「官員令別記」に「御巫五人、倭国巫二口、左京生島一口、右京座摩一口、御門一口、各、廬守一人を給う。また戸の調役を免ずる也」とみえる倭国巫二口は、天皇と中宮の御巫各一人である蓋然性が高い。『大宝令』と『延喜式』の規定にみられる強い相関性は、御巫の制度が大宝令編纂以前に「ある程度の形態を確立していた可能性を示唆」し、「その基本的な構造を変えることなく維持され、平安時代初頭にまで至っている」ことを示す。祭祀関与の実態を逐一検討すると、「御巫の奉仕形態において、最も中心となっているのは神事に当たって穢れを浄化する点にある」。座摩巫を「都下国造」からとるのは平安期になってからの新しい形態であり、御巫たちは古くは忌部氏およびその所有部曲のうちからとられ、のちに律令整備の過程で「別記」にみる形になったのであろう。

野口氏の丹念な考察によって、御巫をめぐる諸規定の詳細はほぼ明らかになったといってよいであろう。御巫の採用形態にみられる氏女との類似性の指摘や、平安中期以降、内侍にその職掌が引き継がれていくとの見通しも、後述のように重要な意味を持つと思う。

三氏の研究により、御巫をめぐる問題はほぼ論じ尽くされたかのようである。彼女たちの祭る神の古さは共通して指摘されるところであり、タカミムスヒをめぐる近年の研究(10)からもそれは裏づけられる。また、彼女たちの担った祭儀の古さも諸氏の説く通りであり、ひいては王権祭祀の古層を担う彼女たちの存在の古さも推定してよいであろう。

しかし、未解明の問題がないわけではない。とりわけ最大の疑問は庶女任用規定である。御巫の職掌は諸氏の研究が明らかにしたように、かなり特殊で、重要なものだった。一体、「庶女」のなかのどのような女性がそれを担うことができたのか。この規定には地位の低さという以上の積極的意味はないのだろうか。以下、関連史料を検討しながら、若干の仮説を提示したい。

二　官司制の再編と御巫

御巫の任用制度についての根本史料は「官員令別記」と『延喜式』である。「別記」に記された御巫たちそれぞれの人数の内訳や個々の由来、『延喜式』への継続性などは先行研究によって明らかにされてきた。しかし、「官員令別記」全体のなかで御巫規定の意味を考える視点は、必ずしも明確ではなかったのではないか。

「官員令別記」は、『令集解』の「古記」「令釈」の注釈に「別記に云く」という形で引かれ、神祇官の御巫から左右馬寮飼部まで、養老職員令（大宝令では官員令）の諸官司に配属されたもろもろの技術者・技術集団について、その種類・人（戸）数・本貫地・（奉仕内容）・品部雑戸の区別・課役免除規定などを記す。新井喜久夫氏によれば、「別記」は「統一された記載様式を持」ち、「諸別記が個々無関係に存在したのではなく、官員令に附随した或る別式としてのまとまった別記があった」。(11)

「別記」はこれまでおもに品部・雑戸制研究の基礎史料として考察が重ねられてきているが、こうした統一性からみて、御巫についても、それだけを切り離して分析するのではなく、別記の史料的性格や作成の背景全体のなかでとらえなおす必要があろう。

大山誠一氏は、浄御原令遺制説を批判的に検討して、「別記」は大宝令の附属法で大宝令撰修後まもなく作成されたとし、作成の背景として「大宝令撰修に伴う賦役体系の変更」と「品部・雑戸が所属する官司制の改編」をあげている。(12)また筧敏生氏も、「調役」の語の再検討を通じて、現存「別記」が大宝令官員令の「別記」であることをあらためて確認したうえで、他の関連史料との突き合わせを通じて、「品部・雑戸制自体が、それまでのさまざまな技術集団、個別技術のありかたに変容を加えつつ成立したことが想像され」、「令制諸官司に付属する品部・雑戸は、大宝・養老令文にみられるような官司との関係を令制以前から有していたのではなく、大宝令前の姿が人為的に改変され、諸官司に配分されたもの」と述べている。(13)

両氏のいう、大宝令官司制の成立にともなう技術集団の再編成・再配分という「別記」作成の歴史的背景は、直接には品部・雑戸に関する指摘であるが、同じく「別記」に記載される御巫についても、共通する事情を想定してよいのではないか。具体的にいうと、一つは、古くからの宮廷祭祀の担い手であった御巫も、品部・雑戸とある面で共通する特殊技術者とみるべきだということであり、二つには、大宝令官司制整備過程で現存「別記」の作成が必要になったのだとすれば、御巫についても何らかの改編が想定されてよいということである。なかんずく品部・雑戸の所属官司についての篁氏の指摘を援用するならば、御巫が大宝令前には必ずしも神祇官の所属ではなかった蓋然性もあるのではないだろうか。少なくとも、神祇官の巫女であることを前提とはしない考察が必要だと思う。

そこで注目されるのは、『延喜式』(巻三、臨時祭)で「庶女の事に堪えるを取りて充つ」に続けて「ただし考選は散事宮人に准う」と規定されることである。賜禄に関する規定をみても、神今食・新嘗・大嘗などの前後に行なわれる大殿祭に際して、殿舎を浄める働きをした「中臣・忌部・御巫等」に対して神祇官で賜禄がなされるが、「ただし御巫の料は内侍司に送り賜わしむ」(『儀式』巻一、大殿祭儀)・「ただし御巫の料は内侍に送れ」(『内裏式』中、一一月新嘗会式)とあって、御巫は別扱いである。御巫の神今食の装束料(白紗一疋・赤紫絹三丈・深紫絹三丈・紫糸二絢)も内侍司に進められる(『延喜式』巻一五、内蔵寮)。

御巫は職員令で神祇伯の管掌下にあり、祭祀の場では神祇官人に率いられ、神今食に供奉する小斎の所属別リストでも「神祇官卌人、伯已下御巫已上」と明記される(『延喜式』巻三一、宮内省)ように、たしかに神祇官の巫女である。しかし、考選・賜禄などの面から見ると、現実の存在形態としては宮人にごく近い一面をも持つらしい。神事の小斎でも、神今食では右記のように神祇官三〇人のうちに含まれるが、新嘗では「命婦已下宮人已上卌四人、御巫五人、釆女十人」(『延喜式』同右)と、釆女とならんでまさに「准散事宮人」として扱われている。

このような神祇官雑色人にして准宮人という御巫のあいまいなありようは、律令制前の彼女たちの存在形態を示唆するのではないだろうか。

御巫の実名が具体的に知られる唯一の実例は、嘉祥三年（八五〇）に宮主正六位下占部雄貞・神琴師正六位上菅生朝臣末継・典侍正五位下藤原朝臣泉子とともに八十嶋祭のため摂津国に向かった「御巫无位榎本連浄子」である。(14)『新撰姓氏録』では榎本連は左京神別に属し、大伴連と同祖である。榎本連の本拠は大和国と考えられ、(15)同族と思われる「外従五位下榎本連直子」は貞観一八年（八七六）に尚兵に任じられている。(16)同時に尚書・尚薬などの後宮一二司長官に任じられた女性たちの顔ぶれをみても、小野朝臣・多治真人・坂本朝臣・田中朝臣・安倍朝臣と、いずれも古くから大和朝廷を支えた畿内を本貫とする中下級豪族の出身、つまり、律令制下でいえば氏女・女孺といった下級宮人の供給源をなす階層であることがわかる。

以上を総合して考えると、はなはだ大胆な仮説ではあるが、大宝令官司制形成過程で神祇官の管掌下に入る以前には、御巫は宮人の一部をなしていた、ないしは宮人と分かちがたい形で存在していたとみることはできないだろうか。野口氏は、氏別の出身以外に「京畿内の一般民でも許されて内裏に上って天皇や中宮に近侍」する氏女の採用形態が、御巫と類似することに注目した。(17)その類似は、たんに採用形態にとどまるものではなく、存在そのものにおいて両者は重なり合い共通する面があったのではないかと思うのである。

三　御巫の技術をめぐって

「別記」からは、御巫の有した技術の性格についても示唆が得られる。次にこの点を検討してみよう。

同じく「別記」に記載されながら、御巫の規定には明らかに特殊な要素がみられる。「別記」にみえる諸種の技術者・技術集団のうち、品部・雑戸および陵戸のいずれの範疇にも入らないものとして、神祇官の御巫・戸座《へざ》・卜部と雅楽寮の歌人などがある。歌人などについてはひとまずおくとして、(18)関わりが深いと思われる卜部・戸座と比較してみると、御巫の特質がはっきりする。

卜部は神祇官の伴部として職員令に「卜部廿人」と規定され、「別記」には「津嶋上県国造一口、京卜部八口、斯三口。下県国造一口、京卜部九口、京斯三口。伊岐国造一口、京卜部七口、斯三口。伊豆国嶋直一口、卜部二口、斯三口。斎宮卜部四口、斯二口。伊岐二口、津嶋二口、伊豆二口。国造直丁等、各斯一口を給う。亦常食す」とある。津嶋・伊岐・伊豆の三国の国造一族およびこれら三国から京に移住させられた京卜部が、神祇官に所属して卜術に奉仕するのである。(19)これらの卜部は「三国卜術優長者」および都にあっても「卜術絶群」の者に限定され（『延喜式』巻三、臨時祭）、その意味で明らかに特殊技術者だが、同時に「卜部」という限定された特定集団の出身であり、京に移住しても在地とのつながりを維持しつづけていたらしい。それは、神祇官の宮主であった伊岐宿禰是雄の卒伝に(20)「是雄は壱岐嶋の人なり。本姓卜部。改めて伊岐となす。始祖忍見足尼命。神代より始めて亀卜の事に供す。その後、子孫祖業を伝習し、卜部に備う」とあるように、卜部の亀卜の術が一族内で世襲的に伝習される技術だったからである。

戸座についても未解明の点も多いが、斎宮の戸座は、斎王が山城国内の初斎院・野宮にあるときは「山城国愛宕郡鴨県主童子」、斎王が伊勢の斎宮に入ると「度会郡二見郷磯部氏童男」を取るとする規定（『延喜式』巻五、斎宮）からみて、別の機会に述べたように、所在地の在地豪族から出す、という点に一番の本質があろう。「童」であることで、在地豪族の王権への服属を象徴したと考えられるのである。(21)

それに対して御巫はどうか、同じく「別記」で卜部の前に所在国名・口数・補助者・免役規定という統一性をもって記されながら、出身集団の限定は何もない。国名を記すということは在地性を示すようにもみえるが、『延喜式』では、先述のように卜部は「別記」と同じく「伊豆・壱岐・対馬」の「三国」に限定されるのに、御巫には国の指定はなく、逆に座摩巫を除いて「庶女の事に堪えるを取り充つ」と明記されるのである。「事に堪える」との条件が示すように、御巫も特殊技術の保持者である。しかし、出身集団が限定されないということは、卜部とは異なり、その技術は子孫によって伝習されるという性格のものではなかったのではないか。

『新撰姓氏録』によると、和泉国を本貫とする巫部連は、雄略天皇の「御躰不予」に際して「築紫の豊国の奇巫を召し上げ、真椋をして巫を率いて仕奉せしむ。仍りて姓を巫部連と賜う」との所伝を有していた。ほぼ同様のことが承和一二年（八四五）の改賜姓記事にもみられ、右京・大和・和泉の巫部宿禰・巫部連は、そこで当世宿禰姓に改められた。[22]「後世、疑うらくは巫覡の種と謂わん」とする改姓申請理由は、土師から菅原・秋篠などへの改姓理由[23]にも通じる、この時期の一つの思潮を示すもので、所伝を雄略時のものとみる積極的根拠にも乏しい。むしろ、改姓申請がされた九世紀半ばにおいて、地方にすぐれた巫がいて天皇の病気治療にそれを召し出す、という話が違和感なく受け止められる素地が宮廷社会にあったということ、およびその一方で「巫覡之種」と見られることを厭う観念も一般的だったこと、この二つの点に注目したい。

似た状況は平安前期の実態を伝える他の史料からもうかがえる。桓武天皇が「聖躰不予」となったときに平城松井坊の女巫が召され、石上大神の神託を告げ「鎮御魂」を行なった。[24]詳細は別の機会に検討したが、その際の女巫の鎮魂技法には、宮廷鎮魂祭での御巫の所作との顕著な類似がみられるのである。[25]八〜九世紀には京内外を中心に巫覡の活発な活動がみられ、[26]藤原高房卒伝[27]に記す美濃国席田郡の「妖巫」や『善家異記』[28]での三善清行の見聞譚など、地方社会での巫覡の台頭も著しい。

京内での巫覡の活動に対する国家のたびたびの禁制、(29)および『政事要略』巻七〇・糾弾雑事に「蠱毒・厭魅および巫覡等の事」とまとめられていることからわかるように、たしかに、巫覡はいかがわしいものとみなされている。しかし、巫覡すべてがそうみられていたのではない。『政事要略』(右掲)に引く吉備真備の『私教類聚』が、「詐巫を用いる莫き事」として「詐巫邪道」をきつくいましめながら、同時に「真の巫覡は官の知る所なり。神験分明、敢えて謂うところにあらざる也」と述べるように、宮廷の「真之巫覡」は官の管理下にあって、「神験分明」の重要な働きをなすと考えられていた。真備が「里人の用いる所」として厳しくいましめるのは、あくまでも「詐巫」であり「偽巫覡」である。しかも、禁制にもかかわらず京内の巫覡の活動が止むことはなく、国司として赴任した三善清行も巫覡の力に目を瞠り「徴験」を書き残した、というのが実態だった。

以上にみてきた、巫覡活動の広範な広がり、それをいかがわしいものとする観念と、宮廷の「真の巫覡」は別とする考え、御巫の任用問題はこういった全体状況のなかにおいてとらえなおしてみる必要があるのではないか。里の「詐巫」と官の「真巫」は、平城松井坊の女巫の例に見るように、巫覡の術においては共通し、天皇の「聖躰不予」という危機にあっては、「神験」ある里の巫の力を借りることすらなされているのである。

御巫の出身が特定集団に限定されないのは、その技術がひろく民間の巫覡とも通じるものであり、(30)天皇・中宮などの呪術的身体守護という現実目的のために、つねに最上の技術者の把握を必要としていたからではないのか。品部・雑戸制の成立〜解体を「官司制の問題として、技術を持つ人間を捕捉する方法の問題として考えよう」とした筧氏の視点は、(31)その意味で御巫についてもきわめて示唆的であろう。

四　祭神と御巫の関係

最後に祭神と御巫の関係について検討したい。何度もいうように、御巫たちの祭る神の古さは諸説一致してみとめるところである。しかも、二宮氏が解明したように、二三座の神はそれぞれに異なる由来と神格を持ちつつ、統一的な神霊観をもって配置されている。これは何を意味するのか。

二三座もの神々が壮大な構想のもとに統一的に配置されているということは、王権の形成にともなって、祭祀体系・神話体系の創造とも密接にからみあいつつ長い年月をかけて次第に宮廷祭祀に組み込まれてきた神々が、ある段階で根本的に再編整備され現在の形になったということであろう[32]。大御巫の祭神八座もそうした多様な成り立ちと神格のいわば集合体である。この多様性に統一を与えているのが天皇守護に関わるという共通性であり、その共通性を象徴するものが「御巫祭神」なる神名にほかなるまい。

『延喜式』神名帳全体を通じてみても、「＊＊祭神」という形で記されるのはこの二三座だけである。祈年祭祝詞でも「御年の皇神等……大御巫の辞竟へまつる皇神等……座摩御巫の辞竟へまつる皇神等……御門の御巫の辞竟へまつる皇神等……生島の御巫の辞竟へまつる皇神等……伊勢に坐す天照大御神……御県に坐す皇神等……山口に坐す皇神等……水分に坐す皇神等」と唱えて幣帛が捧げられる。六月・一二月の月次祭祝詞も同様である。「＊＊に坐す」という在地性を明示する神々とは異なり、「御巫が祭る」ということのなかに、これら宮廷祭祀の古層をなす重要な神々の存在の核心がこめられていることが理解できよう。

これが御巫の任用という問題からみて何を意味するのかは、園韓神についてみればはっきりする。周知のように、この神は平安遷都にともなって新たに宮廷祭祀のなかに加わった神である。『江家次第』頭書の引く「口伝」によれば、「延暦以前此に坐す。遷都の時、造宮使他所に遷し奉らんと欲するに、神、託宣して云く、猶此処に座し帝王を護り奉らんと云々」という。[33]こうして新しく加わった神に対して、御巫は「微声で祝詞を宣」し「湯立舞を供」し、物忌らとともに「歌舞」する(『儀式』)。ここでの物忌と御巫の違いは何かといえば、物忌は園韓神に個別に配された巫女であるのに対して、[34]御巫は、「帝王を護り奉」という神徳に応じて園韓神の祭祀に加わっているという点である。

王権守護に関わる多様な成り立ちの重要な神々が、ある段階で「御巫祭神八座」に編成され、その延長上で、その後に新たに王権守護に加わった神にも御巫の奉祭は及ぶ。つまり、御巫による神祭りは、特定の神と結びついた固定的な関係にあるのではなく、王権守護を軸に多様な神に対してなされうるところに大きな特色を持つのである。

これはある面では、春日祭や賀茂祭など、王権守護に関わる多様な神祭りに派遣される内侍の特性と類似性を持つともいえよう。野口氏は、平安中期以降、内侍が御巫の職掌を引き継ぎ、さらに活動領域を拡大して現れてくることに注目している。[35]これは、そもそも御巫の神祭りの職掌のうちに、内侍の役割と共通する要素が含まれていたから、と考えることができよう。逆に、御巫と祭神の関係のこうした非固定性は、在地にあって特定の一族の出身者が特定の神を伝統的に祀るという、共同体に根ざした神職者のあり方とは明らかに違う。

御巫と特定氏族の関係について明記するのは『古語拾遺』だけである。そこでは、現在(斎部広成が本書を作成した大同二年〈八〇七〉当時)の朝廷の祭祀のありようが神代以来の根源とは違っていることが一一箇条にわたって列挙され、そのなかの第九として、「凡そ鎮魂の儀は、天鈿女命の遺跡なり。然れば則ち御巫の職は旧氏を任ずべし。しかるに今選ぶ所、他氏を論はず」と記されている。

鎮魂祭と猿女・御巫の関係もいろいろ考えるべき問題を含んでいるが、詳細は別の機会に譲るとして、ここでは、平安初期の実態としては、猿女氏を任ずるようにはなっていなかったことと、代わりに特定の氏を任用するものでもなかったことを確認しておきたい。(36)「不論他氏」の訓みと意味は必ずしも明確ではないが、(37)他の箇条にみられる〝中臣・斎部・猿女の三氏が一体であるはずなのに中臣氏だけが伊勢宮司に任じられている〟といった書き方と比較しても、たんに猿女氏以外の氏ということではなく、特定の氏族出身者に限定しない、つまり、「自由考選としている」(38)と解してよいであろう。

また、ここに「他氏」任用が平安初期の実態として記されていることは、『延喜式』のいう「庶女」とは必ずしも地位の低い庶民を取るということに力点があるのではなく、多様な氏ないし一般民という、まさに氏女と共通する任用形態であったことの一証となろう。「不論他氏」という『古語拾遺』の記す任用形態は、特定の神に個別に結びつくのではなく、王権守護に関わる多様な神々を祀る、御巫の神職者としての特性に見合うものだったと思われるのである。(39)

ただし、御巫たちのなかでも、座摩巫は「都下国造氏の童女」を任ずる。これについては前著で、摂津国西成郡に「座摩神社」があることから、座摩巫の祭る神は「王宮の所在地の土地霊」であり、それは「難波津に宮都が営まれた五世紀の大王の時代に始まる」との岡田説を援用して、「その土地の豪族の、王権に対する服属の証として、国造一族の女性が差し出され、その場合には「童女」でなければならなかった」と考えた。(40)

「御巫等祭神」の成り立ちが多様であるように、御巫の成り立ちも多様である。御門巫・生島巫もそれぞれに特定の祭神を持つ。にもかかわらず、二宮氏が指摘しているように、鎮魂祭では「御巫の奉祭する諸神による区別は不問にされ、神祇官の御巫として同一視」され、「諸御巫」が一体となって奉仕するのである。(41)このことからみても、御巫と祭神との関係は、座摩巫以外はなかば便宜的な割り当てにすぎず、神祇官の巫女である「御巫等」が王権守護神を祀る、というところに最大の象徴的意義があったとみるべきであろう。

おわりに

以上、庶女任用規定をめぐって、官司制の再編、技術の性格、祭神との関係、の三点にわたって関連史料を検討し、神祇官の管理下にある御巫が、現実の存在形態としては宮人組織と民間巫覡との双方に密接な関わりを持つのではないか、との仮説を提示した。その背景には、彼女たちに求められた天皇〔中宮・東宮〕の呪術的身体守護という〝特殊技術〟が、一族内で世襲伝承することの困難なものだったという事情が考えられる。無論、ここで提示した仮説を具体的に論証していくことは残された課題だが、諸御巫が一体となって祭る鎮魂祭の分析が重要なポイントとなると考えている。これについては次章で引き続き述べたい。

注

(1) ただし、東宮御巫の成立は遅れ、大宝令成立後に加えられたと思われる〔野口剛「御巫考」『古代文化』四四―八、一九九二年〕。

(2) 『令集解』職員令神祇官条に「跡云、巫は神奈伎」、『和名類聚抄』巻一「巫覡」に「説文云、巫……和名加無奈伎」とある。『儀式』〔神道大系〕巻一、園并韓神祭儀、および『延喜式』〔神道大系〕巻三八、掃部寮では「御神子」、『北山抄』〔神道大系〕巻一、園韓神祭事には「御巫子」とある。

(3) 『東宮年中行事』〔群書類従〕六、六月一日じんぎくわむふ御あがものをたてまつる事。

(4) 岡田精司「古代国家における天皇祭祀」〔『古代祭祀の史的研究』塙書房、一九九二年〕。

(5) 義江明子『日本古代の祭祀と女性』〔吉川弘文館、一九九六年〕。

（6）座摩巫は「都下国造氏童女七歳已上」で「嫁時」になると交替するが、他の御巫には年齢・未婚規定はない（『延喜式』〔神道大系〕巻三、臨時祭）。岡田精司「宮廷巫女の実態」（前掲注（4）、著書所収。初出一九八二年）二一九頁。

（7）二宮正彦「神祇官西院坐御巫等祭神二三座について」（『古代の神社と祭祀』創元社、一九八八年、初出一九八〇年）。前掲注（6）、岡田論文。前掲注（1）、野口論文。

（8）賀茂真淵「祝詞考」（『賀茂真淵全集』七、続群書類従完成会、一九八四年）。倉野憲司・武田祐吉校注『古事記　祝詞』〔日本古典文学大系〕（岩波書店、一九五八年）。栗田寛「神祇官八神殿」（『神祇志料附考』上、思文閣出版、一九二七年。一九七一年復刻）。西田長男「八神殿の成立」（『日本神道史研究』八、一九七八年）。伴信友「鎮魂伝」（『伴信友全集』二、内外印刷、一九〇七年）。松前健「鎮魂祭の原像と形成」（『松前健著作集』六、おうふう、一九九八年。初出一九七三年）。川出清彦「鎮魂祭について」（『神道学』七五、一九七二年）。津田左右吉「古語拾遺の研究」（『津田左右吉全集』二、岩波書店、一九六三年。初出一九二八年）。西宮一民校注『古語拾遺』〔岩波文庫〕（岩波書店、一九八五年）解説。安田尚道・秋元吉徳校注『古語拾遺』〔新撰日本古典文庫〕（現代思潮社、一九七六年）解説。

（9）『律令』〔日本思想大系〕職員令補注1d。

（10）溝口睦子「「ヒ」型人名」（『古代氏族の系譜』吉川弘文館、一九八七年）、および「天の至高神タカミムスヒ」（『神田秀夫先生喜寿記念　古事記・日本書紀論集』続群書類従完成会、一九八九年）。溝口氏は、近著『王権神話の二元構造―タカミムスヒとアマテラス―』（吉川弘文館、二〇〇〇年）において最高神（皇祖神）の二元構造を論じ、アマテラスがイザナキ・イザナミ系の神話群に含まれる土着の太陽神であるのに対し、タカミムスヒはヤマト王権時代における天皇家の守護神・神先神であり、おもに伴造系の氏によって信奉されたムスヒ系の神々の至高神であったこと、七世紀後半から八世紀にかけての統一国家体制確立期にタカミムスヒからアマテラスへの皇祖神の転換がなされたこと、を結論づけている。細部については種々の異論もあろうが、大まかな見通しとしては右の溝口説に私も賛意を表したい。このように見てよいとすれば、御巫の奉斎するタカミムスヒを中心とする神々は、たんに古いだけではなく、生産に根ざした在地の共同体祭祀の伝統とは異質な、初発からの王権神・宮中神であったことになり、御巫ひいては斎王の女性祭祀者としての特質を明らかにする上でも、示唆するところ少なくないと思う。

（11）新井喜久夫「官員令別記について」（『日本歴史』一六五、一九六二年）、二七頁。

（12）大山誠一「官員令別記の成立をめぐる諸問題」（『日本歴史』三七二号、一九七九年）、三三～三四頁。

(13) 筧敏生「律令官司制の成立と品部・雑戸制」(『日本書紀研究』一九、塙書房、一九九四年)、一三三頁。
(14) 『日本文徳天皇実録』嘉祥三年九月壬午(八日)条。
(15) 佐伯有清氏は、「山城国乙訓郡榎本郷」とする栗田寛説をしりぞけ、『日本書紀』天武元年六月甲申条の大伴朴本連大国の記事から、本拠は大和国で、後の葛上郡榎本庄の地名にもとづくかとする(『新撰姓氏録の研究　考證編』第三、吉川弘文館、一九八二年、一二〇頁)。
(16) 『日本三代実録』貞観一八年一一月二五日戊戌条。
(17) 『律令』後宮職員令18　氏女采女条「凡そ諸氏、々別に女を貢せよ。皆、年卅以下十三以上を限れ。氏の名に非ずと雖も自ら進仕せんと欲わば聴せ」。前掲注(1)、野口論文、二八頁。
(18) 文珠正子「歌女とその周辺」(薗田香融編『日本古代社会の史的展開』塙書房、一九九九年)では、制度的な後宮の枠組みをこえて男性官司に所属してはたらく「歌女」の実態が浮き彫りにされるとともに、「御巫」についても同様に女性品部的な面を見ることができると指摘されている(五三六頁)。本章の視点とも重なりあう貴重な成果である。女性品部として、また下級宮人としての性格をあわせ持つ女性祭祀者＝「御巫」を全体としてどうとらえるべきか、「宮人」そのものの成り立ちの再検討も含めて、さらに考えていく必要があろう。
(19) 井上辰雄「卜部の研究」(『古代王権と宗教的部民』柏書房、一九八〇年)、一二七頁。
(20) 『日本三代実録』貞観一四年四月二四日癸亥条。
(21) 前掲注(5)、義江著書、一五九～一六〇頁。
(22) 『続日本後紀』承和一二年七月己未(一四日)条。
(23) 『続日本紀』天応元年六月壬午(二五日)条。
(24) 『続日本紀』延暦二四年二月庚戌(一〇日)条。
(25) 義江明子「「女巫」と御巫・宮人―鎮魂儀礼をめぐって―」(桜井徳太郎編著『シャーマニズムとその周辺』第一書房、二〇〇〇年、本書Ⅱ―三章所収)。
(26) 菅原征子「奈良時代の巫覡の活動」(『史潮』新一八号、一九八五年。のち『日本古代の民間宗教』吉川弘文館、二〇〇三年所収)。西宮秀紀「日本古代『巫覡』論」(直木孝次郎先生古稀記念会編『古代史論集』下、塙書房、一九八九年。のち『律令国家と神祇祭祀制度の研究』塙書房、二〇〇四年所収)。

(27)『日本文徳天皇実録』仁寿二年二月壬戌(二五日)条。

(28)『新訂増補国書逸文』(国書刊行会、一九九五年)。『政事要略』巻七〇、糾弾雑事。所功『三善清行』〔人物叢書〕(吉川弘文館、一九七〇年)。

(29)『続日本紀』天平勝宝四年八月庚寅(一七日)条。『続日本後紀』宝亀一一年一二月甲辰(一四日)条。『類聚三代格』巻一九、宝亀一一年一二月一四日勅、および大同二年九月二八日官符。『政事要略』同右。

(30) 宮中祭祀のほかに、『江家次第』(巻六、梅宮祭)では、御琴師らの琴にあわせて舞う「御神児」がみえ、平城法華寺大神にも「神子二人」がいて春秋装束料を充てられている(『延喜式』巻一五、内蔵寮)。これらと宮中御巫との関係は微妙だが、榎村寛之氏による、平野祭での「炊女」と梅宮祭での「御神児」の役割の共通性の指摘、および両祭はともにイエ的祭祀から派生して天皇「家」の祭祀に取り込まれたものとする見解(「平安京周辺神社の二類型」、吉田晶編『日本古代の国家と村落』塙書房、一九九八年)を勘案すると、ここにも、民間巫覡たるカムナギと宮中ミカムナギとの実質的交流・重なり合いの様相をほのかにうかがうことができるのではないか。

(31) 前掲注(13)、筧論文、一五一頁。

(32) 前掲注(8)の津田左右吉「古語拾遺の研究」でも、「御巫祭神が八座であるのは古い制度でない」とする(五〇六頁)。個々の祭神の由来の古さと、『延喜式』「祝詞」にみられる「御巫祭神」の統一的制度の新しさとは区別して考えられねばならない。

(33)『江家次第』〔神道大系〕巻五、園幷韓神祭。

(34)『延喜式』〔神道大系〕(巻一、四時祭上)ではこのほかに、春日神・平岡神・平野神に物忌が充てられている。いずれも八世紀以降に新しく王権守護の神として国家祭祀に組み入れられた神々である。平野神の物忌に氏人である王氏・和氏・大江氏を充てることからみて、物忌はそれぞれの神に個別に配された女性祭祀者であることがわかる(平野社の成り立ちと氏人の関係については、義江明子「平野社の成立と変質」『日本古代の氏の構造』吉川弘文館、一九八六年参照)。上に斎王をいただく伊勢神宮の物忌とは異なり、「この物忌はむしろ斎王のような、上部機構の女性祭祀者」との榎村寛之氏の指摘(前掲注(30)論文、四九三頁)は、同的を射たものと思う。これら准斎王ともいうべき新たな類型の物忌についても考えるべきことは多いが、とりあえずここでは、同じく王権守護の神々ではあっても、個別の神に配される物忌と、全体の神々に共通して関わる宮中御巫との、祭祀者としての性格の違いに着目しておきたい。
(35) 前掲注(1)、野口論文、二八頁。
(36) 古くは御巫＝忌部氏だったとする野口説について、それを否定する確たる断案があるわけではないが、『古語拾遺』の性格という面から、若干の見通しを述べておきたい。
『古語拾遺』が御巫についてふれるのは、神武天皇の時の宮殿造営にともなう神祇官西院八神殿の起源を説いた部分と、鎮魂祭の宇気槽撞きの所作にふれて御巫は猿女氏の職だと述べた部分の二カ所だけである。すでに明らかにされているように、宮廷鎮魂祭は種々の要素の鎮魂法・呪術の組みあわされたもので、そのなかで「猿女系のそれは、ずっと新しく、七、八世紀頃ではないかと考えられる」(前掲注(8)、松前論文、一四八頁)。鎮魂祭には宇気槽撞き以外にも、御巫の職掌として重要な要素が種々含まれている。もし御巫が古くは忌部氏関係の集団より出たものとするなら、御巫の奉仕する祭りのごく一部の要素をもって、それは本来猿女氏の職だとだけいってすませるというのは、忌部氏の強烈な自己主張の書としてはいささか不審である。

また、宮殿造営記事は、従来から御巫の祭る神の性格を明確に述べた史料として重視されてきたが、私は別の意味で注目したい。これを見ると、たしかに神格についての説明はあるが、御巫がどういう由来でその神を祭るにいたったのか、根源についての独自の記述は何もなく、『延喜式』などにみえる「神祇官西院坐御巫等祭神二三座」に付け加えるものはほとんどない。忌部氏関係の神事奉仕の根源を明らかにすることを主題とした『古語拾遺』のなかで、その意味では御巫関係の記事はきわめて異質の印象を受ける。忌部氏は、御巫の由来について特に語るべき伝承を持っていなかったのではないだろうか。宇気槽撞きの所作が、近しい関係にある猿女氏ではなく他氏出身の御巫の職掌となっていることには抗議するが、それ以上の直接の利害関係はなかったと推定されるのである。
(37) 安田尚道・秋本吉徳校注『古語拾遺』(前掲注(8))では、他氏を「きらはず」、西宮一民校注『古語拾遺』(同上)では他氏を「あげつらはず」と訓んでいる。
(38) 前掲注(8)、安田尚道・秋本吉徳校注。
(39) このように考えたとき不審に思われるのは、御巫の遷替によって神殿・神衣を改める(ただし、座摩・御門・生嶋の奉祭神は神殿のみ)とする規定(『延喜式』第三、臨時祭)である。これについて前著では、御巫と神は一体であり、神は彼女たちの存在によって常在を証しだてられているとした(前掲注(5)、義江著書、一五七頁)が、現在では、御巫と神の一体性の意味は〝常在の証〟とは少し異なるところから解明されるべきと考えている。これについては八神の集合的神格という点にふれて「御巫と斎王・造酒童女」（『日本歴史』六二三、二〇〇〇年、本書Ⅱ—付論1所収）なる短文で簡単に述べた。

（40）　前掲注（5）、義江著書、一五五頁。

（41）　前掲注（7）、二宮論文、二八四頁。

〔付記〕　本章の初出は、岡田精司編『祭祀と国家の歴史学』（塙書房、二〇〇一年）である。本書所収にあたり、原論文の（補注1）（補注2）をそれぞれ注（10）と注（18）に収めた。

第三章　「女巫」と御巫・宮人

――鎮魂儀礼をめぐって――

はじめに――官巫と里巫――

吉備真備はその著『私教類聚』(1)のなかで、「詐巫を用いる莫き事」と題してつぎのように述べている。

右、詐巫《さふ》の徒、里人の用いる所なるのみ。真の巫覡は官の知る所、神験分明、敢えて謂う所にあらざるものなり。但し、汝子孫等、好んで詐巫を用い、具《つぶ》さに巫言を聞く。何の費か此の若《ごと》からん。又、生老病死は理《ことわり》の然る所、天下の含生、何物か死せざらん。詐巫邪道、豈更生するを得んや。……

巫覡《ふげき》には「真之巫覡」と「詐巫」があるというのである。「真之巫覡」は「官之所レ知」で、「詐巫」（偽巫覡）は「里人所レ用」だという。いわば、前者は官巫、後者は里巫ということになろう。真備は両者を峻別し、官巫は「神験分明」でとやかくいうべきではないが、里巫は「邪道」だから用いるべからず、とかたく子孫をいましめている。

八～九世紀の社会には京内外を中心に巫覡の活発な活動がみられた(2)。地方社会での巫覡の台頭も著しい(3)。真備の戒めは、こうした社会状況を背景に書かれたものであろう。都の貴族たちが「好んで詐巫を用い具さに巫言を聞く」という状況が、現実に存在したのである。巫覡に対する国家のたびたびの禁制自体、こうした状況の広がりを物語る。

しかしはたして、官巫と里巫は、真備が説くように峻別されるべきものだったのだろうか。「真之巫覡」は官が管理するというが、そうした巫覡は一体どこから供給されたのだろう。官巫とはすなわち神祇官に属した御巫を指すのであろうが、彼女たちは「庶女の事に堪えるを取り充つ」(『延喜式』巻三、臨時祭)、つまり、「事に堪える」＝巫としての力能をもつ女性が、民間から任用されたのである。(4) ここには官巫と里巫の接点を見いだすことができるように思う。そもそも、真偽の区別をつけながらも両者を同じく「巫覡」と認識すること自体、「巫覡」としての術に共通性があったことを示唆しよう。

和泉国を本貫とする巫部連は、雄略天皇の「御躰不予」に際して「筑紫の豊国の奇巫を召し上げ、真椋大連をして巫を率いて仕奉せしむ。仍りて姓を巫部連と賜う」との伝承をもつが、(5) 承和一二年(八四五)には、「後世、疑うらくは巫覡の種と謂わん」として右京・大和・和泉の一族がそろって改姓を願い出、当世宿禰姓に改められた。(6)「奇巫」の召し上げは「シャマニズム《(ママ)》」による医術への期待と推定されているが、(7) いうまでもなく、それが五世紀後半の雄略の時のことか否かはおおいに疑問である。むしろ、地方にすぐれた巫がいて天皇の病気治療にそれを召し出すという話が、八～九世紀の宮廷社会に違和感なく受け入れられた、ということに注目したい。

というのも、九世紀初めに、実際に里巫が召し出され、天皇の「聖躰不予」を治すということがあったからである。この小論で以下に取り上げる、平城松井坊の「女巫」による桓武天皇の鎮御魂がそれである。その記述の詳細さからいって、古代の巫覡の術の内容を知りうる格好の史料であるとともに、官巫と里巫の接点を具体的に示すという意味でも、またとない貴重な記事と思われる。

官巫である神祇官の御巫はさまざまな宮中祭祀に関わるが、その職掌の本質は必ずしも明らかではない。(8) 彼女たちの関わるさまざまな祭祀のなかでも、鎮魂祭は御巫の主神八神を祭神とし、諸御巫が一体となって奉仕した。鎮魂祭こそ、御巫の行なう祭祀の中心をなすといってよいであろう。里巫の行なった鎮御魂と御巫の奉仕する宮中鎮魂祭の比較検討を通じて、御巫の本質究明に一歩でも迫ること、それが本章での課題である。

一 「女巫」と桓武天皇

まず、『日本後紀』延暦二四年（八〇五）二月庚戌（一〇日）条によって事件のあらましを示し、注目されるいくつかの点を指摘したい。当条は時間的経過を含む一連の出来事を一つにまとめたもので、内容的には、石上神宮に収められていた兵器を運び出したところ異変があいついだと記す前段、天皇が病気になり、女巫を召しての鎮御魂の次第を記す中段、その後に行なわれた石上大神への読経と詔および兵仗返還を記す後段、の三部に分けられる。

ここでの考察の焦点は中段にあるので、前・下段は概略を記すにとどめ、中段は内容によってさらに区分して記事の全容を示す。

〔前　段〕

造石上神宮使による造宮の支度功程を太政官が奏す―神宮が他社に異なる所以を天皇が勅問―兵仗を多く収める旨を或る臣が奏す―兵器を収める因縁をふたたび勅問―昔からの天皇が収めたものだが、都から遠いので卜食のうえ運遷するべきことを奉答―布留宿禰高庭らが、大神がしきりに鳴鏑を放つ異変に神戸百姓らが怖れていることを告げて、神宝の運遷中止を願う解文を官に提出―太政官がただちに執奏したが、卜筮吉合により妨言すべからずとの報宣があり、神宝は山城国葛野郡に運ばれた―（神宝を収めた）倉が故なくして仆れたので更めて兵庫に収めた。

［中　段］

①ａ　既にして聖躰不予なり。典闈建部千継、春日祭使に充てらる。

ｂ　平城松井坊に新神有りて女巫に託くを聞く。便ち過ぐるに請問す。

ｃ　女巫云く、「今、問う所は是、凡人の事に非ず。宜しく其の主を聞くべし。然らざれば問う所を告ぐべからず」と。仍りて聖躰不予の状を述ぶ。

ｄ　即ち託語して云く、「歴代御宇天皇、慇懃の志を以て送納するところの神宝、今、吾庭を践み穢し、運収すること不当なり。所以に天下諸神を唱え、諱を勒して天帝に贈るのみ」と。

②ａ　登時、京に入りて密奏す。

ｂ　即ち、神祇官幷に諸司等に詔して、二幄を神宮に立て、御飯を銀笥に盛り、御衣一襲を副え、並に御輩に納め、典闈千継を差して使いに充つ。

ｃ　彼の女巫を召し、御魂を鎮めしむ。

ｄ　女巫、通宵忿怒し、託語すること前の如し。遅明に乃ち和解す。

［後　段］

勅して、天皇の御年の数だけの宿徳僧六九人に石上神社で読経させた—詔して、「宮の器仗を都近くに運んだところ、御躰不予となった。大御夢で（原因を）覚ったので大神の願いのままに本社に返す。平らけく安く御坐べし。鍛冶司正・神祇大副・典侍を使いとして礼代の幣帛と鏡を持たせる。皇御孫の御命を永く護り給え」と大神に申しあげた—典薬頭等を使わして石上神社に兵仗を返納した。

この事件の背景には、平安遷都に伴う石上神宮の地位の変動、それと関わっての布留宿禰ら（神宮の氏人）の策動など、種々の政治的要因が考えられるが、ここでは、中段の「女巫」による鎮御魂の次第に絞って考察したい。背景の事情がどうであれ、天皇の病気が神の祟りと考えられ、民間巫覡の力を借りて治癒した、という事実に変わりはないからである。ただ、前段では、「卜筮吉合」なので兵仗運遷を実施したところ聖躰不予になった、とあることに注目したい。神祇官には卜部がいて代々伝習されてきた亀卜の術をつかさどり、(9) 陰陽寮の陰陽師による占筮も行なわれていた。しかし、そうした術だけでは「聖体不予」を防ぐことはできず、民間巫覡の力を借りなければならなかったのである。

さて、その鎮御魂の次第であるが、まず、闈司建部千継が（春日社に赴く途中で）女巫の評判を聞き、はじめはくわしい事情を伏して（天皇の）病気のことを尋ねた（①ａｂ）。そもそも千継が春日祭使に充てられたのも、天皇の病気平癒の祈願のためであろう。ここでは「新神」が女巫に託くとあって、初めから石上大神が託いていたのではないことに注意したい。神託能力にすぐれた女巫がいて、依頼者の頼みに応じてその悩みに関わる神の正体を顕わした、と考えられるのである。

千継の問いに対して女巫は、問題の人物が誰なのかはっきりさせることを求め、千継は桓武天皇が病気である旨を告げた（①ｃ）。初めの問いでは詳細を伏したにもかかわらず、「是、凡人の事に非ず」と喝破したところに女巫の非凡な能力が示され、それゆえに千継も真相を語った、という話の運びになっているのであろう。

すると、神が女巫に託いて次のように語った。「歴代の天皇が納めた神宝を、今、吾が庭を践み穢して運ぶことは不当である。よって天下諸神を語らって諱（天皇の実名）を天帝に知らせ（病気の災いをもたらし）たのだ」と（①ｄ）。「吾が庭」とあるように、ここでは石上大神が女巫の口を借りて憤懣を述べ、天皇の病気の原因を明かしているのである。名を記して「天帝」に贈る、というところには、この女巫が大陸系の呪法を操ることがうかがえる。

このあとが実際の鎮御魂の記述となる。千継はすぐさま都に戻り、ことの次第を密かに天皇に奏上した。そこでただちに天皇は神祇官および関連の官司に命じて、神宮に幄（幕屋）を立て、御飯・御衣を轝に納めたものを用意させ、千継を使いに派遣した（②ａｂ）。ここで千継が後宮宮人のなかでも典闈、すなわち天皇に近侍し臣下との（物品を含む）取り次ぎを職務とする闈司の次官であることが、このような微妙かつ重要な密奏を容易にしたであろうことを指摘しておきたい。「御巫行事」である毎月晦日の御贖でも、内蔵寮は金人・銀人の人形《ひとかた》などを闈司に備進する。(10) そもそも、近侍・取り次ぎの職掌は、天皇の身体守護の諸儀礼とも密接不可分なのである。そもそも、彼女が春日祭使に充てられたこと自体、こうした宮人としての立場・役割と関わるはずである。

千継が「御飯」「御衣」に付き添って石上神宮に遣わされたことも、たんに行きがかり上ということにとどまらない、職務上の共通性があると思われる。もっともこの部分の史料解釈は、文章の構成からみると、「差二典闈千継一充レ使」を、その前につなげて「御飯」「御衣」を「御轝」に納めて神宮に送る使いとしたと解するか、あとにつなげて「女巫」を召し出す使いとしたと解するか、二通りの解釈が可能である。千継と「女巫」のつながりからいって後者とも考えられるが、宮中鎮魂祭で「内侍」が内裏から「御衣」をもって鎮魂儀礼の場に臨む、というあり方から類推して、天皇身辺の物品の取り次ぎを職務とする闈司の千継は、「御飯」「御衣」に付き添って神宮の鎮御魂の場に臨んだとみておく。

また、幄を立て、「御飯」「御衣」を「御轝」に納めるというのは、鎮御魂の設営・祭具を具体的に語る貴重な記述である。

準備ができたところで女巫を神宮に召し出し、鎮御魂を執り行なわせた（②ｃ）。①ｂのところでも述べたが、彼女は別に「石上の女巫」というわけではない。だからこそ、（平城松井坊から）石上神宮に召し出したのであろう。「新神有りて女巫に託く」とは、諸人の依頼に応じてさまざまな神の言葉を語ったことをいうのではないだろうか。この場合には、石上大神の怒りを解いて天皇の御魂を蘇らせるために、大神の膝元である神宮を設営場所として鎮御魂の呪法を行なう必要があったのである。

神がかりした女巫は、一晩中怒り狂い、平城松井坊で千継に語ったのと同様の託語を繰り返し、ようやく明け方になって怒りを解いた（②d）。最期に「和解」とあることは、（女巫に乗り移った）石上大神と天皇（の霊）とが一晩中、対決していたことを暗示する。忿怒する神の前には「天皇」がいたのである。天皇霊を神宮に設けられた幄にもたらすための祭具、それが「御輦」に納められた「御飯」と「御衣」なのではないか。

こうして神の怒りを解くことができた天皇は、日を更めて読経を神に奉納し、兵仗を返納することを神前に告げ、あわせて幣帛と鏡を捧げて、以後の神の加護を願った。僧侶による神前読経も興味深いが、ここでは、天皇への近侍と取り次ぎという職務面で、闈司と共通する内侍司の典侍が、幣帛と鏡を奉納する使いに充てられていることに注意したい。鎮魂儀礼と宮人との関わりの深さがうかがえるからである。

さらにもう一点見逃せないのは、石上神宮での鎮御魂の次第、つまり大神と天皇霊との（女巫を媒介とした）対決と和解が、後日談たる天皇の詔のなかでは、「大御夢に覚し坐に依て」と述べられていることである。やや文意不明の点もあり、女巫の神託による告げと、天皇自身の夢による告げとがともに行なわれたと解する余地もあるが、あるいは、祭具を介して天皇霊と（女巫に託いた）神とが向かいあった次第そのものが、天皇の側からは〝夢による覚し〟として認識されているともいえるのではないだろうか。

以上、女巫による桓武天皇の鎮御魂をめぐる記事を、問題点を指摘しつつ紹介した。ここで指摘した点を念頭におきつつ、次節二では宮中鎮魂祭についてみていこう。

二　宮中鎮魂祭と御巫

宮中鎮魂祭については『儀式』『延喜式』『北山抄』『西宮記』『江家次第』などの各儀式書に祭儀次第の記述がある。(11) まず『延喜式』（巻二、四時祭下）の記述によって、御巫の動きに注意しつつ、祭儀の進行にしたがって適宜区切ってあらましを示し、その他の儀式書との異同は考察に必要な限りでふれることとしたい。

祭神は御巫の祭る神八座（神魂・高御魂・生魂・足魂・魂留魂・大宮女・御膳魂・辭代主）と大直日神一座、祭日は一一月中寅（中宮鎮魂祭も同じ）。

(イ)　当日、御巫が（神祇）官斎院で稲を舂き、御飯を炊いで筥に盛り、神部が祭所に供す―伯以下史已上、宮主・亀卜長上・弾琴・巫部・神部・卜部などのほか、御巫（中宮・東宮御巫も）・御門巫・生嶋巫・座摩巫、青摺の装束。

(ロ)　哺時（午後四時ごろ）に宮内省に参集―大臣もしくは参議已上、西舎座に就く―神祇官人已下、御巫等を率いて庁上座に就く（御巫は南面、伯已下は東面南上）。

(ハ)　内侍が御服を持ち内より退出、大膳職・造酒司が八代物を供す（中宮・東宮も）―縫殿寮が猨女を参入せしむ―大臣、昇りて（庁）座に就き、所司を参入せしむ（五位以上は庁座北面・六位以下は東西舎座）―歌女参入―鬘木綿を賜う。

(ニ)　御琴と笛をあわせ、歌を奏す―神部が拍手―御巫および猨女等、例により舞う。

(ホ)　訖らば神祇官人（中臣・忌部）・侍従等、次を以て庭に舞う。

(ヘ) 宮内省を召し、酒食を賜わしむ。

巳日の哺時に東宮鎮魂。

『儀式』（巻五、鎮魂祭）では、(ニ)の部分での御巫の動きが、「御巫舞い始む―舞うごとに巫部、舞を誉むること三廻（誉めて云う、あなたふと）―大蔵録、安芸木綿二枚を以て筥中に実め、進めて伯の前に置く―御巫、宇気槽を覆い其の上に立ち桙を以て槽を撞く―十度畢るごとに伯、木綿鬘を結ぶ―訖らば御巫舞訖る―次いで諸御巫・猨女舞畢る」とくわしく記され、その後に宮内丞・侍従らの舞が続く。御巫の宇気槽撞きの間に伯が結ぶ木綿鬘が、すなわち御魂を結び込めた御魂緒である。これは一二月に神祇官の斎戸に斎い鎮められた（「鎮御魂斎戸祭祝詞」）。貞観二年（八六〇）には、神祇官西院斎戸神殿から三所（天皇・中宮・東宮か）斎戸衣と主上結御魂緒等が盗まれる、という事件も起こっている(12)。

『北山抄』（巻二、年中要抄下、鎮魂祭事）では、(ロ)の部分に「内侍・女蔵人・御巫子等、又、堂上に就く」とあり、(ニ)では鬘木綿を賜った後に、「次いで神遊び（撞宇気の間、女蔵人、御服の箱を開けて振動す）」と記す。「神楽了らば、倭舞」とあって、神祇副以下の官人が舞う。御巫・諸御巫・猨女の舞が神遊び＝神楽で、それに所司官人の倭舞が続くのである。

『西宮記』（恒例第三、鎮魂祭事）では、(ロ)に「内侍・女蔵人・御匣殿蔵人・女孺・洗人・御巫・猿女、堂上に就く」とあり、さらに「東妻中央に棚を立て供神物を置きたてまつる。……庁前に仮屋二宇有り、苔を以て葺く」との注目すべき記載もみられる。(ニ)の神楽では「御巫、例に依り供神棚の下に舞う。内蔵寮、御服を持ち机上に置く。宇気を衝くの間、蔵人、箱を開け振動」する。

『江家次第』（巻一〇、鎮魂祭）によると、「近代、彼省（宮内省）一屋無し、仍りて曹庁跡に平張を立て行う。東第一間に楉《しもと》棚を立て祭物を置く。又、鈴を付した賢木を倚せ、その西に木艚を安んず（覆せ置く）」と設営の様子が示される。『西宮記』の「供神物」「供神棚」がここの「祭物」「梠棚」であり、「木槽」＝宇気槽である。同書には院鎮魂の記述（巻一九、院鎮魂）もあり、「（幄の）第一間に棚を立て、槽を伏せ、第二間に案を立て御衣を置く」。そして神遊びでは「御巫、棚の下に舞い、中臣一人、糸を、結ぶ。宇気を衝く間、女蔵人、御箱を開き振動」する。最後に「御玉結の糸は御竈神の鍋に入れ令む」とあることにも注目しておきたい。

このほか注目すべき記載としては、天暦三年（九四九）の『神祇官勘文』(13)に「賢木を立て廻らし、其の中に船を伏せ、御巫此の船上に祭り、金を以て木に付け歌い合わせ舞樫、猿女亦舞う」とあり、『江家次第』にいう「鈴を付した賢木」と対応する。『年中行事秘抄』『九条年中行事』『小野宮年中行事』『東宮年中行事』などの鎮魂祭の記述には、御巫の動きはみられない。

以上、諸種の儀式書の記載から、宮廷で行なわれた鎮魂祭のあらましをみてきた。鎮魂祭の由来や意義については伴信友をはじめとして多くの研究がある(14)が、もっとも包括的に検討を加えた松前健氏の所説によれば、①タマフリ（タマシヅメ）は「外来魂の附着」でも「遊離魂の招復」でもなく、両者の意義を兼ねた「霊魂を体にこめること」であり、②病気治療法としての魂の呼び返しの意義をもつ石上（物部）系のタマフリ、天石窟戸神話と対応する猿女系の太陽神のタマフリなど、諸種の要素が含まれている。③石上系のタマフリはもっとも古く五、六世紀頃、猿女系のそれはずっと新しく七、八世紀頃に宮廷に取り入れられたものであろう。④その他にも、玉結び（木綿の糸結び）や後に加わったと思われる御衣振動など、民間や諸豪族に伝わっていた各種のタマフリ呪術やタマムスビ呪術を集めて、天皇の御寿の長久を祈る祭儀としたと考えられる。

細部にわたって検討を加えるゆとりはないが、松前氏の説くところは大筋において妥当と思われる。宮中鎮魂祭は、天皇（中宮・東宮）の身体守護のために、諸種のタマフリ呪法をいわば総動員・集大成したものであり、いったん成立したのちにも新たな呪法の取り入れによる祭儀の変化があった。つまり、祭儀の成り立ちや内容面からも、「はじめに」で述べたような官巫と里巫が実質的には重なりうる状況が想定できるのである。

松前氏は本章で取り上げた「女巫」による桓武天皇の鎮御魂を「臨時鎮魂祭」と位置づけ、宮中鎮魂祭と共通するものとして分析を加えているが、共通とみる根拠について明確に述べてはいない。また、氏の場合には鎮魂祭の解明が主題であるので、両者の共通性から御巫について何がみえてくるか、という本章の問題、関心とは必ずしも重なり合わない。

「女巫」の鎮御魂の記事と宮中鎮魂祭の祭儀次第を見比べて、まず気がつくことは、「御飯」と「御衣」の共通性であろう。西宮秀紀氏も、巫覡の社会的機能の一つとして病気治療を考えるなかでこの史料を取り上げ、「御飯」と「御衣」に注目して、「宮中鎮魂祭と全く同じ所作が、場所を石上神宮に転じて行われた」と述べている(15)。その他に、石上神宮に設営された「二幄」と宮中鎮魂祭における「仮屋二宇」、および御巫が下で舞う「槅棚」との関連なども注目される点であるが、ここでは紙幅の関係もあり、とくに「御飯」に絞って、宮廷御巫の職掌の解明という観点から若干の考察を加えたい。

三　「御飯」と神饌

御巫は、古代の宮廷にあって天皇に身近な祭祀に奉仕した巫女である。大御巫（たんに御巫とも）・座摩《いかすり》巫・御門巫・生嶋巫の四種があり、彼女たちすべてを総称して御巫ともいう。御巫の祭る神八座、座摩巫の祭る神五座、御門巫の祭る神八座、生嶋巫の祭る神二座は、「神祇官西院坐御巫等祭神二三座」として『延喜式』（巻九、神名）の冒頭に記され、宮廷に祀られた神々のなかでも最重要の神々だった。そのほかにも、御巫は園韓神祭・大嘗祭・新嘗祭・八十嶋神祭・御贖祭など、王権に関わる種々の重要祭祀に奉仕した。

なかでも鎮魂祭は、御巫の祭る神八座と大直日神を祭神とし、諸御巫が一体となって奉仕することからも知られるように、彼女たちの職掌のもっとも中心をなす祭儀といえる。

その鎮魂祭の当日、祭りの準備として、前節で紹介したように「その日、御巫、官斎院において稲を舂き、簸《ひ》るに麁筥を以てし、炊ぐに韓竈を以てし、訖らば即ち藺笥に盛り、櫃に納め案に居え、神部二人執りて祭所に向かい供す」との注目すべき記載がみられるのである。『延喜式』の御巫に関わる記載全体を通じてみても、舂米・炊飯について記すのはここだけである。当日の準備として詳細な所作の規定をともなって冒頭に特筆されることからみて、これが『延喜式』段階での鎮魂祭、ひいては御巫の職掌の重要な要素をなしていることが推量されよう。

さて、ではこれはいわゆる神饌であろうか。たしかにこれは『儀式』などにみえる大嘗祭での造酒児（ユキ・スキ郡司の女子）の所作と共通し、通常の神饌奉仕のようにもみえる。しかしそれならば、なぜ諸御巫の奉仕する祭りのなかで鎮魂祭にだけ、この記述があるのだろうか。

鎮魂祭の「御飯」について異なる考えを示したのは松前健氏である。氏は「ここで、供御の飯を供えるのは、東南アジア・中国・インドネシア・沖縄などに行われるように、遊離魂を誘い戻すための御馳走なのであろう。鎮魂の祭神のタカミムスビ以下九神のための神饌は、『延喜式』によると、神座毎に魚類・海藻・米・大豆・小豆・果物・酒など、数多く供えることになっているが、もとはここではそれらは神への供物ではないという考え方もできよう」と述べている。(16) 御巫が舂米・炊飯して供えるのは、鎮魂祭で祭られるタカミムスビ以下の神に対してではなく、タマフリの対象としての（天皇の）遊離魂に対してではないか、というのである。

松前氏のこの解釈は卓見だと思う。ただし氏の場合には、一般的な民俗事例からの類推を手がかりに、「神への供物ではない」可能性を指摘したにとどまる。この点を、史料に即して明確にしたい。

鎮魂祭で神に供える、すなわち神饌の飯は、『延喜式』では大炊寮式（巻三五）に「神八座　大直日神一座　右、座別に米一升（官田稲二束を用い、神祇官に付す）。供奉の諸司は人別に米八合」と明記されている。九神に対する「座別米一升」、計九升は官田の収穫稲を用いて大炊寮が準備するのである。そしてそれは、祭りの最後に供奉の諸司官人に給う、いわゆる直会の宴の「御飯」とともに神祇官に送られる。

一方、御巫は定められた所作で「麁筥一合、明櫃一合、供御飯笥一合、御食料稲二束、案一脚、臼一口、杵二枚、槲四把、薦一枚、韓竈一具」などの用具・料物を用いて舂米・炊飯する。つまり、御巫が用意するのは「供御食料稲」を用いての「供御飯」であって、大炊寮が用意する座別の神饌とはまったく別種なのである。御巫の炊いた「供御飯」は笥一合に大盛りにされ、案に載せて運ばれる。

これはたんなる供御とも異なる。なぜなら、宮廷の重要祭祀における供御の飯は、同じく大炊寮式の新嘗祭料の規定にも明らかなように、構と襷を支給された女丁が舂米・炊飯労働を行なって準備する。この女丁とは、別稿で明らかにしたように、共同体の女性成員の労働を代表するものとして朝廷に送られた庶民女性であり、彼女たちによる供御の舂米・炊飯労働には、共同体成員による収穫を天皇・神に捧げるという儀礼的・象徴的な意味があった(17)。それらとは区別して、鎮魂祭における「供御飯」だけがとくに御巫の所作として記されるのは、それが通常の収穫感謝・豊饒祈願の祭祀における神饌・供御とは異なる、特別の機能をもつものだったことを強く示唆しよう。

以上の考察によって、鎮魂祭で御巫が用意する御飯はもともとは「神への供物ではない」とも考えられるという松前氏の指摘を、史料的に裏づけることができたと思う。笥に大盛りにされた「供御飯」は、たしかに（遊離魂への）御馳走ともいえそうである。

桓武天皇の鎮御魂に際して、神祇官・諸司は「二幄を神宮に立て、御飯を銀笥に盛り、御衣一襲を副え、並に御齎に納」めた。この特別に用意された「御飯」と「御衣」を前に「女巫」は一晩中怒りつつ石上大神の託語を繰り返し、明け方になって「和解」したという。この記述から、前節では、(女巫に乗り移った) 石上大神と天皇 (の霊) とが一晩中対決していたこと、すなわち忿怒する神の前には「天皇」がいたことを読みとった。

西宮氏は、前述のように宮中鎮魂祭とまったく同じ所作が石上神宮で行なわれたとみたうえで、「御飯は神への捧げ物としての飯であり、御衣は天皇の身替りとしての象徴であろう。……天皇の生死を握る石上神の憑霊 (憑依) した「女巫」と、恐らく天皇の代行的使命を帯びた典闈との間に問答が繰り返されたのではあるまいか」と述べている(18)。しかし、宮中鎮魂祭の「供御飯」が神への供え物でないとすれば、逆にここの「御飯」も神への捧げ物ではあるまい。典闈が天皇の代行ということは、そうとも考えられるが、闈司の職掌の延長という点からすると、あくまでも (天皇の身替りの意味をもつ)「御飯」と「御衣」につきそう使者、という意味にとどまるとみるべきだろう。

宮中鎮魂祭における御衣は、祭儀開始にあたって内侍が内裏から持参し、御巫が宇気槽撞きをする間に、女蔵人が御衣振動の所作を行なった。こうして御衣に付着した天皇の御魂は蘇り、その御衣を再び天皇が身にまとうことで身体守護・御寿長久が図られたのであろう。それとの類推でいえば、「女巫」の行なう鎮御魂に際して、「御衣」と合わせてとくに用意され銀笥に盛り御齎に納めて石上神宮に運ばれた「御飯」には、病気で弱った桓武天皇の御魂が付着しており、それが大神との「和解」によって蘇り (あるいは遊離していた御魂が招きかえされ)、ふたたび天皇の身体に (おそらくそれを儀礼的に食することによって) 戻す、という呪法が行なわれたのではないだろうか。こうした特殊な物品の取り次ぎも闈司の職掌だったのである。

付言するならば、後世のものであるが、『江家次第』の記す院鎮魂で、「御玉結の糸は御竈神の鍋に」入れるというところにも、あるいはわずかな関連を見いだすことができるかもしれない。

民間「女巫」の鎮御魂が天皇の病気という危機に際して実施された「臨時鎮魂祭」だとすれば、恒例の宮中鎮魂祭において御巫の用意する神饌ならざる「御飯」も、「女巫」の眼前に据えられた「御飯」と同様に、天皇の御魂を蘇らせるためのタマフリの祭具だったということになろう。

「御飯」を用いてのタマフリは、比較的早くすたれたらしい。これ以後の儀式書には『延喜式』のような特別の記述はみられず、宇気槽撞きや魂結び、御衣振動がもっぱらとなっていく。しかし、『延喜式』と「女巫」の鎮御魂記事をあわせ見ることによって、それが九世紀にはきわめて強力なタマフリ呪法であったこと、民間の鎮魂呪法と宮中鎮魂祭の祭儀とに基本的な共通性があったこと、現実の天皇の危機に際してはより強力な巫力を求めて官巫たる神祇官の御巫ではなく民間「女巫」、つまり里巫が動員されることもあったこと、どちらにおいても宮人が天皇に密着した部分で重要な役割を果たしていることが知られるのである。

おわりに

以上、吉備真備による「真之巫覡」＝「官之所知」＝官巫と「詐巫」＝「里人所用」＝里巫の峻別にもかかわらず、そこにうかがえる実態としての両者の共通性を手がかりに、民間「女巫」により行なわれた天皇の鎮御魂と神祇官の御巫が中心になって行なう宮中鎮魂祭との比較検討を行なってきた。そこで述べたことをまとめると、

① 延暦二四年（八〇五）に起きた桓武天皇の病気治癒の鎮御魂においては、「卜筮吉合」だとして石上神宮からの

兵仗運遷を実施したところ天皇が病気となり、神託能力にすぐれた民間「女巫」によって、それが石上大神の怒りによるものであることが明らかにされた。そこで神宮に「二幄」を設けて「御飯」と「御衣」を運び、「女巫」を召して鎮御魂を行なった。「女巫」を見いだし、その託語を天皇に密奏し、神宮への使者となるなどの活躍をみせたのは典闈建部千継であり、鎮魂儀礼と宮人の密接性を示す。また、官僚組織に組み込まれた卜部や陰陽師による「卜筮」では天皇の身体守護に充分ではなく、神祇官の御巫による恒例の宮中鎮魂祭だけでは危機に対応できなかったことも、ここから明らかになる。

② 『延喜式』をはじめとする儀式書から宮中鎮魂祭の祭儀次第をみていくと、御巫が舂米・炊飯して祭所に供えられる「御飯」、内侍が内裏より持参し女蔵人が御巫の宇気槽撞きの間に振り動かす「御衣」、供神物を置いた下で御巫が舞う「楉棚」、苫を葺いて設営される「仮屋二宇」などが、「女巫」による鎮御魂との比較検討を行なう手がかりとして浮かびあがる。また、宮中鎮魂祭は民間や諸豪族に伝わっていた各種のタマフリ呪術やタマムスビ呪術を集めて天皇の御寿の長久を祈る祭儀としたこと、時代によって新しい呪法の取り入れや変化のあったことが先行研究により明らかにされており、この面からも民間と宮廷での鎮魂儀礼の共通基盤が想定できる。

③ 「御飯」に視点をあてて共通性の意味をさらに探ると、用度・料物の規定からみて、鎮魂祭で大炊寮が用意し祭神九座に供える神饌と、御巫が特別に舂米・炊飯して用意する「供御飯」とはまったく別のものであり、新嘗祭などに共同体の女性労働を象徴する女丁によって用意される供御とも異なる。先学により紹介されている民俗事例、および「女巫」の鎮御魂で「御飯」が「御衣」とともに天皇の御魂を眼前に出現させタマフリを行なう媒介物として機能しているらしいことをあわせ考えると、宮中鎮魂祭における「供御飯」も、神への供え物ではなく、天皇の御魂を付着させ蘇らせる祭具であったと考えられる。

以上の考察からは、神祇官の巫女である御巫の職掌の本質が、いわゆる共同体の豊饒祈願の祭祀を担う巫女とはかなり異質のものであったらしいということ、御巫の巫者としての機能は民間巫覡に期待されたものと共通性を持ちつつ、場合によっては及ばなかったらしいこと、[19]民間・宮廷の区別を超えて天皇の身体守護には宮人の重要な働きがみられること、といった諸点が特徴的に浮かびあがる。

御巫は、「都下国造氏の童女」を充てる座摩巫を除いて、「庶女の事に堪える」者を任用する定めである（『延喜式』巻三、臨時祭）。別稿（本書Ⅱ―二章）ではこの庶女任用規定に焦点を絞り、御巫の特質を探ってみた。そこで述べたことをまとめて紹介すると、

① 御巫の人数・本貫などを記す「官員令別記」が官司制改編にともなう特殊技術者の所属に関わる史料であること、考選や禄料の扱いで御巫が宮人と共通する扱いを受けること、御巫の実名が知られる唯一の例である「御巫无位榎本連浄子」の同族には尚兵に任じられた女性もおり、階層的に氏女・女孺といった下級宮人の供給源と重なることからみて、大宝令官司制で神祇官の管掌下に入る以前には、御巫は宮人の一部をなしていた、ないしは宮人と分かちがたい形で存在していたとみる余地がある。

② 同じく神祇官に属した卜部・戸座《へざ》と比較してみると、卜部の亀卜の術が特定集団内で世襲的に伝習され、戸座も特定国の特定在地氏族に限定されるのに対し、御巫にはそうした限定がない。これはその技術がひろく民間巫覡とも通じるものであり、天皇・中宮らの呪術的身体守護という現実的目的のために、つねに最上の技術者の把握を必要としたからではないか。

③ 「神祇官西院坐御巫等祭神二三座」は、先行研究によれば、宮廷祭祀の古層をなす重要な神々を統一的な神霊観をもって配置したものである。これら多様な成り立ちの神々の統一性を象徴するのが「御巫祭神」なる神名に

ほかならない。園韓神の例に明らかなように、その後あらたに王権守護に加わった神にも御巫の奉祭は及ぶ。これは特定の神を特定の在地氏族が伝統的に祀るという、共同体に根ざした神職者のあり方とは異質であり、逆に、王権守護に関わる多様な神祭りに派遣される内侍の特性と類似性をもつ。猿女氏との関係を強調する『古語拾遺』からも、平安前期の実態としては「不レ論二他氏一」、つまり特定氏族出身に限定しないという原則が知られる。

以上の結論として、〝神祇官の管理下にある御巫が、現実の存在形態としては宮人組織と民間巫覡との双方に密接な関わりをもつのではないか〟との仮説を提示した。

本章で「女巫」の鎮御魂と宮中鎮魂祭の比較を通じて明らかにした諸点は、ささやかではあるがこの仮説を裏づけるものといってよいと思う。ただし、民間巫覡との基盤の共通性については祭儀面からかなり具体的に明らかにできたが、宮人についてはその重要性を指摘するにとどまり、御巫との具体的・組織的関係を解明するにはいたらなかった。この点は依然として今後に残された課題であるが、民間には男女巫覡の活動がみられるのに、なぜ神祇官の御巫は女性なのかという疑問も、宮人との密接なつながりから考えるべき問題と思う。宮人の由来は古く職掌も多様である。そのなかの王権守護に関わる呪術的祭祀機能が肥大化したものとして、御巫をとらえることはできないだろうか。

中国の後宮と異なる日本の宮人組織の特質および王権史にしめる重要性については、近年、急速に研究が深まりつつある。[20] 宮人組織の解明は、王権史・女性史のみならず、宗教史からみても緊急かつ重要な問題の焦点であることを確認して、結びとしたい。

注

（1）『政事要略』巻七〇、糾弾雑事（蠱毒厭魅及巫覡）、所引。

（2）菅原征子「奈良時代の巫覡の活動」（『史潮』新一八、一九八五年。のち『日本古代の民間宗教』吉川弘文館、二〇〇三年所収）。西宮秀紀「日本古代「巫覡」論」（直木孝次郎先生古稀記念会編『古代史論集』下、塙書房、一九八九年。のち『律令国家と神祇祭祀制度の研究』塙書房、二〇〇四年所収）。小林茂文「古代都城における境界」（『周縁の古代史　王権と性・子ども・境界』有精堂出版、一九九四年。初出一九九一年）。

（3）藤原高房の卒伝に記す美濃国席田郡の「妖巫」（『日本文徳天皇実録』仁寿二年二月壬戌［二五日］条）、『善家異記』にみえる三善清行の淡路守・備中介時代の見聞譚（『新訂増補国書逸文』国書刊行会、一九九五年。『政事要略』巻七〇、糾弾雑事。所功『三善清行』吉川弘文館、一九七〇年）など。

（4）巫覡の術は、そもそもその本質において、伝習や血筋のみによっては達成されえない要素をもつ。佐々木宏幹氏は、ネパール・インド・タイなどの事例をあげ、「祭司の地位の多くは世襲、継承によって到達される」が「シャーマンは、血統とか系譜に関係なく、自己の霊力と意志に基づいてその地位を築き上げる」とし、両者は実際には重なりあって現象するが、分析概念としては「祭司」と「シャーマン」を設定することの有効性を説いている（『憑霊とシャーマン』東京大学出版会、一九八三年、八八～九五頁）。また桜井徳太郎氏も、奄美のノロとユタにふれて、両者は元来、祭司性とシャーマン性を備えた宗教職能者がのちに機能分化したものとしたうえで、ノロは血筋、出自系譜が明らかな場合が多いのに対し、ユタは突発的な神がかりのトランスによって入巫するので、「定型的に代々継承することは予想できないし不可能だといえる」と述べている（「南西諸島シャーマニズムの系統」『東アジアの民俗宗教』〈桜井徳太郎著作集〉七、吉川弘文館、一九八七年。初出一九八四年）。

（5）『新撰姓氏録』和泉国神別。佐伯有清『新撰姓氏録の研究　考證篇』第四（吉川弘文館、一九八二年）、二九五～二九七頁参照。

（6）『続日本後紀』承和一二年七月己未（一四日）条。

（7）中野幡能『八幡信仰史の研究（増補版）』上（吉川弘文館、一九七五年）、一一二頁。

（8）御巫について正面から取り上げた研究としては、二宮正彦「神祇官西院坐御巫等祭神二三座について」（『古代の神社と祭祀』創元社、一九八八年。初出一九八〇年）、岡田精司「宮廷巫女の実態」（『古代祭祀の史的研究』塙書房、一九九二年。初出一九八二年）、野口剛「御巫考」（『古代文化』四四―八、一九九二年）がある。御巫の職掌については、二宮氏は、「神祇官主宰の祭祀・儀礼に奉務するために設置された官員」であり、天皇個人より国土全体に波及する壮大な神霊観によって配置された二三座の諸神の「祭祀を主宰し、象徴する立場に在る」とし、岡田氏は「「屋」においてお籠りに近い潔斎の生活を強いられ」、「古い宮廷祭祀に奉仕する巫女」で、「巫女本来のシャーマン的機能が欠落したもの」、野口氏は「御巫の奉仕形態において、最も中心となっているのは神事に当たって穢れを浄化する点にある」とする。なお野口氏は「御贖物について」（『延喜式研究』五、一九九一年）でも、天皇（中宮・東宮）の身の穢れを浄化する御贖儀礼での御巫の働きを考察している。

（9）『律令』職員令および『日本三代実録』貞観一四年四月二四日癸亥条、伊岐宿禰是雄卒伝など。

（10）『延喜式』巻一五、内蔵寮。弘仁式も同様（虎尾俊哉編『弘仁式貞観式逸文集成』国書刊行会、一九九二年）。御贖には六月・一二月を除く毎月晦日の御贖と六・一一・一二月の一日～八日の日別の御贖があり、どちらも「御巫行事」である（『延喜式』巻二、四時祭下、および巻一五、内蔵寮）。日別の御贖の御巫は『東宮年中行事』（『群書類従』六）では「御かむ」、『建武年中行事』（和田秀松・所功校訂『新訂　建武年中行事』、講談社学術文庫）では「あかちご」と記されている。なお御贖についてくわしくは前掲注（8）、野口論文、「御贖物について」参照。

（11）以下、いずれも神道大系による。

（12）『日本三代実録』貞観二年八月二七日甲辰条。

（13）『平安遺文』四九〇五号。尊経閣文庫蔵。なお、所功「『天暦神祇官勘文』翻刻・覚書」（『平安朝儀式書成立史の研究』国書刊行会、一九八七年。初出一九八一年）、および二宮正彦「天暦三年の「神祇官勘文」の一考察」（『史泉』五七、一九二八年）参照。

（14）伴信友「鎮魂傳」（『伴信友全集』二、内外印刷、一九〇七年）。松前健「鎮魂祭の原像と形成」（『松前健著作集』六、おうふう、一九九八年。初出一九七三年）。川出清彦「鎮魂祭について」（『神道学』七五、一九七二年）など。

（15）前掲注（2）、西宮論文、二一四頁。なお菅原征子「巫女の力」（総合女性史研究会編『日本女性の歴史　文化と思想』〈角川選書〉角川書店、一九九三年）にもこの記事のくわしい紹介と考察があり、民間巫女の託宣が国家政策を覆す威力をもっていたことに注目している。

（16）前掲注（14）松前論文、一二九～一三〇頁。

（17）義江明子「女丁の意義―律令制国家支配と女性労働―」（阿部猛編『日本社会における王権と封建』東京堂出版、一九九七年）。

（18）前掲注（15）に同じ。

（19）その場合、「神祇官の御巫たちにも伊勢神宮の物忌たちにも、共通する特徴として、神がかりや託宣といった活動が全くみられない」との岡田精司氏の指摘（前掲注（8）、岡田論文、二三二頁）は、きわめて示唆に富む。

(20) 日中の内廷を比較して、日本の後宮一二司は皇后にではなく、天皇に奉仕する存在であることを明らかにした下斗米清「日中令における内廷制の比較」日本大学史学科五十周年記念『歴史学論集』一九七八年。宦官(男性)による宮官(女性)への監督関係を中国の内廷の特質の一つとして指摘した古瀬奈津子「中国の「内廷」と「外廷」―日本古代史における内廷外廷概念再検討のために―」(『東洋文化』六八、一九八八年。のち『日本古代王権と儀式』吉川弘文館、一九九八年所収)。古くより天皇(大王)の宮の中心部は男性官人とは隔てられた天皇と宮人だけの空間で、八世紀後半以降、男官が入り込む〈開かれた内裏〉へと変貌していく、との大きな見通しを示した吉川真司「律令国家の女官」(『律令官僚制の研究』塙書房、一九九八年。初出一九九〇年)。宮人と男官の共同職務の様相を考察した文珠正子「令制宮人の一特質について」(関西大学博物館課程創設三〇周年記念論集『什陵』関西大学考古学等資料室、一九九二年)。宮人授位記事の検討から、天皇に奉仕し外界と結ぶものとしてあった宮人の場が、皇后または夫人が「母」として支配する(私的な)後宮へと変化していく過程を跡づけた西野悠紀子「桓武朝と後宮―女性授位による一考察―」(総合女性史研究会編『日本女性史論集2　政治と女性』吉川弘文館、一九九七年。初出一九九二年)。皇后の居所が内裏内に定まるのは八世紀末以降であることを発掘成果・文献の双方から明らかにした橋本義則「平安宮内裏の成立過程」(『平安宮成立史の研究』塙書房、一九九五年)。古代宮人組織の特色として、男女の共同関与・共同労働とともに空間的性別分業を考え、神仏の降臨する神聖視された空間内の管理が女性の分担であったとする、勝浦令子「古代宮廷女性組織と性別分業―宮人・巫女・尼の比較を通して―」(『歴史と地理』四七八、一九九五年。のち『日本古代の僧尼と社会』吉川弘文館、二〇〇〇年所収)など。

〔付記〕 本章の初出は、桜井徳太郎編著『シャーマニズムとその周辺』(第一書房、二〇〇〇年)である。

付論1　御巫と斎王・造酒童女

古代の宮廷には、宮中の祭祀に奉仕する女性祭祀者として神祇官の御巫《みかんこ》《みかんなぎ》たちがいた。御巫・座摩巫《いかすり》・御門巫・生嶋巫の四種があり、これらを総称しても御巫というのである（以下、総称の場合には「御巫たち」と記す）。御巫は神産日《かみむすひ》神・高御産日《たかみむすひ》神・玉積産日《たまつみむすひ》神・生産日《いくむすひ》神・足産日《たるむすひ》神・大宮売神・御食津《みけつ》神・事代主神の八座、座摩巫は生井神・福井神・綱長井神・波比祇《はひき》神・阿須波《あすは》神の五座、御門巫は櫛石窓神・豊石窓神を四面門に各一座の八座、生嶋巫は生嶋神・足嶋神の二座を祭る。これらは「神祇官西院《さいいん》坐《にいます》御巫等祭神二三座」として『延喜式』（巻九、神名）の冒頭に記される重要な神々である。なかでも神産日神以下の八神は鎮魂祭の主神で、天皇のための大御巫のほかに中宮・東宮にもそれぞれ御巫各一人があって鎮魂の祭儀に奉仕した（のちには院にも）。座摩巫以下の祭る神々も、それぞれ王権守護に関わる古い由来を持つ神と考えられている。

さて、おなじく王権祭祀に関わる女性祭祀者でありながら、伊勢・賀茂に派遣された斎王、大嘗祭に奉仕した造酒《さか》童女《つこ》、さらに斎王のもとで実際の神事に奉仕した伊勢の物忌童女、賀茂の斎祝子《いみはふりこ》と御巫たちとを比べると、そこには大きな相違点がみられる。一番はっきりしているのは任用条件の違いである。伊勢の物忌童女は度会《わたらい》氏、賀茂の斎祝子は賀茂県主氏という在地の豪族の女性がなるのが本来的形態で、大嘗祭の造酒童女もユキ・スキに卜定された郡の郡司の娘である。これらはいずれも、ある地域の神をその地域の伝統的支配豪族が祀るという在地祭祀の特質を備えている。伊勢や賀茂のようにそこに王権祭祀が重層した場合にも、王権守護の機能を持つにいたった神を王族の女性が祀るという意味で、やはりそうした基本形態の延長上にある。

ところが御巫たちは、『延喜式』では座摩巫に「都下《つげ》国造氏童女」をとる以外は「庶女」任用とされ、特定氏族の限定はない。従来この規定は、御巫たちの律令制下における地位の低さという面から注目されてきたが、古代の祭祀のあり方、とりわけ在地祭祀とは異なる王権祭祀の特質を理解する上で、祀り手が特定氏族に限定されないという意味をもっと重視すべきだと思う。祀られる神と祀り手との関係が、在地祭祀ないし在地祭祀の要素をとどめる王権祭祀とははなはだ異なっているのである。

こうした御巫の特異性は神殿・神衣をめぐる規定にもうかがえる。『延喜式』(巻三、臨時祭)「御巫等遷替供神装束」によると、御巫の遷替するごとに、神殿各一宇(長一丈七尺、広一丈二尺五寸)と神衣・帳・床覆・幌・蓋・床・帖・韓櫃などの調度一式が改められる。座摩巫・御門巫・生嶋巫については神殿を改めるだけで神衣以下の装束は供さない。神衣としては「男神衣四領、被四領料緋帛八疋、汗衫四領、袴四腰料帛二疋。女神衣四領、裙四腰料紫帛五疋二丈、裙腰料緑帛二丈、汗衫四領料帛一疋二丈」と、男神・女神各四体の立派な衣装が供されるのである。御巫の祭る神は神産日神以下の八神であるから、男女各四神のための神衣とみて何も疑問はないかのようである。しかしはたしてそうだろうか。神産日神・高御産日神・玉積産日神・生産日神・足産日神・大宮売神・御食津神・事代主神のうちのどの四座が男神で、どの四座が女神なのか。八神を男女にふりわけた先行諸説もあるが、大宮売神を除いてはおおむね性別不明といえそうである。

要するにここでの神衣は個別の神に即したものというより、御巫の奉祭する八神全体の集合的神格・神威の象徴物であって、それを便宜的に男女各四神としたという要素がはなはだ濃厚に感じられるのである。神名帳の「御巫《みかんなぎ》等祭神《たちのまつるかみ》」、祈年祭祝詞の「大御巫《おおみかんなぎ》能《の》辞竟奉皇神等《ことおえまつるすめがみたち》」といった、他に例をみない神名呼称のあり方にも共通する問題がそこにはひそんでいるのではないか。〝「御巫たち」が祭る〟ということが神格の核心をなすような祭祀のありようということである。

同じような不可解さは神殿についてもいえる。従来、御巫の奉祭する八神はいわゆる神祇官西院の八神殿に祭られており、『延喜式』のいう御巫の交替で作り替えられる神殿とは、つまりこの八神殿のことと解されている。しかし御巫は天皇だけではなく中宮・東宮にも各一人が置かれていた。中宮や東宮の御巫が交替した時にも神祇官西院の八神殿が建て直されるのだろうか。それとも、天皇の御巫の交替時にのみなのか。座摩巫・御門巫・生嶋巫の交替でも神殿を改めることからみて、後者とは考えにくい。

いずれにしても御巫をめぐってはまだまだ不明な点が多い。すでに指摘されているように、伊勢の物忌童女と物《もの》忌父《いみのちち》、賀茂の斎祝子（忌子）と祝、大嘗祭の造酒童女と稲実公《いなのみのきみ》等々、古代の主要な祭祀は男女一組の専業神職者が担うのが原則である。こうしたあり方と女性のみを権威化・特殊化する斎王制との分岐をみきわめるうえでも、宮中の御巫の実態解明は大きな手がかりとなるのではないだろうか。

〔付記〕本章の初出は、『日本歴史』六二三（二〇〇〇年四月号）の「歴史手帖」欄である。原稿の性格上、注を付していないが、御巫については本書Ⅱ―二章・三章、賀茂社の斎祝子と伊勢神宮の物忌童女については拙著『日本古代の祭祀と女性』（吉川弘文館、一九九六年）、女神については本書Ⅱ―一章および付論2を参照されたい。

付論2　女性の霊的優位性の再検討

はじめに

私がここでお話し申し上げたいことは、女性には本来、男性と異なって特殊に神祭りをする力があったのかどうか、また、そういう存在として当時の人々に考えられていたのかどうか、ということです。現在、漠然とした理解も含めて通説的に、本来、神祭りというのは女性が行なってきた、それは女性が生殖するものとしての神秘的な力を持っているからだ、というように考えられているといってよいかと思います。こうした面は特に民俗学が明らかにしてきたことです。表面的に見れば女性の政治的地位、あるいは社会的地位が低下していっているように見えるとしても、霊的な世界においては一貫して女性が優位にあったのであると、そう見ることによって、歴史の影にかくれた女性の姿を掘り起こしてきた、ということがいえると思います。

そこからはもちろんたくさんの豊かな業績が生み出されてきたわけですが、しかしこれを私のように歴史学、特に女性史というものも含めて歴史学をやっている者の立場から見ますと、いくつかの根本的な疑問をもたざるをえません。政治的・社会的地位が低下しているように見えるかもしれないけれども、でも霊的世界では一貫して女性が優位だったとみることは、わかりやすく言ってしまえば、そういうふうにバランスはとれていたんだからいいじゃないかというような議論にもすべり込んでいきかねない、そういうマイナス面があります。現に、民俗学の成果を単につまみぐいしているような歴史学の研究のなかには、そういう危険性を感じるものが少なくありません。それが一つの疑問点です。それからもう一つ、私は古代史を専門にしていますので、事実として古代の歴史をみていった場合に、けっして神祭りは古くは女性だけがやっていたというわけではありません。そんなことはけっして言えないということが明らかです。ですから、従来漠然と言われている女性の霊的優位性という前提をとりはらってみたならば、むしろそこから新しいいろいろな問題が見えてくるのではないだろうか。それをここでお話ししてみたいと思います。

研究史的にいいますと、事実として神祭りは何も古くから女性だけがやっていたわけではないということについては、すでに岡田精司氏の研究があります。一九八二年に発表されたものですが、そのなかで、古代の専業神職者、つまり神祭りを職業として行なっている、そういう専業神職者について検討していった場合に、そこでは男女ペア＝男女一組が原則である、ということを岡田氏は明らかにしました。これは現在、古代史の学界ではほぼ定説として認められていると見てよいと思います。そして私自身も、この岡田氏の成果の上に立って今日の報告をさせていただきます。

ただその場合、岡田説のなかでもいくつかの疑問があります。男女ペアが原則であるとして、そのなかでは神がかりの巫女と神意をうらなう男性の分担がある、そういう男女の分担であった、と岡田氏は言われているのですが、私はそれには疑問があります。というのは、古代の史料を見てみた場合に、明らかに男も女も同じように神がかりをしているからです。それからもう一つの疑問は、はたして男女ペアというあり方は専業神職者だけの問題なのだろうかということです。専業神職者を生み出していく、歴史的にその母体となった共同体のレベルで、すでにこの男女ペアの根っこというのはあるのではないか、というように私は考えています。

これを今日の報告では、京都の賀茂社とそれから伊勢神宮と、この二つを例にして具体的に見ていきたいと思います。

一　男女による神婚儀礼——賀茂社を例として——

まず最初にお話したいのは賀茂社の例です。葵祭りで有名な京都の賀茂社ですが、これについては『風土記』(山城国逸文)のなかに、大変興味深い、おそらく七世紀以前の様相を示すと思われる伝承が記されています。有名な玉依ヒコと玉依ヒメの兄妹の物語です。これは柳田国男がかの有名な『妹の力』のなかで、神の子を産むことによって兄を守護する妹の典型的な姿として描き出した話でもあります。この場合、兄にあたる玉依ヒコは、賀茂の神を祀る在地の大豪族である賀茂の県主の先祖ということになっています。しかし、もうすでに今、名前について述べたところからも明らかなように、玉依、つまり玉(魂)を依りつかせる、神がかりを行なうのは、玉依ヒコと玉依ヒメです。男女です。

また、賀茂社については、七世紀以前の原型をとどめた大変貴重な古系譜が残されています。そうした確かな古系譜に七〜八世紀の史料をつきあわせて見ていくと、賀茂社で実際に神祭りを行なっていた男女の神職者の姿が明らかになります。女性はハフリコ(祝子)またはイゴ(忌子)ともいわれています。男性がハフリ(祝)です。『風土記』の神話伝承のなかの玉依ヒコと玉依ヒメというのは、まさにこの賀茂社の男女神職者であるハフリとハフリコに相当します。つまり、その神話化された姿であるということが言えます。これは賀茂県主一族の男女です。族長がハフリとなって、その身近な女性、妻とか娘とか姪とか、そういう者がハフリコになります。そして、これは古系譜の検討から明らかになることなのですが、今、妻と言いましたように、ハフリコ＝巫女になるのは処女に限られません。

さて、このハフリコとハフリ、県主一族のなかから選ばれて専業神職者となった男女が、実際の賀茂の神祭りにおいてアレヲトメ役とアレヲトコ役をつとめます。そしてこの両者によって神婚儀礼が行なわれます。この賀茂の祭りの本質がどういうものなのかということを簡単に申し上げますと、賀茂県主といわれる豪族が支配する領域の水源地の山、現在も神体山となっていますが、そこに鎮座している雷の神、雷神が年に一度山から招き降ろされて、アレヲトメとアレヲトコの神婚儀礼によって弱まった力をよみがえらせる。これが神話伝承のなかでは御子神の誕生として語られるわけですが、神がその力をよみがえらせて再び山へもどっていくという祭りです。神が弱った力を再びよみがえらせる、これがアレヲトコ・アレヲトメの「アル」という言葉の意味です。

以上みてきたところからわかりますように、生殖力、ということについても、アレヲトメ役とアレヲトコ役によって行なわれるわけですから、男女です。また「玉依（タマヨリ）」の語に象徴されるように、神がかりという面から見ても男女です。つまり、賀茂社の神祭りは本来そういった男女によって行なわれていたということが明らかになります。男女によって行なわれていたのであって、女性だけが神祭りの役目を担っていたのではありません。

ところが九世紀に入って、都が奈良から京都に移ります。この平安遷都によって、賀茂社は天皇のいる都近くの大変偉大な神であるということになって、皇女がアレヲトメと定められて神に奉られるということが、九世紀になって始まります。これがいわゆる賀茂の斎院です。ここにおいて、本来在地の豪族の男女で行なっていたアレヲトメとアレヲトコによる祭りのうち、アレヲトメについてだけさらに皇女が派遣されて重層化します。それによって女性による祭祀のみが権威化され、神秘化されることになったわけです。また、アレヲトメは本来は祭りの時にアレヲトメ役をつとめるだけですから、実際に処女である必要はなく、現に系譜からも、先ほど述べたように既婚者女性の例が確認できます。けれども皇女の斎院の場合には、ある女性が選ばれてアレヲトメとしてまるごと神様に奉られるわけですから、厳密に身体的意味での処女でなければならないということになってくるのです。

九世紀というのは、女性史研究の成果をふまえて言えば、貴族女性の政治的地位が明確に低下しはじめる時期です。その時に、逆に霊的世界では女性の表面的な権威化・神秘化が強まるのだということを、ここで確認しておきたいと思います。

今お話したことは、豪族の男女による専業神職者の祭りについてですが、『風土記』(常陸国香島郡)には、一般の男女であるカミノヲトコとカミノヲトメが祭りの夜に結ばれるという物語があります。それを参考にしますと、共同体レベルでの、集団の男女による祭祀の場での神婚儀礼がベースにあり、それが豪族の神祭りにおける専業神職者の男女ペアにつながっていっていると推測することができます。

二　男女による神饌奉仕——伊勢神宮を例として——

次にもう一つの例として、伊勢神宮の方から考えてみたいと思います。伊勢については、九世紀の初めに神宮から提出された『儀式帳』が第一級の史料です。伊勢神宮の神職者といいますのは、御承知のように禰宜《ねぎ》・内人《うちんど》・物忌《ものいみ》父《ちち》・祝部《はふりべ》という成人男性がいて、それから物忌といわれる童女、一部は童男もいますが多くは童女です。物忌は中世以降は子良《こら》と呼ばれるようになっていきますが、こういう物忌を成人男性の神職者が補佐します。つまり、聖なる童女による神祭りとそれを補佐する成人男性というのが、伊勢神宮の祭司者についての通説的理解です。

しかし『儀式帳』を丹念に見ていくと、実は、正規の神職者になってはいないものの、物忌母といわれるような成人女性が、神事において重要な働きをしていることが明らかになります。物忌母は中世以降は母良《おもら》と呼ばれ（外宮では名称はそのままで男性になります）、子良と同じく明治四年（一八七一）まで続く存在です。私は、本来は成人女性と男性とが、〝女性が聖、男性が俗〟ということとは異なった原理で職務分担をしていたのではないか、と考えます。

具体的に申し上げますと、神饌奉仕、つまり神への食物の捧げものにおいて、男性神職者の場合には、あわびとかカツオなどを代表とする生鮮魚介類、その御贄《みにえ》を直接海に行って漁《いさど》り、それをみずから調理して大神に捧げます。それに対して物忌の童女は米をついて精米にし、それを炊《かし》いで御飯にし、またそこからお酒をつくって、大神に捧げます。この物忌童女の働きについては成人女性が実質的な補佐をしています。またそれとは別に成人女性は養蚕をし、そこから糸をつむぎ、布に織り、それによって神御衣を調製して神に捧げる。神祭りの後の直会の食事や酒の用意をするのも成人女性が行ないます。

ここで古代の一般的な性別労働分担についてみますと、これまで明らかにされているところによれば、大ざっぱに言って、男性は狩猟と漁撈、女性は初期の農耕と紡織（糸をつむぎ織ること）といわれています。また、興味深いことに、絵巻物などで見ていきましても、中世の終わりころまで、猪や鳥・魚など、つまり狩猟・漁撈の獲物については男性がまないたの上で実際に調理している場面がいくつも出てきます。戦国末に日本にやって来た宣教師、ルイス・フロイスの手記にも、「日本では男が調理する」と大変興味深げに記録されています。つまり、炊事イコール女性・主婦の役割という単純なことではないのです。こうした古代の一般的性別労働分担を背景において考えてみますと、私は、神饌奉仕の原型として、男女がそれぞれの生業の成果をみずから調理して神に捧げるというあり方を想定できると思います。神祭り自体が、男女の日常生活における分業の反映でもあるわけです。宗教的世界・霊的世界には、もちろん、それ独自の意義なり象徴体系なりが存在します。けれども、祭祀儀礼のありようとしては、聖・俗の二元論で見るだけではなく、生活に根ざした男女の共通性の側面からもとらえなおしたいと思うのです。

またもう一つ興味深いこととして、七世紀半ばから九世紀ごろにかけて、いわゆる魚酒史料というものが出てきます。これは何かといいますと、農村において農繁期の雇傭労働力を魚酒(魚と酒)を報酬にして雇う、そのことに関する禁令です。これについても非常に多くの研究の積み重ねがあります。かいつまんで申し上げますと、春の初めに村人男女が総出で(史料に「男女」と明記されています)共同で田の耕作始めを行ない、その後に神に捧げた魚酒を共同で飲食する、これが村の祭りにともなう共同労働の元来のあり方でした。そういう共同体労働から雇傭労働への変わり目が八世紀から九世紀初めごろなのであろうと言われています。このことをふまえて九世紀の初めにつくられた『日本霊異記』をみてみますと、村の有力者層の女性がお酒をつくって盛大に貸付をしてもうけるという話が何例か出てきます(中巻三二話・下巻二六話など)。これらの話は女性史の研究素材としても、女性が所有権・経営権を持っていたことを示すものとして有名ですが、では酒を何のために貸し付けたのかということは、これまであまり注目されていません。けれども、酒が本来神祭りにともなうものであったということを考えてもわかりますように、ただ普通に飲むための酒を貸したものであるはずはありません。八世紀から九世紀初めという時期からみても、まさに、「魚酒」によって労働力を調達する、その営農資金としての「酒」であった、と思われます。つまり、女性は、生業における農耕の面での分担ということを基礎にして、その延長上で祭祀にも関わり、炊飯・造酒をして神に捧げる。また経営面でも、そういった祭祀にともなう共同体労働から発展してきた雇傭労働のための営農資金として酒を貸し付けるという、村人の農業経営にとって不可欠の働きをし、それによって経済力を持つ。柳田国男が考えたような、女性が神秘的なものとして神に近いがゆえに家刀自=主婦として酒をつくったということではないと私は思います。

おわりに

以上に述べてきたことを総合して考えますと、古代の神祭りとは、共同体の男女成員がそれぞれの生業の成果をみずから調理して神に捧げ、また模擬的生殖儀礼としての神婚を行ない、それによって豊かな実りを願う、これが原型だったのではないかと思います。そこからは、必然的に男女ペアという形が導き出されてきます。ですから祭祀形態がととのい、豪族層から成る専業神職者が組織される段階でも、当然こうした基層の共同体のあり方に規定されて男女一組という形が生み出されてくる。そしてその後、女性の現実の政治的・社会的地位が低下するにつれて、逆に女性祭祀だけが権威化され神秘化されていった。つまり、皇女を派遣するとか、けがれなき処女・童女であることが強調される形で、女性祭祀のことさらな権威化・神秘化がすすめられていったのではないでしょうか。

今日は特にこういった面を強調してお話しましたが、私は、霊的観念というものの意義とか、あるいは女性の神秘性という観念がある時代背景のもとで存在したこと自体を否定するつもりは、毛頭ありません。けれども、従来漠然と言われてきた女性の霊的優位性という前提を一度取りはらい、そうした観念がどのようにして歴史的に形成されたのかという観点から、虚心に歴史のなかの女性を見ていったならば、むしろそのことによってより豊かな女性像がつかめるのではないか、ということを最後にもう一度申し上げて、報告を終わらせていただきたいと思います。

〔付記〕本章の初出は、『日本民俗学』一九八号（一九九四年五月号）である（日本民俗学会第四五回年会シンポジウム「民俗社会における「女性像」」での報告のテープ起こし原稿）。本書所収にあたり、表記・用語を若干改めたほか、成稿化にあたって補足した当日の質疑応答に関するコメントを削除した。本報告は二年後に上梓した『日本古代の祭祀と女性』（吉川弘文館、一九九六年）の概要としての意味をもっている。くわしくは同書を参照されたい。また、〝女性の霊的優位性〟論の思想的背景に関する私見は、「女は〝聖〟か―古代幻想・女性幻想の意味するもの―」（『古代女性史への招待―〈妹の力〉を超えて―』吉川弘文館、二〇〇四年。初出二〇〇二年）で簡単に述べた。

Ⅲ　家族・親族・氏族

第一章　古代の家族と女性

はじめに

近年の古代家族史・女性史研究の進展はめざましい。それは、⑴現代社会の構造変化にともなう家族の変貌をまのあたりにしての、従来の家族論の枠組みを超える柔軟な家族史研究の必要性、⑵文化人類学・社会学・民俗学等々、隣接諸分野の方法論・研究成果の積極的摂取と、従来の歴史学の家族史理論の再検討、⑶戦後何十年かをへて一つの層をなすほどに育った女性研究者による、女性抑圧の解決の手がかりをもとめての女性史研究の成果、などが密接にからみあってもたらされたものである。

その結果、現在では、明確な父系出自集団の欠如、家父長制家族の未成立、女性の所有権・経営権保持、一対の男女のゆるやかな結びつき（対偶婚《たいぐう》）などが、七・八世紀以前の古代社会の特質として明らかにされ〔関口裕子―一九八二・九三年、吉田孝―一九八三年、義江明子―一九八五年、明石一紀―一九九〇年〕、男女の性別分業（労働分担）の実態や、一〇・一一世紀以降の「家」（家父長制家族の日本的形態）形成への道筋なども解明されつつある〔服藤早苗―一九八二・九一年a〕。むろん、古代に家父長制家族が未成立であるとの論には批判もあるが、その場合にも、七・八世紀以前における家父長制家族の一般的成立を実証する研究成果が示されるのではなく、支配者層における家父長制成立（の萌芽）を重視、ないしは国家体制全体の「家父長制」的体質を論じる、といった方向に論議は向けられている。

古代における家父長制家族の一般的未成立とは、家父長が家産・家業を掌握し、妻子や従属的人々を支配するという、所有に基づく厳密な意味での家父長制家族が成立していないということである。それが成立し、父系直系で継承される永続的経営体の形態をとるにいたると、「家」の成立ということになる。近年の古代家族史研究がほぼ一致して明らかにしたのは、所有に基づく厳密な意味での家父長制家族が七・八世紀以前の古代には成立していないということであり、在地社会上層での家父長制家族の成立および貴族層での「家」の成立はほぼ一〇・一一世紀以降と考えられている。女性の所有権・経営権保持や、経済関係を基礎に持たない男女一対のゆるやかな結合という婚姻史の理解も、この家父長制家族未成立論と密接に結びついている。一方、批判する側の論点は、こうした実証成果そのものは一応認めた上で、別の次元での「家父長制」を問題としているといえよう。そこには「家父長制」概念自体の再検討の方向もはらまれていると思われるが、ここでそうした大問題に立ち入る用意はない。本章では、今後の議論のための基礎作業として、家父長制家族成立以前の〝家族〟と女性のあり方を、日本古代の首長制社会の全体構造のなかで探っていくことを課題とする。

家父長制家族の未成立とは、家業・家産の未成立、すなわち家族が基本的経営単位となっていないことを意味する。当然、そこでの〝家族〟と女性のあり方は、〝家族〟内部での女性の位置や役割をみていくだけでは明らかにできない。また、私有が未成熟で首長制的所有という形でのみ所有が実現している首長制社会においては、所有だけでなく、具体的な労働・性別分業から経営における男女の役割をみていく必要があろう。こうした労働・経営のあり方を、〝家族〟の枠を超えた共同体・国家の全体構造のなかでつかむことなしには、「古代の家族と女性」の問題は解けないというのが、本章での私の基本的立場である。

後の時代と比較して、古代の女性の社会的地位ははるかに高かったといわれる。女性史研究が明らかにしたその実証成果は貴重であり、私も異論はない。古代の女帝の存在、奈良時代の貴族女性の高い経済力、平安時代にもみられる女院《にょいん》・女房などトップ女性の政治的力の大きさなどは、その象徴のようにも思われよう。しかし一方で、考古学的見地からいっても、五世紀後半ごろからトップ支配層においては男性優位の傾向が認められ〔今井堯―一九八二年〕、婚姻史からみても、一般的な対偶婚状況の根強い存続の一方で、支配層では早熟的に単婚への傾斜がはじまる〔関口―一九九三年〕。支配層女性の社会的・経済的地位の高さと、支配層から男性優位がはじまるという、この一見すると矛盾する事柄も、社会構造全体のなかで女性のあり方をみることによって理解できるのではないだろうか。

そこで以下、一般共同体成員女性と、首長層女性、そしてトップの貴族女性という階層別に注意しながら、家父長制家族成立以前の〝家族〟と女性のあり方を、〝家族〟をこえる女性の労働・役割とその社会的位置づけという観点からみていく。したがって、古代全体を通じての家族と女性の変化を追うのではなく、構造的変化の転換点となる八世紀前後に絞っての考察にとどまることを、あらかじめおことわりしておきたい。

一　女性の労働と編戸

1　戸籍と家族――研究史より――

まずはじめに、戸籍からどのような家族と女性の姿が浮かびあがるかを見ていきたい。古代の家族史研究は戸籍研究と密接な関わりをもって展開してきた。すでにすぐれた研究史整理がいくつもなされているが〔杉本一樹―一九八四年、南部曻―一九九二年ほか〕、ここでは女性と家族・経営という問題関心に沿って、簡単にふりかえっておくこととする。

奈良の正倉院に残る八世紀の籍帳〔戸籍・計帳〕に記載された「戸」が実態としての家族か否かをめぐっては、長い研究史がある。明治以来の素朴な法的擬制説に対して、戦後の社会経済史研究によって展開された「戸」実態説〔いわゆる藤間・石母田説〕は、籍帳の類型比較から、家父長制奴隷制大家族＝「古代家族」の形成へむけての家族の歴史的発展過程を描き出し、その後の研究に圧倒的な影響を及ぼした。古代家族論と籍帳論の蜜月時代である。しかし籍帳の史料批判を抜きにしたこの古代家族論は、一九五〇年代からより厳密な法的擬制説の批判にさらされ、そのままでは成り立たなくなった。ただし法的擬制説では、最初の造籍時の「戸」＝家族〔父系小家族を想定〕がその後は実態から乖離していくとするだけで、家族自体の歴史的変化・発展段階は問題とされない。家族論は棚上げしての対立が、一九六〇年代後半の編戸説〔安良城盛昭―一九八四年〕の登場までつづくのである。

一定数の課丁《かてい》〔成人男性〕を確保するために国家は造籍年ごとに戸の人為的編成を行なったとする編戸説の骨子は、籍帳論の基本的視角としてはほぼ学界の共通認識となったといってよいであろう。しかし家族論としては、〝親族関係を利用した「家」の集合体＝戸〟とするときの「家」の実態は明らかではない。また編戸後は「戸」が一つの再生産単位を構成したとする点も、後に述べるように、女性の役割・働きからみると疑問がある。

一方、高群逸枝《たかむれいつえ》氏の先駆的指摘〔高群―一九五三年〕をふまえて、関口裕子氏は戸籍の嫡妻・妾、嫡子記載の実態欠如を実証し、「戸」が規模の擬制だけでなく父系イデオロギーによる擬制の産物でもあることを明確にした〔関口―一九六九年ほか〕。こうした流れのなかで籍帳研究と家族研究の分離が必然となり、籍帳以外の史料から家族の実態に迫ることによって、近年の飛躍的な古代家族史研究の成果はもたらされた。この成果の上にたって、あらためて「戸」

と家族の関係をどうみるのかが、これからの課題といえよう。

現在では、「戸」をまったくの実態家族そのものとみる論者は少ないが、擬制の程度・内容については依然として大きな見解の相違がある。ほとんど机上の産物とみて家族史研究の史料には取り上げないという立場のある一方で、ある程度の擬制はあってもほぼ「戸」（郷戸）的なまとまりが実際の家族として存在したとする見方も根強い。考古学的に検出される単位集団（竪穴住居ないし平地住居数軒のまとまり）の存在、およびそれが規模・人数の面でほぼ郷戸（二〇人前後）に相当するかに思われることも、（補1）後者の見方を支えている。しかしその当否を論じるためには、まず、実態家族といった場合に家族の何を問題としているのかを明確にしておく必要があろう。

籍帳以外の史料から古代の家族の実態に迫った吉田孝氏は、イヘ（人間集団としての家族およびそのすまい）とヤケ（一区画の屋・倉よりなる農業経営の単位）の区別の重要性を指摘し、古代においては両者は重なり合わず、一般農民層はイヘのみでヤケは持たなかったであろうとしている〔吉田―一九八三年〕。家族と経営単位との概念的区別、および日本古代においては両者が重なり合わないことは、近年の古代家族史研究の主要な成果にほぼ共通する見方である〔明石―一九九〇年、関口―一九九三年〕。

かつての「戸」実態説・擬制説の論争の段階では、両者が重なり合うことは自明であり、その上で、実態説では経営単位としての家族、擬制説ではおもに人間集団としての家族の側面が問題とされていたといえよう。その意味では、双方が家族論としてかみ合わなかったのは当然ともいえる。だが、現在ではもはやこうした議論の立て方自体が成り立たない。現時点で「戸」と家族の関係を問い直すにあたっては、イヘと、租税負担を含む「農民経済再生産の基本単位」〔安良城―一九六九年〕（一般農民層においては明確な経営単位はみとめにくい）のそれぞれが「戸」と一致するのか否かを検討する必要があろう。以下、2ではイへと「戸」、3では再生産単位と「戸」について、女性の位置づけ・役割に注意しつつ具体的にみていきたい。

2　編戸とイヘ――大宝二年半布里戸籍を例として――

現在の戸籍研究は、徴税の基礎単位設定・父系的原理の導入など、国家の政策方針による擬制を充分認識した上で、個々の現存戸籍の綿密な分析から法的擬制の不徹底の陰にのぞく家族・婚姻の素顔を把握するという方向で行なわれている。（補2）こうした一連の研究を積み重ねた南部曻氏は、郡ごとの造籍方針の違い、男系を重視した身分の台帳としての性格の強さ、夫婦・親子の同籍・別籍は同居・別居の実態を意味せず、国家の把握方針の違いにすぎないことなどを明らかにした（南部―一九九二年）。

南部氏の分析結果によれば、八世紀の現存籍帳（里＝郷ごとに一巻）のそれぞれについて成人男女の同籍（夫婦関係記載）・片籍（配偶者はなく、所生子のみ記載）・独籍（配偶者・所生子とも記載なし）の人数を調査し、その対応関係の有無を調べると、大宝二年（七〇二）のものと養老～天平年間（七一七～七四九）のものに二大別され、前者は農民の数と婚姻関係をかなり正確に把握しているのに対し、後者は著しく実態と乖離しつつある。さらに前者も二分されて精粗の差がみられ、筑前国・豊前国・御野《みの》（美濃）国加毛《かも》郡の三戸籍はきわめて正確である、という。

一里のほぼ全戸分（五四戸）の記載が現存する御野国加毛郡半布《はにう》里戸籍を例として紹介すると、五歳刻みで集計した片籍男性の三〇～四九歳の総計三一人は、独籍女性の二五～四四歳の総計三〇人と人数的にほぼ対応し、逆に独籍男性の二五～四四歳の総計三一人は片籍女性の二〇～三九歳の総計二五人にほぼ対応する（南部―一九九二年、二一八頁）。従来から、婚姻年齢にある独籍・片籍男女が多数みえることは、戸籍の擬制性を端的に示すものとみられてきたが、夫婦親子関係をほぼ正確に把握した上で、それが戸籍上では片籍男性と独籍女性、ないし片籍女性と独籍男性として別々の戸に分けて記載されていることが、里単位の対応関係をもって確かに裏づけられたのである。(補3)

この分析結果は信頼度の高い貴重なものである。もっとも、南部氏自身も言うように、実際には片籍男性と片籍女性との夫婦関係もあるはずであるから、前記の数値は片籍男性＋独籍男性の計六二人と独籍女性＋片籍女性の計五五人との全体的対応でみるべきだろう。男子は父の籍に女子は母の籍に記載される傾向が顕著なことはつとに知られている。半布里戸籍でこの点を調べると、一五歳以下の男子だけを付す片籍男性は全体で三〇人、同じく一五歳以下の女子だけを付す片籍女性は三二人という調査結果が得られる。いうまでもなく自然の出生形態や実際の生活形態として男子だけの子供たちは母と死別・生別する割合が高いなどということはありえない。実態としての夫婦関係が片籍男女相互のなかにも相当数隠れているとみられるのである。

里単位でみると夫婦関係・親子関係（の数）がほぼ対応するということは、当時の通婚圏の範囲とも矛盾しない。八世紀半ばの令《りょう》の注釈は、「若し夫婦同里に在りて相往来せざれば、即ち故なくして三月成らざるに比して離すなり」（夫婦が同里にいて通いあわない場合は、結婚の約束後三ヵ月たっても理由なく通ってこない場合と同様に、離婚とみなす）と述べている（『令集解』戸令結婚条「古記」）。里は五〇戸の人為的行政区画で、現実の生活の場である集落とは合致しないが、空間的広がりで言えば、ほぼ隣り合う三～四前後の集落の成員を含む。通いを経た同居ないし生涯に及ぶ通いもあるという当時の婚姻形態からいっても、庶民の婚姻は通常、この程度の通婚圏であったろう。里は、郡司の管轄下で実際の造籍作業に従事する里長にとって、擬制操作を行ないうる現実的な単位であった。

「戸」の枠を取り払ったところにうかがえる夫婦・親子関係が、実際にどういう範囲で日常的共住集団を形成していたのかを考える手がかりは、戸籍からは得られない。ただ言えることは、「戸」はイヘそのものでもイヘの集合そのものでもないということだけである。このこと自体は、従来から擬制説・編戸説で繰り返し指摘されてきた。南部氏の綿密な戸籍分析の成果から学びとるべきは、律令国家はイヘそのものを戸籍上に登録することなどめざしてはおらず、「律令国家が知ろうとしたところの実態」は、夫婦関係、子どもの人数・性別・年齢、その子（特に男子）の父姓継承といったことにすぎない〔南部—一九九二年、二三七頁〕ということであろう。国家はこうしたいくつかの事柄についての「実態」をほぼ把握してはいたものの、現実の〝家族〟を丸ごと戸籍に記載することはしなかったのである。

では、はたして国家はこうした「実態」把握しか必要としなかったのか、あるいはできなかったのか。おそらく後者であろう。ただしそれは、国家の把握力が弱体で力が及ばなかったからではない。杉本一樹氏が家族論・籍帳論の総合的考察結果として指摘するように、一般庶民（特に中・下層）においては、そもそも実態としてのイヘ自体が未確立であり、「籍帳上に明確な「家」の形をとって姿を現し得ない」（傍点引用者）ものだったのである〔杉本—一九八四年〕。籍帳以外の史料にもとづく古代家族論の成果によれば、当時のイヘは、「母子＋夫」（補4）を基本とし、それが父方・母方双方の親族関係でつながれたものであったと考えられ、妻方・夫方などの明確な婚姻居住規制は存在しない〔明石—一九九〇年〕。そうしたイヘが地縁・血縁による村落結合に依存しつつ日常生活を営んでいた。先に紹介した令の注釈にもあるように、そもそも結婚・離婚自体が通いの継続およびその消滅といったことで判断されるしかない社会において、夫婦・親子の関係が、ある一時点での「関係」以上の明確な形で把握できたはずはないのである。*

＊吉田孝氏はイヘを「人間集団としての家族とすまい」、明石一紀氏は「妻と未婚の子ども、そして夫」の「小家族」、関口裕子氏は「夫と妻で構成する生活共同体」とするが、これらは〝家族〟を集団としてとらえる点に問題がある。家族を集団概念でなく関係概念でとらえる必要性は現代家族の分析に際して明確になってきているが、古代の〝家族〟についても同様の視点が必要と考える。

当時の婚姻は対偶婚段階にあり、一対の男女の関係は非固定的・非閉鎖的な性格を基本とする〔関口—一九九三年〕。

考古学的に検出される単位集団的まとまりは、そこで日常生活を営む人間が安定した共住の家族集団を形成していたことを何ら意味しない。親族名称の特色からみて日本古代に傍系・直系大家族の一般的存在は想定できないとする明石氏の考察結果〔一九九〇年〕は貴重なものであり、郷戸大家族実態説はこの点からだけでも成立しえない。流動的なイへの実態と、日常経済生活上のまとまりとは、夫婦関係が経済単位としての機能を基本的にもたない対偶婚段階にあっては、別に矛盾しないのである。戸主を中心に、国家のめざす父系原理を基本としつつ母系や姻戚関係をもまじえて、おおむね一定数の成人男性を含むように編成された「戸」は、流動的なイへの「実態」にみあった「擬制」の産物であった。「戸」は、擬制説の説くように五〇戸一里の枠組みを維持する必要のために実態から乖離していったのではない。国家は支配のために必要な限りでの「実態」はそれなりに把握しており、その「実態」把握の上にたって租税徴収・兵役負担などのために必要な「擬制」の手を、造籍に際して加えたのである。

それでは、こうして編成された「戸」は、編戸後は租税負担を担う再生産単位としての意義を持ったのだろうか。あるいは、再生産単位は「戸」とはまったく別のところに存在したのだろうか。これらの点を次項3で検討したい。

3　丁女の働き――「戸」は再生産単位か――

編戸説が問題とする家族は、農業的再生産単位としての家族である。ただ、それを最初の「戸」設定時（法擬制説）あるいは造籍時（戸実態説）にそのまま登録したとみるのではなく、国家は何らかの自然的再生産単位を強力に再編成し、編戸後はそうして編成された「戸」が、相互扶助的な一つの統一体として、過酷な律令的諸負担を担う再生産の基本単位を構成したとするのである〔安良城―一九六九年〕。種々の問題点を含みながらも、この編戸説が現在も大きな影響力を持ちつづけているのは、籍帳に対する基本的分析視角を明確にしたこととあわせて、近年の古代家族史研究の動向とも整合する見方がそこに含まれているからと思われる。

すなわち、当時の一般農民の再生産単位が、それ自体では律令的負担を担えないほどの脆弱なものであり、国家の手で容易に再編されうる非自立的な存在とみる点で、イヘとヤケの不統一（一般農民層におけるヤケ＝経営体の未確立）という、現在の家父長制家族未成立論と一脈通じ合うものがそこにはある。さらに、国家の手が加わっての上とはいえ、編戸後の「戸」はそれなりに一つの再生産単位を構成したとみる点は、一般農民層においても未熟ではあれ何らかのヤケ的単位が存在し、それは「戸」に反映されているはずとする、現時点での家父長制家族論・郷戸実態説とも通じるものをもっているのである。考古学的な単位集団は「農業労働と消費生活の一単位をなし」、「律令政府は（かかる）単位を、ほぼ郷戸として把握しようとし、それにもとづいて収奪と社会の再生産とをおこなおうとした」（傍点引用者）との理解〔鬼頭清明―一九九二年a〕は、後者の代表的なものといえよう。

しかし、編戸された「戸」は、本当に律令的負担を担う再生産単位としての機能を持ったのだろうか。従来の戸籍分析では（私自身の二〇年以前の旧稿も含めて）、戸内に含まれる課丁《かてい》の人数や戸主との続柄から、「戸」の均等的編成の有無やその目的・意義などを論じてきた。そこでは、成人女性の数が正面から問題とされたことはなかった。律令的負担を担うのは成人男性だからである。しかし、たとえば調庸のもっとも一般的品目である布は、実際には女性労働によって生産されたことが明らかにされている〔服藤―一九八二年〕。年料米などの舂米《しょうまい》（脱穀精米）労働や、その他の調庸品目の生産についても、女性が担ったと思われるものは多々ある。ということは、課丁にかかる諸負担をともに担う丁女《ていじょ》（成人女性）の数もある程度均等に編成されていなければ、その「戸」は実質的には相互扶助的再生産単位としての機能を持つことはできないということになろう。

そこで大宝二年（七〇二）、御野《みの》国の現存戸籍から加毛郡半布里（五四戸分）・味蜂間《あはちま》郡春部《かすかべ》里（二七戸分）・本巣《もとす》郡栗《くる》栖田《すた》里（二一戸分）について、戸内の課丁＋兵士数と丁女の数との差を調べてみると、成人男性より成人女性の数が三人以上多かったり少なかったりという戸が、半布里で三九パーセント、春部里で六三パーセント、栗栖田里で四三パーセントにのぼる。丁女はなんら均等的に「編戸」されていないのである。半布里は課丁の均等編成が現存戸籍中ではもっとも徹底し、一戸三〜四正丁の理念的戸がほぼ実現している戸籍として従来から知られている。先述の南部氏の調査でも、全体的な男女比率、人口分布が自然で、婚姻関係・親子関係・人数などの把握がきわめて正確とされた戸籍である。そこでもたとえば、正丁三・次丁二・兵士一の計六人に対して成人女性は正女三人のみ（中政戸秦人部都弥戸）、あるいは正丁三・次丁一の計四人に対して正女一人のみ（中政戸敢臣族岸臣目太戸）などのように、丁女を均等に配分することにはまったく意が用いられていない。ちなみに都弥戸には二二歳の独籍男性と三五歳の片籍男性、目太戸にも二三歳の独籍男性と三二歳の片籍男性が含まれている。

丁女の数の検討によって、「戸」は編戸後においても再生産単位としての実質的機能を持たないことが明らかとなった。そもそも、日本の調庸貢納制をめぐる令規定は、唐令のような戸内での調庸合成ではなく、戸を超えた規模の合成を前提としている（石上英一—一九七三年、大津透—一九九三年）。調絹・絁についての「四丁成疋」規定や封戸《ふこ》の一戸四丁基準、三丁ごとに一兵士の点兵率が、一戸四丁の「標準戸」の設定と密接な関わりを持つことは間違いない。しかしそのために均等的戸の編成が絶対に必要だったわけではなく、佐々木恵介氏が明らかにしたように、現実には、「里が少なくとも一戸平均四丁すなわち二百人分の調庸を出し得る規模に編成され」るという里の均質化によって、国家のめざすところは実現されているのである（佐々木—一九八六年）。

いわゆる単位集団に含まれる倉や鉄製農耕具などからみて、未熟とはいえなんらかの農民的ヤケの形成を想定することには、一定の妥当性があろう。しかし戸籍の分析から明らかにしたところでは、国家は「戸」を擬制するにあたって、それが現実に再生産単位となるようには編成していない。ほぼ均等に編成された課丁の背後に、丁女を含む現実のどのようなレベル・構成の再生産単位が存在しているかには、国家は関与しないのである。里単位で必要量の調庸・兵士などが確保できればよいのであって、「戸」はそのための把握の基礎単位にすぎない。では、農民的ヤケは「戸」とは別のところに、イへの経営機能を担うものとして明確に存在したのだろうか。

八世紀前後の農業経営単位としては、(a)日常的農業労働と収穫労働の単位(単位集団規模の住居グループ)、(b)田植時の集約労働の単位(集落ないし郷・里規模の複数集落)、(c)開発など大規模な労働力編成単位(郡規模の集団)、の重層関係が想定されている〔鬼頭―一九九二年a〕。「戸」がイへの一側面を把握し再編したものにすぎず、再生産・経営単位としての意味を持たないということは、本質的には、現実のイへ自体が(a)(農民的ヤケ?)の構成と一致する形では存在していなかったからではないのか。国家的収取の基礎として強力な編戸擬制を行なうからには、課丁の背後に存在する現実の再生産単位の構成員を含む形で納税単位としての「戸」を編成することが、国家としても望ましいはずであろう。それが実現できていないのは、家族関係を把握する戸籍によっては経営単位は把握できなかったためと考えざるをえないのである。家族婚姻関係と居住集団・経営(再生産)単位の不一致である。それは同時に、(a)自体の経営(再生産)単位としての未熟性・非自立性をも意味しよう。それゆえに、調庸合成の日本的特質に示されるように、国家的収取の基礎も「戸」を超えた(b)および(c)にウエイトが置かれることとなったのである。

そこで次節二では、「戸」を通じての国家的把握から家族を考察した本節とは視点を変え、(b)(小共同体)のレベルでの経営と女性のあり方を探っていきたい。

二　村落祭祀にみる女性の労働・経営

ここでは、従来から注目されている春時祭田関係の史料を取り上げ、祭祀の場に集約的にあらわれる、村落レベルでの経営と女性との関わりをみていきたい。

凡そ春時祭田の日、郷の老者を集めて、一たび郷飲酒礼行へ。人をして尊長養老の道を知らしめよ。其れ酒肴等の物は、公解《くがい》を出し供せ。

古記曰。春時祭田の日。謂《いふこころ》は国郡郷里村毎に社神在り。人夫集聚《あつま》り祭る。若くは祈年祭に放《なら》へるか。郷飲酒礼行へ。謂は其れ郷家をして備設せしむ。

一云。村毎に私に社官を置く。名づけて社首と称ふ。村内の人、公私の事に縁り他国に往来するに神幣を輸さしむ。或いは家ごとに状を量りて稲を取り斂《をさ》む。出挙して利を取り預《あらかじ》め酒を造り設く。祭田の日、飲食を備設し併せて人別に食を設く。男女悉く集まり、国家の法を告げ知らしめ訖《おは》る。即ち歯を以て坐に居し、子弟等を以つて膳部に充て、飲食を供給す。春秋二時の祭りなり。此を尊長養老の道と称ふ。（『令集解』儀制令春時祭田条）

ここには、村ごとの小さな社に社首がいて、春・秋の農耕祭祀が村人こぞって行なわれたこと、神に捧げた幣物や村人から集めた稲を出挙《すいこ》した利息で酒や飲食が祭りのために準備されたこと、祭田の当日には男女が集まり、そこで国家の法の告知がされたこと、そして最後に年長者に若者が給仕して直会《なおらい》の宴会がもたれたこと、が語られている。

春時祭田条の条文自体はほぼ唐令の引き写しだが、注釈の「古記」、特に「一云」は八世紀ごろの実状を描いた貴重な史料として、村落祭祀を媒介とする出挙のしくみ、首長層の村落支配と私富蓄積、国家の関与などが解明されてきた〔義江彰夫―一九七二年ほか〕。

この祭祀の場には、村人の男女全員が参加する。そのことの重要性を明確に指摘したのは関口裕子氏である〔一九八〇年〕。家長からなる宮座《みやざ》によって遂行される中世村落祭祀と対比して、古代の村落祭祀への男女参加は、家父長制家族の未成立、「男女」の成員からなる共同体構成を示すとした関口説は、女性史の視点から古代の共同体の特質をとらえたものとして大きな意義を持つといえよう。しかし、その後の古代村落研究において、この指摘が発展させられることはなかった。ここでは、関口説をふまえ、祭祀における女性の働きと、それが村落レベルでの再生産・経営に占める意味を、一般成員女性と首長層女性のそれぞれについて考察していきたい。

1 「供給」と貢納 ――「百姓男女」の奉仕――

さきに述べたように、従来の研究は祭料準備の過程にうかがえる首長層の村落支配などの解明に集中しがちであったが、近年、祭田神事そのものの具体的内容を解明した矢野建一氏は、神事の中核に「御田への耕種という実際の農作業」が含まれていたことを明らかにした〔矢野―一九九一年〕。神への飲食の供えとあわせて、一年の農耕の開始を告げる耕種始めの共同労働が行なわれ、そうした共同労働へのねぎらいの意味をも持つ直会の宴会が神事の最後に行なわれたのである。家族が明確な経営単位としての機能を持たず、村落全体での農耕経営に大きく依存していた当時にあって、祭田神事と共同労働が人々の生活に占める意義の大きさは、容易に理解できよう。古代において、〔雇傭を含む〕日常の農耕労働にも神事としての耕種にも男女がともに参加したことは、木簡にみえる男女の「田作人」の存在や、伊勢神宮の耕種神事が男女神職者によって行なわれることからも明らかである。また、「古記」「一云」の分析からも、祭料準備から最後の直会まで一貫した女性の参加が確認できる〔義江明子―一九九四年b〕。村落の祭田神事への男女参加は、日常の農耕労働における男女の働きに裏づけられたものなのである。それが首長制の支配構造のなかでどのような意味を持つのかを、「人夫」「供給」の語を手がかりにさらに考えたい。

まず「人夫」についてであるが、「一云」の「男女悉集……」が、「古記」では「人夫集聚祭」とされていることから、男女＝人夫であることがわかる。『儀式帳』でも、神事の実作業を担う男女が「人夫」といわれている。祭田神事の中核をなす耕種始めの労働・所作に男女が参加することが、「人夫集聚《あつま》り祭る」ということなのである。古代における「人夫」の語は、より一般的には、「〔奴婢ではない〕郡郷に所属する公民」を意味し、「茨田久比麻呂解」〔『大日本古文書』三、四九一頁〕に明らかなように男女を含む〔明石―一九八一年〕。大嘗《おおなめ》の実作業に従事する人々も「人夫」＝「百姓《ひやくせい》男女」であった〔『日本書紀』天武二年一二月丙戌条・持統五年一一月丁酉条〕。「人夫」の語の実際の用例を検すると、国家に対して調庸貢納・雑徭《ぞうよう》従事などの負担を担う人間をさして使われている場合が多い。

律令制下では力役の徴発は成人男子を対象とする。しかし、「百姓男女」が山陵造営に動員され〔『日本書紀』持統元年一〇月壬子条〕、正倉修理に「男女老少」が役に赴く〔『類聚三代格』巻一二、弘仁二年九月二四日官符所引延暦一九年官符〕ことからもわかるように、「共同体成員の女性も律令国家による力役収奪下に事実上はおかれていた」〔服藤―一九八二年〕。律令制下の公民としての種々の租税・力役負担は、いずれも共同体首長を通じての王権への貢納や服属儀礼での奉仕に淵源を持ち、元来は共同体成員による神への奉納物や共同労働からの転化と考えられる〔石母田正―一九七一年、石上―一九七三年〕。村落祭祀において共同体の耕種労働を担う「人夫」＝「男女」は、成人男性への賦課という律令国家の建前の陰に隠れた女性の力役奉仕が、事実上の収奪というにとどまらず、共同体原理に基づく奉仕であることを明らかに示しているのである。このことをふまえるならば、祭田の当日に「男女が悉く集」り「国家の法」の告知がなされるのも、共同体成員としての男女が法令布告の対象とされているとみることができる。（補5）近世の「百姓《ひやくしよう》」は厳密には検地帳の名寄《なよせ》の筆頭人たる家父長のみをさし、女性は「百姓女房」「百姓母」「百姓妻」でしかなく、それは「経営の個別性にもとづく」（深谷克己一九九三年、九五頁）。このことと対比すると、古代における「百姓男女」の表現が、まさに個別経営の未成立、共同体原理にもとづく成員男女の社会的編成を背景とすることが理解できよう。

次に「供給」をめぐって。「供給」とは、古代においては下から上への（おもに食料の）タテマツリモノを意味し（早川庄八一一九八六年）、共同体内における供給制度が服属儀礼に転化したツキ制（ミツキの貢納）が、国家財政の完成の過程で調制へと転化する（石上一一九七三年）。ただし、こうした律令租税制の成立過程をめぐる近年の研究では、女性の存在はまったくといっていいほど問題にされていない。それは、律令国家の税制がもっぱら成人男性を対象とするためであろう。しかし、「一云」によれば、祭田神事の最後の直会の場では、座についた年長男女に若年男女が膳部《かしわで》として「飲食を供給」する。前節一でも述べたように、成人男性に賦課される調庸の貢納物も、実際には女性労働によるものが多々あった。これがたんに女性も実質的な労働の担い手であったということならば、中世・近世のみならず近代・現代においても同様であろう。それらとは異なり、古代の村落祭祀にみられる男女成員による「供給」とは、貢納の担い手が（律令制度上の建前に反して）原理的に女性を含むものであることを意味しているのである。

国家的貢納制の起源は、『日本書紀』『古事記』では、崇神朝の「男の弓端《ゆはず》の調、女の手末《たなすえ》の調」の設定伝承として語られる。これらは通説的には、男の手になる狩猟による獣肉・皮革などの貢納物と、女の手になる絹・布などの貢納物の意味で、「男・女に課するの意ではない」とされている（『日本書紀』上〈日本古典文学大系〉頭注）。しかし、古代の祭祀の原形は、男女の生業における原初的性別分担を基礎に、それぞれの生業の成果を神に捧げ豊かな収穫を祈願するものであったと考えられ、そこから、男性神職者は生鮮魚貝類の調理供進、女性神職者は炊飯・造酒と神衣《みそ》奉進という、専業神職者男女の分掌も生まれた〔義江明子—一九九四年a、および本書Ⅱ—付論2〕。祭祀における神へのタテマツリモノが首長へのタテマツリモノとなり国家的貢納物に転化していくとするならば、村落祭祀の場での男女による「供給」は、「男女之調」が、男女の手になる生産物たるにとどまらず、本来的にはまさに男女に課された貢納であったことを、基底の共同体レベルにおいて明確に示すものといえよう。

さらに注目すべきことは、年長「男女」がこうした「供給」〔タテマツリモノ〕の受け手となることである。ここからは古代の女性首長についての有益な示唆が得られる。周知のように、古代には確認できるかぎりで七世紀から八世紀にかけて八代六人の女帝がいる。女帝の本質としては、皇位継承の困難による中継ぎとみるのが一般的理解である。そのことは〔特に後期の女帝については〕必ずしも否定すべきでなかろう。しかし、中継ぎ論のみでは、後の時代の継承困難な事態においてはなぜ女帝がたてられなかったのかを説明できない。やはり女帝の存在も、八世紀以前の古代社会の全体構造のなかで解かれなければなるまい。その際に重要なことは、女性の政治支配者は皇位継承という特殊な場に例外的に出現したのではないということである。古墳被葬者の分析からも女性首長がいたことは確認でき〔今井—一九八二年〕、『日本書紀』『風土記』などの文献にも各地の女性首長の存在がうかがえる。八世紀段階でも、村落レベルの女性の統率者としての「里刀自《さととじ》」の存在が推定できる〔義江明子—一九八九年〕。首長制共同体の重層構造のもとで、「供給」の受け手が最終的には最高首長たる天皇に収斂していくことを考えるならば、村落レベルの小共同体において「供給」される側に男女が位置することは、古代の女帝をはじめとする各レベルの女性首長の存在の背景を、そのもっとも深いところで原理的に解き明かすものといえるのではないだろうか。〔補6〕

七世紀後半に成立したとされる広瀬・龍田祭の祝詞《のりと》によると、天皇から遣わされた「王等・臣等・百官人等」とともに、「倭国の六《むつの》御県《みあがた》の刀禰《とね》男女」が祭祀の場に「参ゐ出て来て」、神に捧げもの・称えごとをする。「倭国の六御県」

とは古くから王権の直轄地であった大和の諸地域をいう。広瀬・龍田はその地域をうるおす川辺に位置し、農耕に豊かな稔りをもたらす神として国家的祭祀の対象となっていた。「刀禰」は「公に仕奉る者の総名」(『古事記伝』巻三三)で、ここでは「村人のおもだったもの」をいう(『古事記・祝詞』〔日本古典文学大系〕頭注)。「六御県の刀禰男女」は小共同体レベルの男女首長として「公に仕奉る」のであり、そのさらに上位に位置して「仕奉る」のが貴族・豪族、つまり律令制下の「百官男女」ということになる。「百官男女」の儀式の場での古訓は「トネ・ヒメトネ」である。広瀬・龍田祭に「参ゐ出で来」る「刀禰男女」に、村落の祭田神事において「供給」をうける「男女」の姿を重ねてみるならば、

「男帝・女帝」(補7)(天皇)――「百官男女」――「刀禰男女」――「百姓男女」

という重層構造を明確に描き出すことができよう。

吉村武彦氏が明らかにしたように、「たてまつる」ことは「つかへまつる」ことであり、租税貢納・力役奉仕を通じて民も天皇への「まつりごと」(政)に「仕奉」する。それは在地首長に対する共同体成員の意識が、天皇に転化・拡大したものと考えられ、稲の公的貸付である公出挙《くすいこ》・賑給《しんごう》は、この奉事・貢納に対する「互酬的行為」の意味をもつ(吉村―一九八六年)。従来、これは男性首長―男性成員の関係としてのみ説かれてきたが、首長制の構造においては(公民)「男女」が仕奉し、(天皇)「男女」がその奉仕の究極的受け手となることを、以上の考察を通じて明らかにできたと思う。関口裕子氏は、女性が出挙・賑給の対象となることから、中国と異なり日本古代の女性は一般的に所有権・借財権を保持していたとみた(関口―一九八二年)。重要な指摘である。ただし、これを私有下の所有権と同一視しては、問題の本質を見誤ることになる。古代女性の所有権・借財権の基礎には、共同体成員としての「仕奉」が存在していたのである。

2 「備設」と家長・家室経営——首長層女性の労働指揮——

では、一般成員の奉仕をうける小共同体レベルの首長層女性の働きは、具体的にどのようなものだったのか。共同体機能の掌握においてどのような役割を担っていたのか。それを、『日本霊異記』にみえる富豪層女性と春時祭田の関わりを探るなかから考えてみたい。

従来の村落祭祀研究では、祭料準備過程の分析を通じて、共同体の再生産機能に依存せざるをえない一般成員の農業経営の未熟さ、その一方で展開する首長層による私富蓄積の様相、が解明されてきた。ただし、その議論のなかで女性の働きが問題とされたことはなかったのである。だが、祭料準備の出挙や造酒について考えてみるならば、それは女性と無関係ではありえない。古代には、造酒とその前提としての舂米労働は、もっぱら女性の分担であった。また、夫とは別個に独自に出挙活動を行なう富豪女性もいた〔関口一九八二年〕。

そうした富豪女性の代表例としては、『日本霊異記』中巻三二話の桜大娘＝岡田村主《すぐり》姑女《をばめ》があげられよう。彼女は、村人が集めた寺の薬分料の稲を預かって、酒に作り、貸し付けて薬の費用を生みだす、という仕事を請け負っていた。姑女は寺の檀越《だんおつ》である岡田村主石人の妹で、「酒を作る家主」といわれている。『日本霊異記』が描く八世紀後半から九世紀初め当時の在地社会において、寺は複数の村にまたがる新たな村落結合の中核としての意味を持ち、旧来の首長層は、寺を拠点の一つとして、私経営を展開する富豪層へと転化しつつあった。姑女は兄が檀越であることや村主という姓からみても、まさに首長層⇒富豪層の女性である。桜大娘というのは彼女が生まれ住んだ地による通称と思われ、桜村の住人物部麿が、借りた酒が返せなくて、死後、牛に生まれ変わるというのが話の筋である。

右の話は、古代の女性の所有権・経営権を示す顕著な例として、従来から注目されてきた。そのことをふまえた上で、ここで問題としたいのは、彼女の貸し出した酒は何に使われたのかということである。もう一人の有名な富豪女性である田中真人広虫女《ひろむしめ》（『日本霊異記』下巻二六話）も、酒の貸付によって財を蓄えたとされている。桜村の物部麿は「酒二斗を貸《か》り用ゐ」たとあり、広虫女の話でも多くの人々が彼女の貸付の餌食となって「家を捨て逃れ亡《に》げ」たという。麿は借りた酒を何に「用ゐ」たのか。また人々は高利と知りつつ、なぜ広虫女から酒を借りて経営破綻に陥らなければならなかったのか。

結論だけを述べると、それは酒が営農資金として欠かせないものだったからである。八・九世紀の史料にみえる、「魚酒」*を報酬とする農繁期の雇傭労働については、共同体経営から私経営が展開しはじめる過渡期の様相を示すものとして、研究が積み重ねられてきた。それによって、「魚酒」型労働とは、共同体の祭祀の場での飲食に淵源を持ち、共同体的共同労働にともなう宴会の食事が、祭祀を掌握する首長層による雇傭労働力の動員・私経営展開の手段へと変質していくことが明らかにされている〔吉村―一九七四年ほか〕。祭祀にともなう神聖な飲み物である酒を、たんに飲む楽しみのためだけに借りるということはありえない。共同体的経営が解体しはじめ共同労働の実質が失われつつあるなかで、未熟な私経営を展開していくためには、高利ではあっても労働力を集めるための営農資金として酒を借りるしかない。そのため、「貧富共に競いて己が家資を竭《つく》」（『類聚三代格』巻一九、延暦九年四月一六日官符）して逃亡する事態となったのであろう。桜大娘や田中広虫女は、たんに個人としての所有権・経営権を持つ富豪女性なのではない。造酒・貸付という彼女たちの主要な経営活動は、首長層の一員として共同体機能を掌握するなかから発展してきたものだったのである〔義江明子―一九九五年〕。

＊「魚酒」の「魚」（サカナ）は、そもそもは鳥獣の肉を含み、男性の生業である狩猟・漁撈の成果を神に捧げ宴会で共食したところ

に淵源を有すると考えられる。

八世紀のものとされる土器に「里刀自」の墨書がある。刀自とは豪族層女性の古くからの尊称であって、八世紀段階の「里刀自」は、男性の里長や郷長のように支配機構の末端に公的に組織されることなく、在地レベルでの私的な統率者にとどまった女性と考えられる〔義江明子―一九八九年〕。『日本霊異記』などにみえる富豪女性の働きと「魚酒」型労働を関連づけて考えるなかから、祭祀にともなう造酒活動を首長層女性が担ったことを推定できるとするならば、本節二―1で取り上げた春時祭田についても、当然、その祭料準備の造酒・出挙活動には首長層女性の関与が不可欠だったとみるべきだろう。「古記」がいうところの「郷家をして備設せしむ」からは、首長層の共同体機能掌握の一環として、「郷家」＝〝サトのヤケ〟（里長クラスの小共同体首長の経営拠点）で、成員女性を指揮しつつ祭料準備の造酒活動を行なった「里刀自」（サトのトジ）の姿が想定できるのである。あらたな村落結合の中核となる寺の運営資金を生み出す造酒活動に従事し、「酒を作る家主」といわれた桜大娘は、まさにこうした里刀自的女性の後身といえるのではないだろうか。（補8）

首長層女性による女性成員労働の指揮という観点から、『日本霊異記』上巻二話の稲春女《いなつきめ》の話を取り上げたい。この話には、御野国のある「家室」（古訓でイヘノトジ）が、「年米」（都に送る年料春米か）準備の春米労働にはげむ稲春女たちに「間食」を支給する、という場面がでてくる。ここからは従来、家室の家内女性労働指揮・食料分配権と家長の生産活動指揮・財産管理権という、「家族内での権限の分担」の問題が議論されてきた〔鬼頭―一九八六年〕。しかし、成立過程にある在地での経営体の本質をつかむためには、「家族内での権限の分担」の背景にあるものを見極める必要があろう。富豪層女性の造酒活動が共同体機能の掌握から発展してきたとの前述の考察結果をふまえて考えるならば、家室による家内女性労働指揮権の基礎に、首長層女性が女性成員を駆使して行なった共同体労働からの転化・発展を見いだすことができるのではないか。『日本霊異記』の「家室」は、「サトのトジ」から転化しつつも、まだ家族内での権限分担に限定されるにはいたらない、成立途上の「イへのトジ」なのである。古代の「イへのトジ」を、後世のいわゆる主婦権的観点からのみ議論することには、強い疑問を持たざるをえない。

八世紀後半から九世紀にかけての成立期の富豪層の「家」に関して、「家長」「家室」が、（「夫」「妻」とは異なり）「対社会的な地位を示す言葉として用いられている」として、その歴史的意義に着目したのは河音能平氏（一九七一年）である。その後、家長を家産所有主体、家室を家産分配主体とみる河音説に対して、ともに所有主体・経営主体である男女の寄り合いであるとの関口裕子氏による重要な批判がなされ（一九八〇年）、家室の別産はあるが副次的であって主体は家長とする、前述の鬼頭説（一九八六年）などの見解が対立している。しかしいずれにしても、「家長と家室による経営が、家業継続にとっては不可欠の条件」（吉田一一九八三年）だったのであり、それはなぜなのかが解かれねばなるまい。私見では、関口説をふまえた上で、家長と家室が「所有主体・経営主体」であることの基礎に、首長層としての共同体機能掌握・労働力駆使における男女の具体的役割分担を見いだしたい。共同体の祭祀を媒介として首長層のみが有利に私富蓄積・労働力調達を実現できた古代にあっては、そうした男女の寄り合いが在地での私経営展開の必須条件だったのである。私経営成立期において「首長と富豪経営者という二足のわらじをはいていた」（河音一一九九〇年）のは、男性「家長」だけではない。「家室」女性もまた同様だったのである。

首長層女性の働きが、「里長」のような公的地位をともなうものではないのに対し、成員女性の労働は、男性による貢納の建前の陰に隠れたものだけではなかった。律令制下では、一般公民から徴発されて宮内省の統括下に置かれ、朝廷・宮廷内での各種労役に従事する女丁がいた。「女は力役の例に非ず」「女には役なし」（『令集解』戸令三歳以下条）とされる律令制の原則の下で、合計一〇〇人前後の女丁が例外的に必要とされたのは、後宮で使役するためとする見解もあるが（寺内―一九九〇年）、女丁の労働内容からは必ずしもそうはいえない。すなわち、女丁の主要職務の一つとして造酒のための舂米労働があり、諸国女丁から抽出された人員が、践祚大嘗祭にあたって造酒司で酒米を舂《つ》く（『延喜式』巻三一、宮内省）。「舂稲仕女」が酒部官人や仕丁とともに殿地の神を祭り、そこに立てられた酒殿《さかどの》・臼殿《うすどの》・麹室《こうじむろ》で女丁が官田の稲を舂いて造酒を行なうのである。醸酒期間中は「舂稲女丁」も含めて「間食」が官から支給される（『延喜式』巻四〇、造酒司）。ここから考えると、女丁は、当時の性別労働分担において女性が専業的に担った労働に従事するため徴発されたとみることができよう。一―3ですでに明らかにしたように、在地で行なわれる調庸の布生産や鮑《あわび》の採取、舂米労働等々は、現実に担うのが女性であっても、貢納の責任者を男性にしておくことで、制度的には問題ない。しかし、朝廷・宮廷で生身の労働力を使役する場合、当時の分業観念からいって女性が担うべき労働には、女丁をあてたと考えられるのである。（補9）

女丁の労働は、共同体成員としての国家への力役奉仕の一環である。それは共同体内での日常的女性労働のほんの一部が、例外的に公的に制度化されたものにすぎない。とするならば、その基礎に、共同体の再生産活動の一環として行なわれる舂米労働や織成労働があり、それらは首長層女性の指揮・統率下でなされたと考えてよいのではないだろうか。

三 「公」的女性の働きと地位

1 〝隠れた〟「公」的女性たち

前節二では、村落祭祀と経営との関わりから、共同体機能掌握の一翼を担う首長層女性の姿を明らかにした。「里刀自」や「刀禰（男）女」などは、律令国家機構上の「公」的地位ではないが、明らかにある種の「公」的機能を担っている。これらは、共同体原理による「公」的地位というべきであろう。そうした、〝隠れた〟「公」的女性の姿を、八世紀前後の史料のなかからもう少し探ってみたい。

上総国の「郡司妻女」たちが、都に向かう国司に贈った餞《はなむけ》の歌二首が『万葉集』にある。「足柄の八重山越えていましなば誰をか君と見つつ偲はむ」（20・四四四〇）、「立ちしなふ君が姿を忘れずは世の限りにや恋ひ渡りなむ」（20・四四四一）と、いずれも男女の相聞歌《そうもんか》的装いをこらした餞別の歌である。国司と「郡司妻女」は、いったいどういう場でこういう歌をかわす接点を持ったのだろうか。大日方克己氏は、郡司が国司などの公的往来者の迎接をする律令国家の交通制度としての逓送・供給を考察し、外来者に対する共同体の迎送・歓待の慣行が、のちに政治的上位者の往来に対する逓送・供給奉仕、服属の表現へと転化したことを明らかにしている〔大日方―一九八五年〕。「郡司妻女」が公用で都に向かう国司に餞の歌を贈る機会としては、まさに、郡での供給の場が想定できるのではないか。国司を送る宴会の場でこの歌は詠まれたと思われ、相聞歌的装いもそうした場での歌にふさわしい。

宴会で供給される食料は、本質的には、郡司の支配下にある諸共同体成員からのタテマツリモノである。国司の部内巡行に際し、国司に対しては郡司がその郡で、郡司に対しては里長がその里で供給する。いずれにしても「供給とは百姓供給」（『令集解』戸令国郡司条）であった。この百姓→里長→郡司→国司という重層的供給構造の基底部における共同体内での「供給」が、直会の宴会で年少男女から年長男女に対してなされたことは、二―1で明らかにした。上総国の「郡司妻女」は、こうした重層構造のなかで郡司層の「供給」の一翼を担う〝隠れた〟「公」的女性といえよう。これは当然、広く郡司クラスの首長層女性一般の「公」的働きとしてとらえてよいであろう。

『万葉集』には、陸奥国に遣わされた葛城王をもてなす国司の宴席で、前采女が詠んだ歌もある（16・三八〇七）。地方社会には、都で采女として勤めた経験を持つ郡司の娘や妹たちがいて、こうした公的宴席で奉仕していたのである。これも郡司層女性の〝隠れた〟「公」的働きの一例といえよう。郡司層女性の在地での「公」的働きは、律令制度上では「郡司」による供給規定の陰に完全に隠れているが、女性自身の奉仕を必要とする後宮の場では、女性に公的地位を与えてその働きを制度化せざるをえない。それが采女（および畿内氏族の女性よりなる氏女《うじめ》）なのである。その意味で、采女・氏女も二―2で考察した「女丁」と共通する意義をもつといえよう。ごく少数の「女丁」の背後に広く共同体成員女性の力役奉仕が存在していたのと同様に、下級宮人《くにん》たる采女・氏女の裾野には、首長層女性の在地における〝隠れた〟「公」的働きが広範にあったと考えられるのである。

伊勢神宮の『儀式帳』をみていくと、専業神職者として制度化された物忌童女《ものいみどうじょ》および物忌父《ものいみちち》・禰宜《ねぎ》・内人《うちんど》の陰で、「物忌母」「禰宜内人妻子」といった神職者外の成人女性が、神饌《しんせん》調製や直会の席での舞、別宮での祭供奉《ぐぶ》、直会の熟《じゅく》食《じき》用意、遷宮行事の人垣奉仕、神衣《みそ》織成とそのための糸の調製・養蚕などを担っていたことが知られる〔義江明子―一九九四年a〕。神宮祭祀の基礎には在地の村落祭祀があり、禰宜（実際にはその妻子）が「己が家」において養蚕の糸で「織り奉る」神御衣《かむみそ》奉進は、共同体の首長が司祭者として神を祀る形態の名残をとどめていると思われる。こうした在地の神職（首長）による「供給」も、〝隠れた〟「公」的女性の（成員女性労働を指揮しての）働きなしには機能しなかったのである。大嘗祭で賜禄にあずかる「郡司妻」（『儀式』大嘗祭）にも、同様の働きが想定できよう。

以上、律令制下における〝隠れた〟「公」的女性として、「百姓（男）女」「里刀自」「刀禰（男）女」「郡司妻女」「前采女」「物忌母」「禰宜内人妻」などの姿を検出し、女丁・采女・氏女・宮人などはそのごく一部が制度化された（顕れた）「公」的女性としてとらえるべきことを明らかにした。ここで、〝隠れた〟「公」的女性といった場合の「公」は共同体原理によるオホヤケであり、制度化された「公」的女性といった場合の「公」は、共同体の重層構造の上に成立した国家機構上のオホヤケである。この二つの「公」の重なりとずれのなかに、古代の女性の地位をめぐる問題は潜んでいるらしいことが了解されよう。次項2ではその問題を、共同体の重層構造のトップに位置する貴族女性の所有・経営の面から考えていきたい。

2 「公的家」の意義 ――貴族層女性の経営――

家令職員《けりょうしきいん》令によると、有品《うほん》親王・職事《しきじ》三位以上の貴族は、国家的給付（位田《いでん》・封戸《ふこ》など）を運営する公的家政機関を持ち、家令以下の職員が給される。のちにその範囲は五位以上に拡大された。日本令は母法の中国と異なり、「女も亦此に准《なずら》へよ」と女性の公的家政機関設置が男性貴族同様に認められ、実例も史料的に多く確認できる。ここから関口裕子氏は、「公的家」は「国家給付の男女個人による所有を基礎に形成される個人単位の経営機関」（傍点関口氏）であり、それは貴族層における現実の男女個人単位所有の反映であることを論じ、夫と妻、父と娘、父と息子がそれぞれ別個の「公的家」を持つ事例を具体的に明らかにした〔関口―一九八四年〕。これは貴族層において、人間関係としての〝家族〟とは重なり合わない形で所有と経営が展開することを明確にしたものといえよう。その成果の上にたってここでは、個人単位に所有・経営が実現されることの意味をさらに掘り下げて考えてみたい。

貴族層の男女個人単位所有の内容をなすのは、位・官職に対応する国家的給付物、および各自の属する氏の財産である。前者は本質的には、重層する首長制的所有を集約した国家的所有が（成員⇒公民からの）租税貢納などとして実現され、それを国家体制の頂点に位置する貴族層が国家機構を通じて分配するものである。また後者は、首長層の族組織である氏の財産として個別に（国家に集約されるのでなく）蓄積された首長制的所有（宅・田・奴婢など）が、氏の成員である貴族男女によって分有され、律令制下で法的個人所有の形態を獲得したものである〔義江明子―一九八五年〕。すなわち、いずれにしても貴族男女の個人単位所有の本質は、首長制的所有の分有を起点とする。とするならば、それが「男女」によって実現されることは、前項までに述べてきた首長層男女による共同体機能掌握からいって当然といえよう。律令制下での女性の財産所有は「階級関係・国家的保障を大前提」とし、私的所有として議論できないとの原秀三郎氏の批判（歴史科学協議会二〇回大会パネルディスカッションでの発言）は、その意味ではもっともといえる。ただし、それはけっして貴族女性の所有が特殊例外的だということではない。貴族「男女」の「個人」単位所有は、まさに、古代の基本的所有形態たる首長制的所有の特質を示しているのである。

このことが経営面で持つ意味を、長屋王・吉備内親王夫妻の場合を例として、簡単にみておきたい。いわゆる「長屋王邸」[補10]なる邸宅の所有者は誰か、長屋王と吉備内親王の二つの公的家政機関の運営の実態、などをめぐってはさまざまな議論がある。そうしたなかで、木簡に見える御田《みた》・御園《みその》などは、問題の邸宅も含めて古くから皇親全体が宮（ミヤ。ヤケの一形態）として伝領してきたものであり、私的所有権によって相続されたものではなく、天皇一族＝皇親という身分で継承されたとみるべきことを論じた鬼頭清明氏の指摘〔一九九二年b〕は、長屋王夫妻の所有・経営の本質に迫った議論として注目される。邸宅の本来の所有（伝領）主体は吉備内親王とみるべきと思われるが、それは吉備内親王個人の所有物ではなく、本質的には首長制的所有の重層の頂点に位置する天皇一族としてのものなのである。(補11)西野悠紀子氏は、七世紀後半から八世紀にかけて皇親・有力貴族の極端な近親婚が盛行することを明らかにした〔西野―一九八二年〕。これも、律令制形成にともなって個人単位所有の法的形態を獲得した一族所有（氏的所有）が拡散することを防ぎ、再結集を図っていく過程での現象と見ることができよう。長屋王・吉備内親王夫妻も、父方・母方の祖父（天武と天智）を共通にする、皇位にもっとも近い皇親どうしの近親婚であった。

こうした貴族男女の「個人」単位所有に基づく経営の特色を、前項で考察した在地の首長層男女の経営との対比から考えてみたい。首長層が共同体の枠を超えて私経営を展開していくためには、その出発点として私富蓄積・労働力確保の土台となる共同体機能の掌握が必須であり、その共同体機能の掌握に男女の分担があったがために、成立期の富豪層の家（経営体）は、「家長」「家室」という男女ペアの二つの中心からならざるをえなかった。それに対して、貴族層の場合には、国家機構の一部に組み込まれることで個人単位の所有が実現しており、家政機関自体も公的に設置されるのであるから、そこにはもはや在地に密着した共同体機能掌握の必要はなく、男女による本質的分担も存在しない。長屋王と吉備内親王の二つの家政機関が（長屋王によって）一体的に運営されていたらしいことは、このことと関わるのではないだろうか。

国家的給与物をもたらすのは貴族個人の政治的地位であり、八世紀以降次第に在地に展開する私的所有を荘園などの形で集中し収益を吸い上げていく上で決め手となったのも、国家機構上の地位である。その際、男性官人と女性の宮人《くにん》とでは、国家機構上の位置づけはまったく異なる。そもそも男性貴族は官人となることが鉄則であるが、貴族の女性は（八世紀はともかくとして九世紀以降は）宮人として出仕するのはむしろ例外である。男性は蔭位《おんい》制を通じて父の政治的地位を何らかの形で受け継いでいくが、宮人には原則としてそのようなシステムは存在しない。なかんずく、教育を通じての官人再生産の機構である大学への入学資格が貴族女性にはなく、家庭教師役の文学《ぶんがく》も親王に対してのみあって、内親王の家政機関職員としては認められないこと（家令職員令1）は、象徴的であろう。「男《をのこ》のみ父《ちちの》名《な》負《おひ》て女《めのこ》はいはれぬ物にあれや、立双《たちならび》仕奉《つかへまつる》し理在《ことわりなり》」（『続日本紀』天平勝宝元年四月詔）との言葉は、「百官男女」が頂点に双び立つ伝統的首長制秩序と、新しく成立した国家機構における女性排除の官職体系との矛盾を如実に示している。この官職体系を出発点として、家父長制家族の日本的確立形態である父系継承の永続的経営体としての「家」は、首長制共同体解体後の一〇・一一世紀以降に、まず貴族層において成立していくのである。

このようにみてくると、貴族女性の所有権保持に古代女性の地位の高さをみることには疑問を持たざるをえない。貴族女性の所有権には、本質的にいってその後の私経営につらなる展望はないからである。古代女性の本質的地位・社会的役割は、むしろ「百姓男女」「刀禰男女」の〝隠れた〟供給・仕奉に見いだされるべきであろう。具体的詳論はできないが、このことが、中世以降の家父長制家族成立後にも、妻の家政権限が強く、対外的交渉などの公的役割の一部をも担うという、日本型家父長制の特色につらなっていくのではないだろうか。

おわりに

家族婚姻史を軸に日本女性史の体系の基礎を築いた高群逸枝氏以来、古代はいわば女性史上の黄金時代とされてきた。中世以降は、父系制への転換、女性の財産権の喪失、家父長的嫁入婚の開始などにともなって、女性の地位がしだいに低下していく過程としてとらえられてきたのである。もちろん、大局的には、これはけっして間違ってはいない。近年の古代家父長制家族未成立論も、基本的視点・実証の両面において、高群氏の成果に多くのものを負っている。しかし、こうしたとらえ方だけでは一面的にすぎることもまた確かであろう。

南北朝動乱ごろを画期として女性の地位は急速に転落するとした高群説を批判して、小農民経営の成立、商業・流通の活発な発展という新たな発展段階のもとで、民衆の一員としての女性自身も新たな活動の場、条件を獲得していったとみる永原慶二氏〔一九八二年〕や、中世的「家」内部での妻・母の地位の確立、対社会的役割の重要性の考察から、同様に高群説の体系への疑問を呈する脇田晴子氏〔一九九二年〕、巨視的には高群説の体系を踏まえながらも、「家」成立にともなう夫婦の個別的性愛の深まりにも目を向ける服藤早苗氏〔一九九一年b〕など、近年の研究は、より豊かに女性史をとらえる方向に向かっている。本章で試みたような、労働・経営における女性のあり方を社会の全体構造のなかに位置づける作業を通じて、古代から中世への女性の変化をより多面的にとらえることが可能になろう。

本章で明らかにしたように、古代の女性は、共同体原理の下では公的役割を担いつつ、国家機構上の「公」からは（宮人を除き）原則として排除される。なぜそうなるのかという問いに全面的に答えるだけの用意はないが、男性武装集団の必要からする「民主制」の発展が、女性の公的領域からの排除、すなわちオイコス（「家」）領域への閉じ込めを必然化していく過程を分析した、古代ギリシャの女性をめぐる桜井万里子氏の考察〔一九九二年〕は、種々の示唆に富む。日本古代において、女性が実質的のみならず原理的にも貢納・仕奉を担う存在であったことは、本章で繰り返し述べたとおりだが、唯一、女性が（ごく一部の例外を除いて）実際にも原理的にも担わなかったものは、「兵」としての仕奉である。(補12) しかし、日本古代の場合、ギリシャと異なり、重層する共同体の各レベルでは、女性はけっして公的場から排除されきってはいない。* それは、明確に敵対する階級関係のなかから生れたギリシャの「民主制」と、本源的共同体のしくみを引きずりつつ階級社会に転じた日本の「首長制」という、国家形態の違いによるのであろう。男性優位の社会システムは、おそらく階級社会の形成とともに芽生え、古代国家体制の確立とともに成立し、そこでは女性は「公」的世界から排除される。ただし、首長制共同体の重層構造の上に成立した日本の古代国家体制のもとでは、共同体原理による〝公〟からは女性は排除されないのである。

＊　明石一紀氏も、政治権利と軍役義務が密接に対応するとの所論を展開している〔明石―一九九四年〕が、日本古代の女性の政治参加の実状をみていない点に疑問が残る。

本章では、〝家族〟を越えるもののなかで、「古代の家族と女性」を考えてきた。家父長制家族成立以前の日本古代の〝家族〟は、具体的には、「母子＋夫」を核とする親密な人間関係の広がりが、未熟な経営単位とズレをみせつつ重なり合い、全体として共同体に包摂されるという形で存在していた。こうした〝家族〟のあり方が、「百姓男女」→「刀禰男女」→「百官男女」へと、重層的に「仕へ奉る」首長制の構造の基礎をなしているのである。そこでは女性の労働・役割は〝家族〟内に限定されず、そのことが古代の女性の所有権や地位の高さに結びついている。しかし、それはあくまでも下から上に「仕へ奉る」関係でしかない。従属民を包摂する経営単位としての家族〔家父長制家族〕の成立過程は、同時に〝家族〟が集団としての安定性を高め夫婦の絆を強めていく過程でもあり、労働の成果を一方的にタテマツルことなく我がものとする、権利の砦としての私経営を確立する過程であった。中世以降、「家」を守る闘いに女性も積極的に参加していくこと〔黒田弘子―一九八九年〕の意味は、こうみなければ理解できまい。

所有にもとづく厳密な意味での家父長制家族成立以前の古代社会も、けっして男女対等・バラ色なわけではない。やはり巨視的にみて、階級支配と性支配は密接不可分といってよいのではないだろうか。近現代における〝資本制と家父長制〟を問う女性学の問題提起は、これを混乱を招きがちな「家父長制」の語を排してとらえなおせば、厳密な〔補13〕

意味での家父長制家族解体後の男性優位の社会システムの解明をめざすものといえる。それになぞらえていうならば、厳密な意味での家父長制家族成立以前の男性優位システムのあり方とその形成過程を具体的に解明していくことが、古代女性史・家族史のこれからの重要課題であろう。

参考・参照文献一覧

明石一紀「調庸の人身別輸納と合成輸納」(竹内理三編『伊場木簡の研究』東京堂出版、一九八一年)。

『日本古代の親族構造』(吉川弘文館、一九九〇年)。

「参政権と女性」(『総合女性史研究』一一、一九九四年)。

安良城盛昭「斑田農民の存在形態と古代籍帳の分析方法」(『日本封建社会成立史論』上、岩波書店、一九八四年。初出一九六七年)。

石上英一「日本古代における調庸制の特質」(『歴史学研究別冊　歴史における民族と民主主義』一九七三年)。

石母田正『日本の古代国家』(岩波書店、一九七一年。のち『石母田正著作集』三、岩波書店、一九八九年所収)。

今井　堯「古墳時代前期における女性の地位」(『歴史評論』三八二、一九八二年。のち総合女性史研究会編『日本女性史論集2　政治と女性』吉川弘文館、一九九七年所収)。

大津　透『律令国家支配制度の研究』(岩波書店、一九九三年)。

大日方克己「律令国家の交通制度の構造」(『日本史研究』二六九、一九八五年)。

河音能平「日本令における戸主と家長」(『中世封建制成立史論』東京大学出版会、一九七一年。初出一九六三年)。

「生活の変化と女性の社会的地位」(女性史総合研究会論『日本女性生活史2　中世』東京大学出版会、一九九〇年)。

鬼頭清明「稲春女考」(黒沢幸三編『日本霊異記』三弥井書店、一九八六年。のち『古代木簡の基礎的研究』塙書房、一九九三年所収)。

「家族と共同体」(歴史科学協議会編『歴史における家族と共同体』青木書店、一九九二年a)。

「万葉人の生活」(『和歌文学講座』二、勉誠社、一九九二年b。のち『古代木簡と都城の研究』塙書房、二〇〇〇年所収)。

黒田弘子「中世の逃散と女性」(『歴史評論』四六七、一九八九年。のち『女性からみた中世社会と法』校倉書房、二〇〇二年に改定所収)。


桜井万里子『古代ギリシアの女たち』(中公新書)(中央公論社、一九九二年)。

佐々木恵介「律令里制の特質について」(『史学雑誌』九五—二、一九八六年)。

杉本一樹「編戸制再検討のための覚書」(『日本古代文書の研究』吉川弘文館、二〇〇一年。初出一九八四年)。

関口裕子「律令国家における嫡庶子制について」(『日本史研究』一〇五、一九六九年。のち『日本古代家族史の研究』下、塙書房、二〇〇四年所収)。

「日本古代の家族形態と女性の地位」(『家族史研究』二、大月書店、一九八〇年)。

「古代における日本と中国の所有・家族形態の相違について」(女性史総合研究会編『日本女性史1　原始古代』東京大学出版会、一九八二年。のち『日本古代家族史の研究』上、塙書房、二〇〇四年所収)。

「日本古代の豪貴族層における家族の特質について」下、(『原始古代社会研究』六、校倉書房、一九八四年。のち同右所収)。

『日本古代婚姻史の研究』上・下(塙書房、一九九三年)。

高群逸枝『招婿婚の研究』(一九五三年。のち『高群逸枝全集』2・3、理論社、一九六九年所収)。

寺内　浩「女丁について」(『続日本紀研究』二七〇、一九九〇年)。

永原慶二「女性史における南北朝・室町期」(女性史総合研究会編『日本女性史2　中世』東京大学出版会、一九八二年)。

南部　曻『日本古代戸籍の研究』(吉川弘文館、一九九二年)。

西野悠紀子「律令体制下の氏族と近親婚」(女性史総合研究会編『日本女性史1　原始古代』東京大学出版会、一九八二年)。

早川庄八「「供給」をタテマツリモノとよむこと」(『中世に生きる律令』平凡社、一九八六年)。

深谷克己『百姓成立』(塙書房、一九九三年)。

服藤早苗「古代の女性労働」(女性史総合研究会編『日本女性史1　原始古代』東京大学出版会、一九八二年)。

『家成立史の研究』(校倉書房、一九九一年a)。

『平安朝の母と子』(中公新書)中央公論社、一九九一年b)。

矢野建一「律令国家と村落祭祀」(菊地康明編『律令制祭祀論考』塙書房、一九九一年)。

義江彰夫「律令制下の村落祭祀と公出挙制」(『歴史学研究』三八〇、一九七二年)。

義江明子『日本古代の氏の構造』（吉川弘文館、一九八五年）。

「「刀自」考―首・刀自から家長・家室へ―」（『史叢』四二、一九八九年）。本書Ⅰ―二章所収。

「古代の祭祀と女性・覚書」（『日本史研究』三八一、一九九四年a。のち『日本古代の祭祀と女性』吉川弘文館、一九九六年に改稿所収）。

「古代の村落祭祀と女性・経営」（『総合女性史研究』一一、一九九四年b。のち同右改稿所収）。

「殺牛祭神と魚酒」（佐伯有清先生古稀記念『日本古代の祭祀と仏教』吉川弘文館、一九九五年。のち同右改稿所収）。

吉田　孝『律令国家と古代の社会』（岩波書店、一九八三年）。

吉村武彦「初期庄園にみる労働力編成について」（『原始古代社会研究』一、校倉書房、一九七四年。のち『日本古代の社会と国家』岩波書店、一九九六年所収）。

「仕奉と貢納」（『日本の社会史10　負担と贈与』岩波書店、一九八六年。のち同右所収）。

脇田晴子『日本中世女性史の研究』（東京大学出版会、一九九二年）。

補注

（補1）考古学で従来いわれてきた単位集団論に対する批判としては、関口裕子『日本古代家族史の研究』上・下（塙書房、二〇〇四年）のⅠ―第二章「日本古代における個別経営の未成立―黒井峯遺跡を手がかりに―」、Ⅱ―第四章「実態としての家族―集落と関連して―」第二節「考古学からみた「家族」の素描」、Ⅲ―第二章「日本古代における家族・共同体論批判―都出比呂志著『日本農耕社会の成立過程』批判―」参照。

（補2）こうした方向での戸籍研究の最新の成果としては、新川登亀男・早川万年編『美濃国戸籍の総合的研究』（東京堂出版、二〇〇三年）がある。

（補3）近年、今津勝紀氏によって、これらの特色を戸籍の擬制性からではなく、当時の社会実態として理解しようとする見解が示されている（今津勝紀「大宝二年御野国加毛郡半布里戸籍をめぐって」岡山大学学内共同研究「自然と人間の共生」報告書『環境と文化・文明・歴史』二〇〇三年、「日本古代の村落と地域社会」『考古学研究』五〇―三（通巻一九九）、二〇〇三年、「古代の家族と共同体―関口裕子『日本古代家族史の研究』（上・下）によせて―」宮城学院女子大学キリスト教文化研究所研究年報『民族と宗教』三八、二〇〇四年など)。しかし、そこではコンピューターシミュレーションによる分析の前提となる基礎データの処理、および分析結果の解釈において、これまで長年にわたり多くの研究者によって蓄積されてきた戸籍の史料批判の成果が必ずしもふまえられていないと思う。今津説に対する批判は、義江明子「関口裕子氏の古代家族論の意義」(同右『民族と宗教』三八所載、本書Ⅲ—付論2所収)参照。

(補4)　明石氏の「妻と未婚の子ども、そして夫」という定義を組み替えて「母子+夫」とする理由については、本書Ⅲ—付論1「明石一紀氏の古代親族論の意義」、および右掲(補注3)、義江論文参照。

(補5)　こうした観点からすると、加賀郡牓示札にいう「田夫」も男女を含むとみるべきだろう。これについては本書Ⅰ—三章「「田夫」「百姓」と里刀自」参照。

(補6)　女帝・女性首長について、本章原稿執筆時にはこのように見通しを述べるにとどまったが、その後、具体的な考察を行なうことができた。義江明子「古代女帝論の過去と現在」(『岩波講座　天皇と王権を考える7　ジェンダーと差別』岩波書店、二〇〇二年)、「〝卑弥呼〟たちの物語」(『いくつもの日本Ⅵ　女の領域・男の領域』岩波書店、二〇〇三年)、『つくられた卑弥呼—〈女〉の創出と国家—』(ちくま新書)筑摩書房、二〇〇五年)、「古代女帝論の転換とその背景」(『人民の歴史学』一六五、二〇〇五年)など参照。

(補7)　古代においては継嗣令1皇兄弟子条の本注に「女帝子亦同」、『類聚三代格』巻一「神宮司神主禰宜事」所収の天平三年六月二四日勅に「戸座……(阿波国)男帝御宇之時供奉……(備前国)女帝御宇之時供奉」とあることからもわかるように、「天皇」は性別のない君主号であり、特に性別が必要な時には「男帝」「女帝」と並記される。それに対して近代以降は、天皇=男性であることが法的に規定されたので、その規定の変更は、「女性天皇」の可否として議論されることになる。なお、義江明子「女性論の視点からみた古代女帝論」(『東アジアの古代文化』一二八、二〇〇六年)参照。

(補8)　本章原稿の執筆後に、里刀自の農耕労働指揮を記した「荒田目条里遺跡木簡」および魚酒労働に対する制止などを記した「加賀郡牓示札」の存在が明らかになり(パンフレットによる公表は前者が一九九五年、後者が二〇〇一年)、里刀自をめぐる議論は大きく前進することとなった。本書Ⅰ—三章「「田夫」「百姓」と里刀自」参照。なお、桜大娘の「家」と経営の特質については、本書Ⅰ—付論2「「酒を作る家主」と檀越」参照。

(補9)　女丁について、本章原稿執筆時には、女性の専業労働的分野の労役を担うために徴発された単純労働力とみていたが、その後、公民女性労働の成果を天皇に捧げるという象徴的儀礼的意味を重視すべきと考えるにいたった。これについては義江明子「女丁の意義―律令国家支配と女性労働―」(阿部猛編『日本社会における王権と封建』東京堂出版、一九九七年)参照。

(補10) 本書Ⅰ―一章の(補注2)参照。

(補11) 首長制的所有が王族家産として集約されていく過程と親族原理の変化、およびその観点からみた長屋王の変の意義については、義江明子「系譜様式論からみた大王と氏」(『日本史研究』四七四、二〇〇二年)参照。なお、この邸宅を場とする複数の家政機関の理解をめぐっては、本書Ⅰ―一章の(補注2)参照。

(補12) 律令制における兵士制確立のジェンダー的意義については、義江明子「戦う女と兵士」(西村汎子編『戦争・暴力と女性1 戦の中の女たち』吉川弘文館、二〇〇四年)参照。

(補13) 『岩波女性学事典』(井上輝子他編、岩波書店、二〇〇二年)によれば、フェミニズムにおける「家父長制」とは、最も広義には「男性の女性に対する支配を可能にする権力関係の総体」と定義される。「七〇年代以降、欧米のフェミニズムの紹介を通して導入された家父長制の用法は、社会科学の伝統からの〝逸脱〟であり、混乱を避けるためにフェミニズムは家父長制という概念を使うべきではない、または男権制、父権制という訳語を使用するべきだという主張もあった」が、現在では「フェミニズムの用法も、家父長制概念の〝再定義〟として認められつつある」という(「家父長制」項、千田有紀執筆)。

〔付記〕 本章の初出は『岩波講座 日本通史6 古代五』(岩波書店、一九九五年)である。文献注の体裁はほぼそのままとし、若干の語句を補った。

第二章　婚姻と氏族

はじめに

古代の結婚のやり方は現在とはずいぶん違う。結婚の方式は時代によって大きく変わっていくものである。それはわたしたち自身の時代を考えてみてもよくわかる。親の決めるままに顔も知らない相手のところに嫁入りすることも珍しくなかった戦前までと比べると、恋愛結婚があたりまえの現代は文字通り隔世の感がある。新生活のスタートの場も、夫の親元に同居したり、妻の実家の敷地内に住んだり、マンションの一室で新所帯をもったり、住宅事情・経済事情によっていろいろである。これを婚姻史の学術用語でいうと、それぞれ夫方居住・妻方居住・新処居住ということになる。

どの形を選ぶにしても、現代のわたしたちにとって、結婚した夫婦が同居し、共同の日常生活をおくり、協力して子どもを育て上げることは、(もちろん例外はあるが)一応の常識だろう。夫婦・親子の関係はそうあるべきものと、わたしたちは思いこんでいる。しかし、古代にはこれはけっして常識ではなかった。逆に、夫婦は少なくともはじめのうちは同居しないことがあたりまえだった。では結婚後何年で同居したのか、同居は夫方か、妻方か、それとも新処居住かということになると、説はさまざまに分れる。正反対の学説が何十年にもわたって対立しあっている、というのが現状である。

夫婦が同居か別居か、どこに同居するかで、親子の関係も家族形態・親族組織も変わってくる。夫方居住が原則の社会では子どもは父方で育つので、普通、父系の家族・親族が形づくられ、妻方居住が原則の社会では母系の家族・親族になりやすい。別居とか新処居住だと、もう少し複雑な組み合わせになるだろう。

古代の支配者である豪族たちの親族組織は、同時に政治的な組織としての意味も持っていた。蘇我氏や大伴氏といった氏族がそれである。(1)豪族たちはどこかの「氏《うじ》」に属し、族長(氏上《うじのかみ》)に率いられて、食膳奉仕や宮門の警護など、それぞれその氏族固有のものとされていた伝統的職務によって大王《おおきみ》に仕え、配下の民(部民《べのたみ》)を支配した。これが七世紀半ばごろまでのいわゆる大和朝廷の支配の基本である。

古代の「氏」を親族組織の面からみた場合、それが父系か母系か、そのどちらでもないかをめぐっても、長い年月にわたる議論がある。(2)「氏」は支配層の親族組織であるとともに朝廷の政治組織でもあったから、これはつまり、大和朝廷の時代から律令国家形成にかけて、どのように支配層の組織化がなされていったかを考えることにもつながってくる。

ここでは、古代の婚姻や親族組織における女と男のあり方と、それが国家体制確立の前後でどのように変わっていくのかを探ってみよう。

一　古代は嫁入婚か？

1　柳田国男説と高群逸枝説の対立点

古代の婚姻居住の原則、つまり夫婦が結婚後どこに住んだのかをめぐってはいろいろな考え方があるが、奈良時代ごろまでは一時的妻訪婚《いちじてきつまどいこん》が一般的だったとされている。一時的妻訪婚というのは、結婚後しばらくの間（何カ月か何年かは不明だが）夫が妻のもとに夜だけ通い、そののちに妻が（子どもを連れて）夫方に移るやり方のことをいう。婚姻成立と夫方同居が同時ではないところがのちの時代の嫁入婚と大きく違うが、結局は夫方居住に落ち着くとみる点では、大きくいえば、古代嫁入婚説といってもよい。最近では、一部の地域・階層では婚姻成立時からの嫁入婚が行なわれていたとする説もある。

ところがもう一方では、同じく一時的妻訪婚が広く存在したことを認めた上で、通いののちには妻方にそのまま住みつく（妻方居住）か、または新たに別の場所に移り住んだ（新処居住）とみる説も有力である。この説の場合には、原則として夫方居住はありえず、一時的ではない生涯の通いもあったとみる。

一定期間の妻方への通い（または住みつき）ののち夫方へ同居するという婚姻習俗は、中世以降にも根強くみられ、日本婚姻史の大きな特色の一つとされている。問題は、古代において、中世以降と同じく結局は夫方居住に落ち着く、つまり古代以来変らず最終的には嫁入婚の形が基本だったとみるか（A）、古代には嫁入婚は未成立で、中世以降に民俗としてみられる〝通い↓夫方居住〟は歴史的変化の産物とみるか（B）、という理解の違いである。具体的形としてはどちらも一時的妻訪婚を基本とみてはいるものの、古代婚姻史の本質理解としてはまったく異なる、正反対の説なのである。これは、民俗学の柳田国男説（A）と女性史の高群逸枝説（B）との決定的対立点でもあった。(3)

あらかじめ結論をいっておくと、わたし自身は、文献史学の立場から史料にもとづいて考えた場合、大きくは（B）のとらえ方、つまり古代は嫁入婚ではなく、一時的妻訪婚は非嫁入婚から嫁入婚（夫方同居婚）への歴史的変化のなかに位置づけて理解すべきだと思っている。もちろん、あとでも述べるように、地域的・階層的に多様なあり方を認めた上でのことだが。

では、両説の違いとその対立の根拠は何なのか。それぞれの代表的論者がわかりやすく書いたもので基本的論点を確認しておこう。

2　古代嫁入婚説

（A）として、大林太良氏の「古代の婚姻」(4)をみてみると、そこにはおおよそ次のように述べられている。

・日本の古代の婚姻には大きくいって二つの異なる系統がある。一つは妻訪婚、もう一つは嫁入婚である。この場合の妻訪婚は、江守五夫氏の研究(5)によれば、一夫多妻のもとで、正妻とは一時的妻訪ののち夫方で同居し、副妻以下とは生涯別居の通いをするという婚姻形態である。夫婦が結局は同居していることは、「父母《ちちはは》は枕の方《かた》に　妻子《めこ》どもは後方《しりへ》の方に……」という山上憶良の貧窮問答歌（『万葉集』5・八九二）や「奥床《おくとこ》に母は寝たり外床《ととこ》に父は寝たり……」という歌（同13・三三一二）で知られる。

・　これは中国南部からインドシナ北部にかけての水稲焼畑耕作民の「不落家《ふらくか》」(6)といわれる習俗と類似し、南方系である。「「つまどい」は結婚当初の時期に限られ、その後は夫方居住婚（嫁入婚）に移行する」ので、母系制とは結びつかない。「不落家」習俗の地帯の多くは双系制社会なので、日本古代も同様に双系的社会だったろう。

・　一方、『隋書』倭国伝にみられる「同姓不婚」「火をまたぐ花嫁」の習俗(7)は、内陸アジア遊牧民の習俗と共通し、北方系である。これらは当時の日本に一般的であったとは考えられず、一部で行なわれていただけだろう。

このように大林氏は、日本の古代の婚姻形態を大きく二系統に分け、南方系の「つまどい」（訪婚）↓夫方居住を基本とし、一部で北方系の（「つまどい」なしの開始当初からの）嫁入婚も行なわれていたとする。大林説の力点は多様な習俗の併存ということにあるのだが、「「つまどい」は……夫方居住婚（嫁入婚）に移行する」との引用部分からもわかるように、大きくまとめれば古代嫁入婚説である。近年の論でも大林氏は、北方系の夫方居住婚の習俗が渡来人のあいだで保持されていたとみ、(8)同様の立場にたつ江守氏は、東北アジアの「嫁入婚」文化が古代日本に伝わり一時的妻訪婚と併存していたことを精力的に論じている。(9)

3　非嫁入婚説

これに対して、関口裕子氏の「日本の婚姻」(10)では、まったく異なる古代婚姻像が示される。関口説の概容をまとめると、次の通りである。

・　古代の婚姻には通いおよび通いから同居への移行がみられ、同居にも妻方と夫方の両方がある。夫方同居とみられる史料例を検討すると、在地有力者層の同階層遠隔婚である。それも史料的に疑問のある貧窮問答歌(11)を除くと、夫の父母との明確な同居を示す例はない。

・逆に、「男夫……不レ来」「夫婦……不ニ相往来一」場合の婚姻解消・再婚許可を説く八・九世紀の法律注釈書からは、「妻問で開始された当時の婚姻は、女家への通いまたは同居により継続されたことが判明」する。当時の史料に「聟《むこ》」の語は頻出するのに「嫁」の用例は皆無に等しいこと、また、「出母」という中国流法律用語についての「チチニヤマレニタルオモ」との俗訓(12)の存在も、夫方居住婚の一般的存在とは矛盾する。

・一〇世紀以降、貴族層では「婿取」儀式後の妻方居住を経た独立居住が一般的となる。これは夫方居住婚実現へ向けての第一歩であり、女の身分が低い場合は（夫の父母とは同居しない）夫方居住婚の例が多くみられ、一二世紀成立の『今昔物語集』では、かつてはみられなかった夫の父母との同居例も階層をこえて発生している。

つまり関口説では、夫方居住婚は有力者層が遠隔地の同階層を相手に選んだ場合の例外的事例であり、しかも夫の父母との同居はない、とみる。嫁入婚というのは、夫の家に嫁として入る、いいかえれば夫の父母との同居を当然のこととして含む夫方居住婚であるから、これは古代嫁入婚説とは真っ向から対立する見解である。

両説の対立点を整理してみると、現実の形態として通いも同居もあり、同居には妻方・夫方・新処（独立）のそれぞれがあったことは、どちらもほぼ共通して認めている。ただ、古代嫁入婚説では、（夫の父母とも同居する）夫方居住婚が一般的で、通いは一時的あるいは正妻以外への例外的形態であり、ましてや妻方居住は問題とするにも足りないとみるのに対して、非嫁入婚説の方では、通いないし（妻の父母と同居する）妻方居住が一般的で、夫方居住は例外的、ましてや夫の父母と同居する夫方居住は原則としてありえない、とするのである。そして、嫁入婚説では嫁入り習俗の広がりの背景として渡来系の要素を強調し、非嫁入婚説では、夫方居住婚が一般的でなかったことの証拠として法律注釈書の記載や「嫁」名称の未成立などを指摘する。

両説ともに史料からはさまざまな形が読みとれることを認めているのだから、要するに対立のポイントは、どの史料を基本とみるかに絞られよう。ということは、さまざまな史料のあれこれを恣意的に取り上げ強調するのではなく、史料の性格を吟味して、基本形態をうかがうに足る史料はどれなのかをはっきりさせる必要があるということである。

二　史料性の吟味

1　戸籍史料の問題点

では、どのような史料が基本形態をうかがうにふさわしく、逆に、どのような史料はふさわしくないのか。ふさわしくない史料の方から明らかにしておくと、代表的なものとして戸籍史料、および『古事記』『日本書紀』『律令』などにみられる中国典籍の文章表現をそっくり借用したり、中国的な家族思想で書き換えたりした部分があげられよう。戸籍をふさわしくない史料の筆頭にあげることは、奇異の感を抱かれるかもしれない。普通に考えれば、正倉院に伝わる奈良時代の戸籍(13)は、庶民の家族・婚姻についての一級史料のはずである。そこには、おおむね数年の別居ののちに夫方に同居し、イトコを超える範囲の複数世帯が合同した三〜四世代にわたる父系傍系大家族の姿が示されている。その一方で、妻方同居の記載は、戸籍には表向きは一例もみられない。

よく知られているように、戦後の社会経済史的古代家族研究は、戸籍をおもな素材として、階層差・地域差を含んで展開する家族構成の歴史的変化とその意義を体系づけ、注目を集めた。いわゆる「戸実態説《こじつたいせつ》」である。しかし現在では、戸籍は家族のありのままの姿を記録したものではなく、律令国家の人民支配の台帳として政策的に編成されたものであること、戸の編成にあたっては、一定の人数規模の確保・維持と父系的家族形態での登録という、大きくいって二つの基本方針によるかなり強力な組み替え・擬制《ぎせい》が行なわれたことが明らかにされている。

「戸実態説」と「戸擬制説」の論争の歴史、および「編戸説《へんこせつ》」(14)を経た現在の到達点と問題点については、別に行き届いた整理(15)があるのでそちらにゆずり、ここではこれ以上触れない。ただ、父系擬制の手が大きく加わっていることが明らかな以上、戸籍を古代の婚姻居住の一般的形態を考える基本史料とすることはできない、ということだけは確認しておきたい。父系擬制は、夫婦・親子の同籍・別籍記載に関わるところで大きく行なわれるからである。

律令にみえる女性名称を丹念に分析した研究成果によると、中国では家族が明確な枠組みを持ち、女性は未婚と既婚ではっきり区別されて既婚女性だけが「婦人」(ヨメ)として法的人格を持つのに対して、日本では家族の枠組みがあいまいで、女性は未婚・既婚の区別なく家族関係から独立した「女」(オンナ)として規定される、という大きな違いがある。(16)

また親族名称の分析からは、伝統的名称法は父方・母方を区別せず単純な世代別と直系・傍系の別からなるもので、ヨコに広がる傍系大家族の一般的存在は想定できないことが明らかにされている。(17)

どちらも、巨視的に日本古代の家族・親族構造の特質をおさえた着実な成果といえる。もし戸籍に記されたような父系傍系大家族が実際に持続的に広く存在したのならば、あるいは女が婚家に明確に組み込まれる夫方居住婚が一般的に存在したのならば、こうした特質にはならないはずだからである。現存戸籍の丹念な分析から背後に隠れた実態を探り出す仕事(18)もあり、着実な成果をあげてはいるが、まだまだ不明の点が多い。

2　記紀、律令の問題点

中国は、古代の東アジア世界における突出した先進文明国だった。家族婚姻形態についていうと、はるか紀元前数世紀の春秋戦国時代にすでに明白な夫方居住・父系家族の社会であり、嫁入婚のやり方が礼の秩序として整えられた。(19)日本は辺境の島国として中国の文明に学び、漢字をとりいれ、律令法体系の導入を通じて国家体制の確立をはかり、ようやく八世紀初めに最初の歴史書としての『古事記』『日本書紀』を漢字・漢文でまとめあげた。したがってそこには、全体として八世紀初め段階での（中国を理想とする）国家思想・社会思想のヴェールがかぶせられており、中国の古典・歴史書から語句だけではなくひとまとまりの文章をそっくり借用した部分も少なくない。特に、親族・家族・婚姻といった社会の基層の習俗は中国と日本とで根本的に異なるため、日本律令の編纂者たちももっとも苦心したところの一つであり、実態とのズレのはなはだしい部分である。(20)

一例をあげよう。『日本書紀』には歴代の天皇のキサキたちについて、「後宮に納《い》る」「掖庭《えきてい》に納る」「宮中に納れ、因《よ》りて妃《きさき》となす」などの表現がよくみられる。しかし、これはキサキたちが天皇との婚姻にともなって身柄を宮中に移したことを意味せず、たんにキサキの一員となったことをこういっているにすぎない。伝統的にキサキたちは自分自身の宮を持ち、独自の経済生活を営んでいた。(21)そのことは、律令国家の成立により中国的な後宮の制度が整えられてのちにも変わらず、皇后の居所が宮廷内に定められるようになるのはようやく八世紀終わりごろからであることが、近年の平城宮・平安宮の発掘成果からも明らかにされている。(22)支配層のトップに位置する天皇においても、夫方同居婚の実現はこのように遅いのである。「後宮に納る」といった表現を文字通りに受けとってはならないことがわかるだろう。

貴族層においてはどうか。これに関しては史料の豊富な摂関家について、社会的に告知される婿取儀式と同居を要件とする正妻の地位が確立し、次妻以下の妻たちとは生まれた子どもの扱いにも差がつけられてくるのは、九世紀後半ごろであることが明らかにされている。(23)ただしこの場合の同居は、婿取儀式で開始されることからもわかるように、少なくとも婚姻の前半期には妻方居住ないし(妻方を経た)新処居住である。その後、「夫方」居住に移る場合にも、原則として夫の父母とは同居しない。この〝夫の父母とは同居しない非妻方居住〟を、婚姻史の理論の上で「夫方居住」とみるか「新処(独立)居住」とみるかは、同居のための邸宅をどちらが用意したかということとも関わって、議論の分れるところである。(24)

ここではその問題には深入りせず、とりあえず、多様な居住形態が混在していたなかで、支配層においてすら同居が正妻の認定にかかわる一つの社会的ルールとなるのがこのころだということに注目しておきたい。このように、同居を要件とする正妻の成立が摂関家においても九世紀後半ごろだとすれば、それ以前の七・八世紀において、正妻とそれ以外の妻との区別が一般的に各階層で成立していたとの前提のもとに、正妻とはしばらくの通いののち夫方同居、副妻以下とは生涯別居の通いとみる説は、その前提において疑問があるといわざるをえないのではないだろうか。

3　立脚すべき史料

では、婚姻居住の基本形態をうかがうにふさわしい史料とは何か。それは以上にあげたものとは逆に、中国流の書き換えや直輸入の法体系の樹立を目指しつつもその方針を貫ききれずににじみ出た実態が一般論として示されているろう。

部分、およびそうした政策的意図の加わる余地のない自然に形成された慣習を客観的に示すもの、ということにな

具体的にいうと、前者についてはたとえば、律令において中国とは根本的に異なるあり方が体系的に示されている部分、および律令の注釈で中国流の本文規定とは矛盾する解釈を一般的に述べているものがあげられよう。後者として考えられるのは、法律用語ではない日常用語としての婚姻語、および親族名称などである。

こうした基準でさきに紹介した両説の史料的根拠をもう一度振り返ってみると、令本文と矛盾する注釈や「嫁」「聟」名称のあり方から夫方居住婚の一般的存在には疑問があるとする関口説は、かなりの説得力を持つことがわかる。逆に、個別の歌の事例から夫方同居を説く大林説は、そうした形態も存在したとはいえても、それが一般的だったことの証明としては不充分である。また、「不落家」などの東南アジアの類似民俗は、婚姻をとりまく生業・親族体系などの背景を考える手がかりとしてはおおいに参考になる。しかし、当面の問題である婚姻居住に関していえば、日本でも中世以降の「婿入り」習俗が一定期間の妻方への通い・同居ののち夫方へ引き移るというものであったことは明らかで、その形態を古代にまで遡らせていいかどうかが対立の焦点なのである。とすれば、現在にまで続く他地域の民俗事例を根拠に、古代の婚姻居住が夫方だったかどうかを判断することは、この場合、不適当だろう。

ただし、関口説が注目する「当時の婚姻は、女家への通いまたは同居により継続された」ことを示す法注釈も、厳密にいえば、これらの注釈を行なった八・九世紀の法学者の眼に映った、畿内周辺を中心とする一般的習俗だったともいえよう。その意味では地域差・階層差を含む多様性を否定するものではない。ただ、文献史学の立場から以上に述べてきたような史料批判をふまえて考えると、夫方居住婚の一般的存在を想定することには相当無理がある、ということである。

4　渡来系氏族と嫁入婚の関係

古代嫁入婚説において常に強調されるのが、北方系・渡来系の要素である。古代社会において、弥生時代以降、何世紀にもわたってやってきた渡来系の集団・文化・技術の影響が圧倒的であることはいうまでもない。いわゆる渡来系の氏族は、九世紀にまとめられた『新撰姓氏録』などによると、秦の始皇帝の子孫を称するもの、漢の高祖や後漢の霊帝の後というもの、百済・高麗・任那などの朝鮮諸国の王族・民から出たとするものなどさまざまである。しかし近年の研究によれば、その大部分は実際には朝鮮系であり、彼らの文化も基本的には朝鮮文化として日本に流入したものと考えられている。

現在の韓国社会で行なわれている厳格な同姓不婚・異姓不養・長男単独祭祀・男女不均等財産相続などの儒教的な父系の規範を目にして、わたしたちはややもするとそれを古代にまで遡らせて考えがちである。だが、朝鮮家族史研究のほぼ一致した成果(25)によると、こうした儒教的父系文化への大転換が起きるのは李朝中期（一七世紀〜）ごろである。両班《やんばん》階層（支配層）・常民階層の双方を含めて、実際には、朝鮮固有の習俗である率婿《りつせい》制・同姓婚・異姓養子・男女均等相続・外孫継承などが、その後も根強く残った。婚姻の問題に限定していうと、「結婚したあと、女性の家に男性が入り、そこで長期間生活をし、そして子どもが生まれてからあるいは男性はそこで科挙の勉強をして中央の政界に行く(26)」というような率婿制から、女性を男性の家に迎えとる親迎《しんげい》制への転換が起きるのもこのころである。

朝鮮族はたしかに北方ツングース系ではあるが、だからといって、日本の古代社会について考えるときに、即、渡来系＝父系家族・嫁入婚習俗保持ということにはならないのである。

三　妻問婚と妻訪婚

1　「ツマトヒ」が意味するもの

奈良時代以前の史料にみえる代表的婚姻語は「妻問」(ツマトヒ)、平安貴族社会での代表的婚姻語は「聟(婿)取」(ムコトリ)である。このムコトリといわれる婚姻が、具体的婚姻居住形態としては婿取儀式で開始される妻方居住、ないし妻方居住を経た新処居住あるいは(夫の父母と同居しない)「夫方」居住であり、副妻以下への通いをともなうものであったことは、すでに述べた。平安貴族の婚姻は、かつての高群逸枝氏の婚姻史体系では、〃招婿婚＝妻方居住＝母系大家族〃とされ、非家父長制的婚姻形態とみなされていた。しかし現在では、「聟取」儀式はムコの妻族化を意味せず、現実の婚姻居住形態としても右に述べたように多様であって持続的な母系大家族にはならないこと、ムコをトル主体は妻方の家父長であって本質的には家父長婚とみなすべきこと、[27]さらに、妻方居住で現象的には妻の父母や姉妹を含む母系家族態をとる場合にも経済単位としての家はそれぞれ別個であること、夫は政治的地位の継承を通じて自分自身の父方とも密接なかかわりを持つことが[28]明らかにされている。

では、奈良時代以前のツマトヒという婚姻語で示される婚姻の実態と本質は何か。それが具体的居住形態としては通いを経たのちの同居を基本とし、同居には妻方・夫方・新処の多様な形態があったことはこれまでにくり返し述べてきた。つまり一時的妻訪婚である。しかし、史料にみえる婚姻語としての「妻問」を、夫による訪婚 visiting marriage と同一視して「妻訪婚」と置き換えてしまっていいのだろうか。念のためにいっておくと、史料には「妻問」「嬬問」「都麻度比」とあり、「妻訪」と書かれることはない。

そもそも「ツマ」は「妻」だけではなく「夫」をも指す語であり、「ツマトヒ」とは男女どちらからの求愛・求婚をもいう。(29)「古《いにしへ》に　在《あ》りけむ人の　倭文幡《しつはた》の　帯解きかへて　伏屋《ふせや》立て　妻問《つまとひ》しけむ　葛飾《かつしか》の　真間《まま》の手児名《てこな》が　奥《おく》つ城《き》を……」（『万葉集』3・四三一）というのは男によるツマトヒ、「支屋《いへ》に経《ふ》る　稲置丁女《いなきをみな》が妻問ふと　われに遣せし　をちかたの　二綾下沓《ふたあやしたくつ》……」（同16・三七九一）は女によるツマトヒの例である。ここで「稲置丁女」が贈った「二綾下沓」は求婚のしるしの品で、いわゆる「ツマドヒノタカラ」にあたる。有名な筑波山の歌垣《かがい》の記事には「筑波峯《つくばね》の会《つどひ》に娉《つまどひ》の財を得ざれば児女《むすめ》とせずといへり」(補1)（『風土記』常陸国筑波郡）とあるが、女が求婚するときには女から贈るのだから、ツマドヒノタカラを即、女を夫方につれてくるための花嫁代償 bride-price という意味での婚資とみなすのは誤りだろう。

2　法解釈と「ツマトヒ」

さきに関口説の紹介のなかで、夫方居住婚の一般的存在に矛盾する史料として、法律の注釈をあげた。同じ史料を、婚姻居住の問題としてではなく、ツマトヒの相互性と流動性という角度から取り上げてみよう。

凡《およ》そ結婚すでに定まるに故なくして三月成らず……女家離さんと欲せらば聴《ゆる》せ。すでに成るといへども、それ夫外蕃《げばん》に没落（外国・異民族との戦いなどで捕虜になること）し、子あるは五年、子なきは三年にして帰らざらん、および逃亡して子あるは三年、子なきは二年にして出ざるは、並びに改嫁《かいか》するを聴せ。

謂《いふこころ》は、……もし夫婦同里に在るに相往来せざれば、即ち故なくして三月成らざるに比して離すなり。
釈云《しゃくいは》く、……それ男女同里にして相住まずば、逃亡に比して、子あるは三年、子なきは二年待つのみ。
（『令集解』戸令結婚条）

結婚成立後、夫が何らかの事情があっていなくなった場合の妻の再婚を認める条文とその注釈である。条文そのものは唐令をもとにしていて「改嫁」などの嫁入婚を前提にした表現になっているが、こうした用語に惑わされてはならないことはすでに述べた。その何よりの証拠として、当時の法律注釈書（「謂」＝『令義解』は九世紀前半成立の公定注釈書、「釈」は八世紀末の注釈）は条文の嫁入婚の建前とは異なり、もっぱら男女が「相往来」「相住」をやめた場合の扱いを述べているのである。この史料をもって嫁入婚＝夫方居住婚の一般的存在に疑問を呈した関口説は、その意味で的を射ていると思う。

しかし、この史料をもって、はたして「女家への通いまたは同居」を示すといえるだろうか。注釈の文は「夫婦……相往来せず」「男女……相住まず」とあって、明らかに「夫婦」「男女」の両者が主体となって互いに「往来」し「住む」、というあり方を一般的に想定しているのである。もちろん、「故なくして三月成らず」の部分の注釈として「古記」（八世紀前半成立）が「男夫《だんふ》、障故《さはり》なきに来ざるなり」と述べるように、奈良時代には男の通いで始まるのが普通だった。しかし、女の通いがあったことは『万葉集』の歌からもわかるし、「ツマ」を「トフ」という語源からみても、〝男女が互いに〟と考えて無理がない。男女が主体となる相互婚だということを、「妻問婚」の本質的特色として押さえておきたい。

そもそも条文と注釈とでは、離婚～再婚という事態の想定に大きな姿勢のズレがある。条文の方は、男家主体の制度的嫁入婚を前提とする唐令の枠組みを受けて、女家による婚姻解消を「夫が外蕃に没落」したり「逃亡」したりというごく特殊な場合に限定して認めている。それに対して注釈の方では、男女が往来したり住むことを「やめる」ということ、ごく一般的・日常的事態として婚姻解消を考えているのである（これを子どもの側からみると、前述のように、離婚した母を表す「チチニヤマレニタルオモ」という俗訓になる）。ここには、「往来」＝通いの段階であれば三カ月間それが途絶えた場合、「住」＝同居の段階であっても二〜三年の「住まず」＝不同居の事実で離婚にいたるという、かなり流動的な婚姻の実態がうかがえよう。くり返しになるが、こうした実態がごく当然の一般論として述べられていることが、大事な点である。

「往来せず」「住まず」という事実からそのまま離婚にいたるということは、「往来」（別居）・「住」（同居）のどちらにしろ、結婚生活のあいだも「トフ」という求愛行動が継続していること、それがなくなった時には結婚生活も終了することを意味しよう。〝求愛・求婚〜婚姻〟の全体が「妻問」の語で表され明確に区別されない、ということの背景には、「トフ」の連続性がある。『万葉集』で男女の詠み交わした相聞歌が現代のわたしたちに生き生きと魅力的にひびくのは、「トフ」＝求愛が婚姻生活のあいだも持続しているからなのである。

3 「妻問」と「妻訪」の差

以上にみてきたことをふまえて「妻問婚」と「妻訪婚」の関係をわたしなりに整理してみると、次のようになる。日本古代の「妻問婚」というのは、男女当事者双方（ツマ）からの求愛・求婚の意志表示（トフ）と合意で始まる当事者婚・相互婚であり、合意のある限り続く事実婚である。その意味で非家父長婚であり、婚姻史の普遍的段階規定でいえば、単婚以前の対偶婚段階[30]ということになる。私的所有が全面的に開花するにいたらない、共同体的所有を色濃く残した社会での婚姻のあり方である。その具体的婚姻居住形態としては、一時的妻訪婚（妻方への通い）が一般的で、通いの後の同居には妻方・新処・（原則として父母と同居しない）夫方という、多様な形態があった。社会的規範としての明確な婚姻居住規制を欠くところに、日本古代の婚姻の特色がある。

「妻問婚」の本質を以上のようにみることによって、婚姻語としての「妻問」がほぼ奈良時代で跡を絶ち、平安時代の貴族の一夫多妻妾制のもとでの男の通いはけっして「妻問」とはいわれなかったことが、よく理解できよう。すでに述べたように、聟取儀式で開始される平安貴族の婚姻は、本質的には家父長婚である。そこでの男の通いは〝妻訪 visiting marriage〟ではあっても、当事者婚・相互婚としての「妻問」（ツマトヒ）ではありえないのである。

四　「娶生」系譜と「氏」

1　「娶」をどう訓むか

古代の婚姻がこのように流動的で、明確な婚姻居住規制を欠いていたとすると、そのことは、社会のしくみそのものがとらえどころのない不安定なものだったことを意味するのだろうか。そのようにうけとって、婚姻の流動性という理解そのものに疑問を持つ研究者も少なくない。国家支配体制の形成〜確立期にあって、社会の基層のシステムがそのように流動的・不安定だったとは考えにくいからである。しかしわたしは、日本の古代において婚姻の流動性と社会システムの安定性とは矛盾せず、むしろ積極的に結びついていたと思う。それを氏族系譜の特色と婚姻形態との関わりからみてみよう。

古代の系譜は中世以降とは違った独特の形式を持っている。たとえば、

オホタラシヒコオシロワケ天皇……吉備臣《きびのおみ》等の祖、ワカタケキビツヒコの女、名はハリマノイナビノオホイラツメに娶《みあ》ひて生む御子、クシツヌワケ王。次にオホウス命《みこと》。次にヲウス命。亦の名はヤマトヲグナ命。次にヤマトネコ命。次にカムクシ王。又、ヤサカノイリヒコ命の女、ヤサカノイリヒメ命に娶ひて生む御子、ワカタラシヒコ命。次にイホキノイリヒコ命。次にオシワケ命。次にイホキノイリヒメ命。……（『古事記』中巻）

これは景行天皇の子孫の系譜であるが、特別にかわったものというわけではない。『古事記』の頁を任意に開いて取り出してみただけである。

古代の系譜はこのように、AとBが「娶」してそのあいだに生まれた子がC、という書き方になっている。第二子以下は男女を区別せず「次」で書き続けられる。『古事記』に含まれる膨大な数の系譜、および八世紀ごろまでに作られた個別の氏族系譜・王族系譜は、すべて、「娶生子」と「次」で父母と子の名前を書き連ねていく形式である。(31)

〝AとBが「娶」して生まれた子C、次D……〟という形式では、当然の結果として同父同母の兄弟姉妹が一グループをなすことになる。これは当時のもっとも身近で密接な親族結合の単位とも適合する。父が同じでも異母の兄弟姉妹は社会的存在形態としても、系譜記載においても、別グループなのである。また、この形式においては、女子の名前も母の名前も（男子・父と同様に）固有名でもって記される、という点にも注目しておきたい。(補2)

それに対して、後世の系譜では、父と子（大部分は男子）の名前だけを書き連ね、ところどころに（固有名のない）「女」あるいは「母〇〇」の注記が加わる、というように変化していく。一人の男（父）と息子たちの一グループが社会のもっとも基礎的な親族結合の単位となり、それが系譜形式の変化をも生み出していくのである。

では、古代の「娶生」系譜（仮にこう呼ぶことにする）の「娶」の部分はどう訓《よ》めばよいのだろうか。現在よく使われている注釈書では「メトリテ」または「メトシテ」と訓んでいることが多いが、私は右に示したように「ミアヒテ」と訓むべきだと思っている。「娶」という漢字は「女を取る」という意味の会意文字で、妻を迎える婚姻を表す語である。婚姻＝嫁取婚だった中国社会では何の不思議もない文字だが、これまでに婚姻居住をめぐって述べてきたところからわかるように、古代の日本でこの字を「メトリテ」と訓んだとするのは疑問である。「メ（女＝妻）トシテ」と訓《よ》む場合には、「取る」という意味はなくなるからまだしもよいようだが、これでは「娶」の主体は常に男ということになる。あとでふれるように「娶生」系譜では女が主体となる記載の実例もあるので、この訓みも不適当だと思う。

ちなみに本居宣長の『古事記伝』には、「娶は米志弖《めして》と訓《よむ》べし、又、伊礼弖《いれて》とも、美阿比坐弖《みあひまして》とも訓べし」とある。「ミアヒテ」の訓みは宣長のいう「美阿比坐弖」（御合まして）にあたるが、「米志弖」（召）でも「伊礼弖」（納）でも同じというのはうなずけない。「召」も「納」も男性主体、それも上位にある男性からのいわゆる「召し上げ婚」を表す語だからである。

なぜ、「娶」を「メトリテ」でも「メトシテ」でもなく「ミアヒテ」と訓むべきなのか、史料からみてみよう。『古事記』上巻の有名なイザナギ・イザナミ男女二神の国生みの話に、次のような場面がある。

ここにイザナギ命、さきに「アナニヤシエヲトメ（愛袁登売）ヲ」と言ひ、のちに妹イザナミ命、「アナニヤシエヲトコ（愛袁登古）ヲ」と言ふ。かく言ひ竟《を》へて御合《みあひ》して生む子、淡道《あはぢ》のホノサワケ島。次に伊予《いよ》のフタナ島を生む。

男女二神が互いに「なんと良い男よ」「なんと良い女よ」と呼びかけあい、つぎつぎに島を生んでいって、大八島《おおやしま》国《ぐに》、つまりこの国土ができあがったという神話である。ここの「御合生子……次……」という書き方は、先にあげた景行天皇の系譜の「娶生（御）子……次……」とまったく同じであることがわかるだろう。つまり、「娶」＝「御合」＝「ミアヒテ」である。

もう一つ「御合」の場面をあげよう。同じく『古事記』上巻のヤチホコ神のヌナカハヒメのもとへの求婚旅行（「将レ婚幸行」）の物語歌では、「麗わしい乙女よ」「私の心はあなたのもの」と互いに思いを呼び交わしたあと、「明日《くるつひ》の夜、御合《みあひ》したまひき」という。〝男女が出会い→互いに求愛し→結ばれる〟という流れは、イザナギ・イザナミが「なんと良い男よ」「なんと良い女よ」と呼びかけあい島を生んだ、という話の流れと同じである。

「娶生」系譜とは、男女（ツマ）の求愛・求婚の意志表示（トフ）で始まり結合の事実（ミアフ）で成立する妻問婚の習俗をそのままに表した系譜形式なのである。こうみれば、八世紀を境としてこうした系譜が作られなくなることにも何も不思議はない。妻問婚が終わりを告げるころ、「娶生」系譜の作成も終わるのである。

2 「娶生」系譜の時代

『古事記』の系譜は古くからの伝承を七世紀末〜八世紀初め段階で編纂したものだが、実際に作成された個別の「娶生」系譜では、七世紀後半、東国の豪族出身の僧が石に刻んで残した「山《やま》の上《うえ》碑《ひ》」[32]が年代的に一番新しい。そこには、変則的な和風漢文で、「佐野《さぬ》の三家《みやけ》と定め賜ふ健守命《たけもりのみこと》の孫《そん》、黒売刀自《くろめのとじ》、此《これ》、新川臣の児新多々弥足尼《したたみのすくね》の孫《そん》、大児臣に娶ひて生む児長利僧《ちようりのほうし》。……」と刻まれていた。骨組みだけを示せば、「黒売刀自が大児臣に娶て生む児長利僧」、つまり女が男に「娶」という形である。

これを「メトシテ」（女＝妻として）と訓んでは落ち着きが悪い。しかし、「娶生」系譜は妻問婚の習俗の反映ということがわかれば、当時の婚姻語に添って、「ミアヒテ」（御合）と訓めばよい。(補3)妻問婚が男女どちらからの求婚でも始まり、どちらからの通いも、どちら側への同居もありえたのと同じく、系譜記載でも男を主体として書く場合も女を主体として書く場合もあった、ということでごく自然に理解できよう。もちろん、男からの求婚や通いが多かったのと同様に、男を主体とする形式の系譜の方が圧倒的に多い。ただ、中央で編纂された『古事記』には一例も見られない女を主体とする「娶生」系譜が、地方で作られた同時代史料の金石文に残る、という点は注意しておいてよいと思う。(33)

系譜というのは、親子関係のつながりに何らかの社会的意味づけを与えるために作られるものである。父と子のつながりに大きな意味のある社会、つまり父系社会では、父と子（男子）の名を書き連ねた系譜が作られる。日本でも九・一〇世紀以降は、そうした系譜が作られるようになっていく。父系社会では子どもは母の社会的地位や氏名《うじな》を継がないので、母については原則として記載する必要がないのである。逆に言えば、必ず父母双方とのつながりを織り込む「娶生」系譜の作られた時代は、父母双方とのつながりを示すことに大きな社会的意味のあった時代、父からだけではなく母からも地位や氏名・財産などを受け継ぐことが普通だった社会、ということになる。(34)

古代の「氏」が父系か母系か、そのどちらでもないかをめぐっては、「はじめに」でも述べたようにさまざまな議論がある。近年の動向として、日本の古代社会は全体として父方母方双方の親族関係がほぼ均等な重みを持つ双系（方）的社会だったとみる見解が主流になりつつあるが、その場合でも、支配層の「氏」の組織は父系だったとみる研究者が多い。しかし、『古事記』をみてもわかるように、天皇・王族・豪族のすべてが、例外なく「娶生」形式の系譜でみずからの社会的位置を表示している。また、そうした「娶生」系譜のあらたな作成は、八世紀以降にはみられない。ということは、支配層でもはじめから父系だったのではなく、八世紀ごろを過渡期として「氏」の組織原理に大きな転換があったとみるべきだろう。わたしは、何よりもこの転換を重視する。支配層が父系を志向しはじめていたこと[35]は否定しないが、「氏」を最初から父系ないし準父系組織だったとみることには賛成できないのである。

その意味で、七世紀末以前の「氏」を、父系化を目指して急速に変貌を遂げていく八・九世紀以降とは段階的に区別して、〝両属性〟(父方母方どちらの集団にも潜在的帰属権を持ち、どちらからも地位・財産を継承し、氏名を両方から継ぐこともあった)という特質で理解しておきたい[36]。

五 「娶生」系譜のその後

1 冒母姓史料に残る「娶生」系譜

「娶生」形式の個別の系譜が実際に作られたのは、現在残っているもので確認できる限り、「山の上碑」が最後である。これはおそらく、同じころに「男女《だんじょ》之《の》法《ほう》」が制定されたことに対応しているのだろう。「良男《りょうなん》良女《りょうじょ》ともに生むところの子は、その父に配《つ》けよ」(『日本書紀』大化元年八月庚子条)という「男女之法」によって、それまでの両属的慣行が否定され、父系原則が公的に定まった。そうはいっても、社会的慣行は一片の法令で簡単に変わるものではなく、「氏」が実際に父系集団としての実質を備えてくるのは九世紀以降になるが、公的な系譜記録の形式としては「娶生」は使われなくなったのだろう。しかし、各氏族の手元には古くからの系譜が大事に保存されていたはずであり、それは八・九世紀以降にも折にふれて参照されることがあった。いわゆる冒母姓《ぼうぼせい》史料のなかにそれをみることができる。冒母姓史料というのは、父系原則に転換した八世紀以降に、〝かつて間違って母方の姓を名乗ってしまったので訂正して本来の父姓に戻りたい〟という申請が各地の豪族からなされた、そのことを記録したものである。『続日本紀』『日本後紀』などの正史や、『新撰姓氏録』の氏族伝承のなかに見られる。そこに、「娶生」系譜の断片が引用されているのである。『続日本紀』から二例あげてみよう。aは天平神護二年（七六六）三月戊子条、bは延暦一〇年（七九一）一二月甲午条の記事である。

a　伊予国の人、従七位上秦毗登《はたのひと》浄足《きよたり》等十一人に姓を阿陪小殿朝臣《あべのをどののあそん》と賜ふ。浄足自ら言《まう》す。「難波長柄《ながら》朝廷、大山上《だいせんじやう》安倍小殿小鎌《をかま》を伊予国に遣《つかは》して朱砂を採らしむ。小鎌、便《すなは》ち秦首《はたのおびと》の女に娶ひて子伊予麻呂《いよまろ》を生む。伊予麻呂、父祖を尋ねず偏《ひとへ》に母の姓に依る。浄足は即ちその後なり」と。

b　伊予国越智郡の人、正六位上越智直広川《おちのあたひひろかは》等五人言す。「広川等の七世の祖紀博世《きのひろよ》は、小治田《をはりだ》朝廷の御世に伊予国に遣さる。博世の孫忍人《おしひと》、便ち越智直の女に娶ひて在手《ありて》を生む。在手、庚午年の籍に本源を尋ねず誤りて母の姓に従ふ。尓《それ》より以来越智直の姓を負ふ。……請ふ、本姓に依りて紀臣を賜はらむことを」と。

このなかで、aの「小鎌便娶二秦首之女一生子伊予麻呂」とbの「忍人便娶二越智直之女一生在手」の部分は、まさに「娶生子」の系譜記載方式そのままである。年代的には、aが「難波長柄朝廷」（孝徳天皇）だから七世紀半ば、bは「小治田朝廷」（推古天皇）で六世紀末～七世紀初に相当する。これは、彼らの手元に七世紀末以前に作成された「娶生」系譜があり、そのなかから自分たちの当面の目標（安倍氏や紀氏といった中央有力貴族の末端につらなる）実現の裏づけとなりそうな記載を抜き出して書き写したものと、わたしは思う。(37)「氏」を最初から父系組織だったとみる論者は、こうした冒母姓史料を「一代限りの母系(38)」、つまり、たまたま一回だけ母方についてしまった例外的事例とみなす傾向がある。しかし、これらの主張は七世紀末以前の普遍的な系譜形式だった「娶生」系譜にもとづいてなされているのであり、その点を見落としているので、「一代限りの母系」というとらえ方は誤りである。

2 系譜と「氏」

「娶生」系譜は、男女が対等に結びつく妻問婚の社会が生み出した系譜形式だった。そこでの婚姻居住のあり方は、一定期間の通いの後に同居することが多いが、その同居には妻方・夫方・新処の多様な方式がある、というものだった。妻方同居であれば、子どもは母方で育ち、ごく自然に母方の氏名を名乗ることになる。ただ八世紀以降になると母姓を名乗ることは誤りと考えられるようになり、自分たちの過去の系譜伝承を振り返ってみたときに、どこかの段階の祖先の父方の氏の方が、現在属している母方の氏より有力で地位上昇につながりそうだということになれば、その系譜記録を引っぱり出してきて（適宜作り直しの手も加えて）改姓申請を行なう。いうまでもなく、そのまま母方の氏に属していた方が有利な場合は、こうした申請は行なわれなかったろう。

ここに語られている、自分たちは実はかつて地方に派遣された有力豪族の落とし胤《だね》の子孫だ、という主張が歴史的事実かどうかは問題ではない。系譜とはそもそも、ある人間なり集団なりの社会的地位の主張を込めて作られるものであり、事実かどうかではなく、どう主張されているかに歴史的な意味がある。国家形成期の支配層は、「娶生」系譜の作成によって、（擬制も含めて）父方母方双方でつながるさまざまな「氏」との結びつきを社会的に確かなものとし、地理的・経済的・歴史的なさまざまの要因に応じてそのなかから最重要な関係を選び出し、柔軟で強固な政治的同盟関係・従属関係の網の目を作りあげていったのである。

七世紀末以前の、親族組織であり政治組織でもある「氏」の特色を、わたしは基本的にこのようなものと理解している。

六　「夫婦」か「父母」か

1　埋葬状況が示す親族構造

最後に、考古学からみた婚姻・親族関係の議論に簡単にふれておきたい。考古学的情報から婚姻・親族関係を復元考察する試みとしては、これまでに、縄文時代の抜歯形式の相違、弥生時代の墓地の埋葬区画（群）のあり方や異なる土器文様の分布、古墳時代の埋葬人骨の頭位の方向などのさまざまな手がかりから、父系だったか母系だったか、あるいは妻方居住優勢か夫方居住優勢かといったことが論じられてきた[39]。しかしこれらの試みは大きくいって、何らかの集団区分の観念や技術交流・伝習に関する地域圏があったことを示すとはいえても、それが出自集団の違いや婚姻居住の社会的規制を表しているとの証明は、充分になされているとはいえない。近年、田中良之氏はこういった点を批判して、人骨そのものの遺伝的形質の分析に、埋葬状況・墓域などの考古学情報を組み合わせて、新しい親族構造論を提出した[40]。

田中良之説によると、古墳時代の親族構造は大きく三段階の変化をたどるとされる。第一段階は弥生末から五世紀にかけてで、兄弟姉妹が埋葬され、二世代構成になることもあるが、それぞれの配偶者は含まれない（基本モデルⅠ）。

被葬者の男女比も半々で、双系的性格の社会である。第二段階の五世紀後半以降は、男性とその子（男女とも。既婚女子を含む）が葬られるようになり（基本モデルⅡ）、双系的性格を残しつつも父系化の動きがみられる。第三段階は六世紀前半〜中葉以降で、家長夫妻が同一墓に埋葬されるようになる（基本モデルⅢ）。全体としては、双系的社会から父系継承へ、兄弟姉妹原理から夫婦原理へという変化である（「双系的」の用語は田中氏による）。

2 「子」による「父母」同葬

田中氏の綿密な分析は考古学の親族研究として画期的な意味を持つものであり、今後の研究の着実な基礎になると思う。(補4) ただ、これまでに述べてきた古代の婚姻と系譜の特色をふまえて考えると、基本モデルⅢの「夫婦原理」という位置づけには疑問を持つ。これは「夫婦」同葬ではなく、「父母」同葬とみるべきではないか。夫婦という社会的単位が明確にあってそれが同葬されたのではなく、夫婦の絆は不安定で弱くとも、子からみた父母との関係は重要であり、それを社会的に示すために子によって「父母」が同葬されたと思うのである。

わかりやすい例を一つあげると、推古二〇年（六一二）に欽明天皇の檜隈《ひのくま》大陵に妃の堅塩媛《きたしひめ》（蘇我稲目の娘）が葬られた。形の上からみればたしかに「夫婦」同葬といえる。しかし『日本書紀』によれば欽明の皇后は石姫《いわのひめ》（宣化天皇の娘）で、堅塩媛はそのほかの五人の妃の一人であり、そもそもは別の場所に葬られていた。それが、欽明と堅塩媛とのあいだに生まれた推古が即位してのち、その推古の手によって（おそらく欽明と蘇我稲目の血をひく自分の社会的位置をアピールする意味をもって）改葬されたのである。「夫婦」同葬の実態は「子」による「父母」同葬だということの良い例である。

文献からみた古代家族史のこれまでの成果によると、墓誌などの金石文からも、八・九世紀ごろまでこうした「夫婦」同墓の例はいくつか確認できる。ところが父系氏族のシステムが確立する一〇世紀以降は、異なる氏族出身の夫婦は別々の氏族墓地に葬られる異氏別墓の慣習ができてくる。(41) それがさらに、「氏」のなかから夫婦を核とする「家」が分立してくる次の段階になって、本当の夫婦同墓が成立するのである。(補5) 現代のわたしたちは「家」の墓である夫婦同墓の歴史的流れの末に位置していることになる。

家族史が明らかにしたこうした巨視的変遷に照らし合わせてみると、田中説のいう六世紀半ば段階での「夫婦」原理への転換という見通しとは、あまりに年代のズレが大きいことに驚かされよう。しかし「夫婦」同葬とみえたものが実は「父母」同葬だったとすれば、何の矛盾もない、それどころか逆に、古系譜の分析からは「娶生」系譜が作られはじめるのは六世紀半ばごろと考えられるので、「子」からみた「父母」の社会的表示の重要性という共通の動きを、造墓慣行と系譜形式の両面から読みとれるともいえるのである。

おわりに

八世紀ごろを過渡期として、男女が対等に結ばれるツマトヒ婚は最終的に消滅し、父母双方との社会的絆の重要性を表示する「娶生」系譜も作られなくなる。婚姻においても、親族構造においても、女と男の関係に大きな転換が起こったのである。それまでの両属的特質に支えられた親族組織＝政治組織の網の目にかわって、確立した国家支配体制の官僚組織に男はしっかりと足場を据え、女は次第にそこから排除されていく。

注

（1）「氏」を、いわゆる古典的氏族（クラン）ではなく大和朝廷の政治組織にすぎないとみる津田左右吉氏以来の通説に対して、近年では、円錐《えんすい》クラン《コニカル》の一種とみて、親族組織としての特色もあわせ考察しようとする説（吉田孝氏など）が有力である。

（2）一貫して父系とみる通説に対して、高群逸枝氏は母系の遺制を強調した（『母系制の研究』。『高群逸枝全集』一、理論社、一九六六年所収。初出一九三八年）。母系説そのものは史料的に否定されているが、近年は双系（方）的ないし非父系的面に注目する論者も多い。

（3）両者の対立の基本的論点とその思想的背景については、村上信彦『高群逸枝と柳田国男』（大和書房、一九七七年）にくわしい。ただし現在では、家族史研究における高群説の修正、民俗学内部から出されている柳田説への疑問をもふまえた考察が必要である（義江明子「女性史と民俗学」『古代女性史への招待―〈妹〉の力を超えて―』吉川弘文館、二〇〇四年参照）。

（4）大林太良「古代の婚姻」（『古代の日本2　風土と生活』角川書店、一九七一年。のち総合女性史研究会編『日本女性史論集4　婚姻と女性』吉川弘文館、一九九八年所収）。

（5）江守五夫「母系制と妻訪婚」（『国文学　解釈と鑑賞』二五―一四、一九六〇年。のち義江明子編『日本家族史論集8　婚姻と家族・親族』吉川弘文館、二〇〇二年所収）。大幅に書き改めて『日本の婚姻　その歴史と民俗』（弘文堂、一九八六年）にも所収。

（6）「不落夫家《ふらくふか》」ともいう。新郎の家で挙式ののち、新婦は実家に帰り別居生活を続ける。一般には第一子誕生ののち夫方に移ったとされる。比較家族史学会編『事典家族』（弘文堂、一九九六年）「不落夫家」（横山廣子執筆）参照。

（7）「婦、夫の家に入るや、必ず先ず火を跨ぎ、乃ち夫と相見ゆ」。つまり、新婦は火を跨いで夫家に入り、新郎と対面するという。類似の習俗は近世以降の民俗事例として、東日本を中心に各地に点在する。

（8）大林太良「渡来人の家族と親族集団」（『日本の古代11　ウヂとイエ』中央公論社、一九八七年）。

（9）前掲注（5）、『日本の婚姻　その歴史と民俗』。

（10）『東アジア世界における日本古代史講座10　東アジアにおける社会と習俗』（学生社、一九八四年。のち『日本古代婚姻史の研究』下、塙書房、一九九三年所収）。

（11）遣唐使として中国に滞在した経験も持つ憶良の歌には、全般に中国思想・典籍の影響が強い。特に貧窮問答歌については王梵志の詩との密接な関わりがみられる（吉田孝「天平びとの愛と死」『大系日本の歴史3　古代国家の歩み』小学館、一九八八年、義

江明子「「貧窮問答歌」の家族像」、前掲注（3）、義江著書所収、参照）。

（12）「オモ」は母を指す古語。「出母」は漢字の意味としては〈父家から出された母〉で、夫方居住婚を前提とする表現。ところが実際には、〈父に（通ってくることないし住みつくこと）をやめられてしまった母〉というのが、当時の我が国での言い方＝「俗云」だった（『令集解』喪葬令服紀条「古記」）。母の側で暮らす子どもの視点が感じられる表現である。

（13）正倉院には、大宝二年（七〇二）の御野国（現在の岐阜県辺り）や筑前・豊前などの北九州諸国、養老五年（七二一）の下総国（千葉県辺り）などの戸籍が残されている。

（14）戸籍は、兵士徴発や租税徴収の基本単位となる均等的な規模の戸を維持するために、六年に一度の造籍年ごとに国家によって編成しなおされたとする説。

（15）杉本一樹「戸籍制度と家族」（『日本の古代11　ウヂとイエ』中央公論社、一九八七年。のち『日本古代文書の研究』吉川弘文館、二〇〇一年所収）。

（16）梅村恵子「律令における女性名称」（『日本女性史論集3　家と女性』吉川弘文館、一九九七年所収。初出一九七九年）。

（17）明石一紀『日本古代の親族構造』（吉川弘文館、一九九〇年）。

（18）南部曻『日本古代戸籍の研究』（吉川弘文館、一九九二年）。

（19）戦国から前漢ころの成立とされる『儀礼』『礼記』には、「昏礼」として女性を夫家に迎える儀式次第・作法が記されている。

（20）井上光貞他校注『律令』〔日本思想大系〕（岩波書店、一九七六年）の頭注・補注には、条文ごとにこうしたズレとその社会的背景についての説明がある。

（21）三崎裕子「キサキの宮の存在形態について」（総合女性史研究会編『日本女性史論集2　政治と女性』吉川弘文館、一九九七年所収。初出一九八八年）。

（22）橋本義則『平安宮成立史の研究』（塙書房、一九九五年）。

（23）梅村恵子「摂関家の正妻」（青木和夫先生還暦記念会編『日本古代の政治と文化』吉川弘文館、一九八七年。のち義江明子編『日本家族史論集8　婚姻と家族・親族』吉川弘文館、二〇〇二年所収）。

（24）婚姻後半期に着目して、摂関期の貴族は「夫方居住」を基本としたとみる栗原弘『高群逸枝の婚姻女性史像の研究』（高科書店、一九九四年）に対して、西野悠紀子氏は、同書の書評で、夫の両親とは同居しないという特徴が重要なので「独立居住婚と考えて良い」とする（『日本史研究』四〇二、一九九六年）。わたしも西野氏の評に同感である。

(25) 崔在錫「韓国家族制度史の研究」（『アジア公論』一三―一～二、五～九、一九八四年）および井上和枝「朝鮮家族史研究の現状と課題」（歴史科学協議会編『歴史における家族と共同体』青木書店、一九九二年。初出一九八五年）、同「朝鮮家族史序説」（大日方純夫編『日本家族史論集13　民族・戦争と家族』吉川弘文館、二〇〇三年）。

(26) 一九八六年度の歴史科学協議会大会パネルディスカッション討論（右掲書所収）での井上和枝氏の発言。

(27) 関口裕子『日本古代婚姻史の研究』上・下（塙書房、一九九三年）。

(28) 服藤早苗『家成立史の研究』（校倉書房、一九九一年）、および『平安朝の母と子』（中公新書）（中央公論社、一九九一年）。

(29) 同様の婚姻語にヨバヒがある。小林茂文「古代婚姻儀礼の周辺」（『周縁の古代史』有精堂出版、一九九四年）によると、ヨバヒとツマド（ト）ヒは重なるところもあるが、ヨバヒの本質は求愛、ツマドヒは正式の求婚と結婚後の通いのことである。

(30) 文明社会の一夫一婦婚＝単婚（現在のわたしたちの結婚はこれ）以前に存在したとされる、未開段階での継続性・排他性の乏しい男女一対の配偶関係。モルガンの『古代社会』には一九世紀の「アメリカインディアン」の対偶婚の様相が描かれている。日本古代の「妻問婚」を対偶婚段階とみるべきことについては、前掲注(10)、関口著書参照。

(31) ただし、「娶生」と「次」のない、もう一つ別のタイプの系譜があり（代表例は埼玉県稲荷山古墳出土鉄剣の銘文）、同種の系譜を比較検討すると、これは父子関係ではなく政治的地位の継承次第を示すものであることが判明する（義江明子「古系譜の「児」（子）をめぐって」『日本歴史』四八四、一九八八年。のち『日本古代系譜様式論』吉川弘文館、二〇〇〇年所収）。

(32) 上野三碑の一つ。高崎市山名町所在。七世紀の金石文として貴重。国特別史跡。

(33) 『万葉集』や『日本書紀』には身分差のある時に「娶」の意識的使用がみられるとの指摘もあり（吉井巌「帝紀と旧辞―娶の用字をめぐって―」『天皇の系譜と神話』二、塙書房、一九七八年）、その意味でも地方の金石文での女を主体とする「娶」字の使われ方は興味深い。「山の上碑」の事例においては、母方の黒売刀自の属する一族（健守命の子孫）は父方の新川臣子孫一族よりも有勢であったと考えられる。

(34) 『古事記』の系譜は父系を軸に一代ごとに「娶生」で母方が記載される形式にほぼ統一されているが、七世紀成立と推定される天寿国繡帳銘の聖徳太子をめぐる系譜は（二八二頁「天寿国繡帳の系譜構成」の図を参照）、太子と妃の父方母方の親子関係のつながりを三～四世代さかのぼって記す、純粋な双方的系譜である（義江明子「天寿国繡帳銘の一考察」『日本史研究』三二五、一九八九年。のち前掲注（31）、義江著書所収）。

（35）明石一紀「家族と共同体」（『歴史評論』五六四、一九九七年）では、近年の氏族論の動向を簡潔に整理して単純な父系説を批判し、「九世紀前半までのウヂは父系出自志向集団にとどまる」との自説を確認している。

（36）この段階の「氏」のさまざまな特色と八・九世紀以降の変質過程については、義江明子『日本古代の氏の構造』（吉川弘文館、一九八六年）参照。

（37）九世紀半ばに四国の小豪族出身の高僧円珍によって作成された「和気系図」（「円珍俗姓系図」ともいう。国宝）にも、六世紀後半ごろに相当する部分に同じような断片が次のようにみられる。

子忍尾別君之
此人従伊予国到来此土　娶因支首長女生
子　思波之

カギ形に曲がる線の引き方から、古い記録をモザイク状にはめ込んだことが読みとれる。前掲注（31）、義江著書Ⅰ―一章および三章付論参照。

（38）洞富雄『新版日本母権制社会の成立』（早稲田大学生協出版部、一九五九年）。

（39）春成秀爾「縄文・弥生時代の親族組織をさぐる」（『日本の古代11　ウヂとイエ』中央公論社、一九八七年）。甲元真之「弥生時代の社会」（『古代史発掘4　稲作の始まり』講談社、一九七五年）。都出比呂志「原始土器と女性」（女性史総合研究会編『日本女性史1　原始・古代』東京大学出版会、一九八二年）。辻村純代「古墳時代の親族構造について」（『考古学研究』三五―一、一九八八年）など。

（40）田中良之『古墳時代親族構造の研究』（柏書房、一九九五年）。

（41）栗原弘「平安中期の入墓規定と親族組織」（総合女性史研究会編『日本女性史論集4

天寿国繡帳の系譜構成

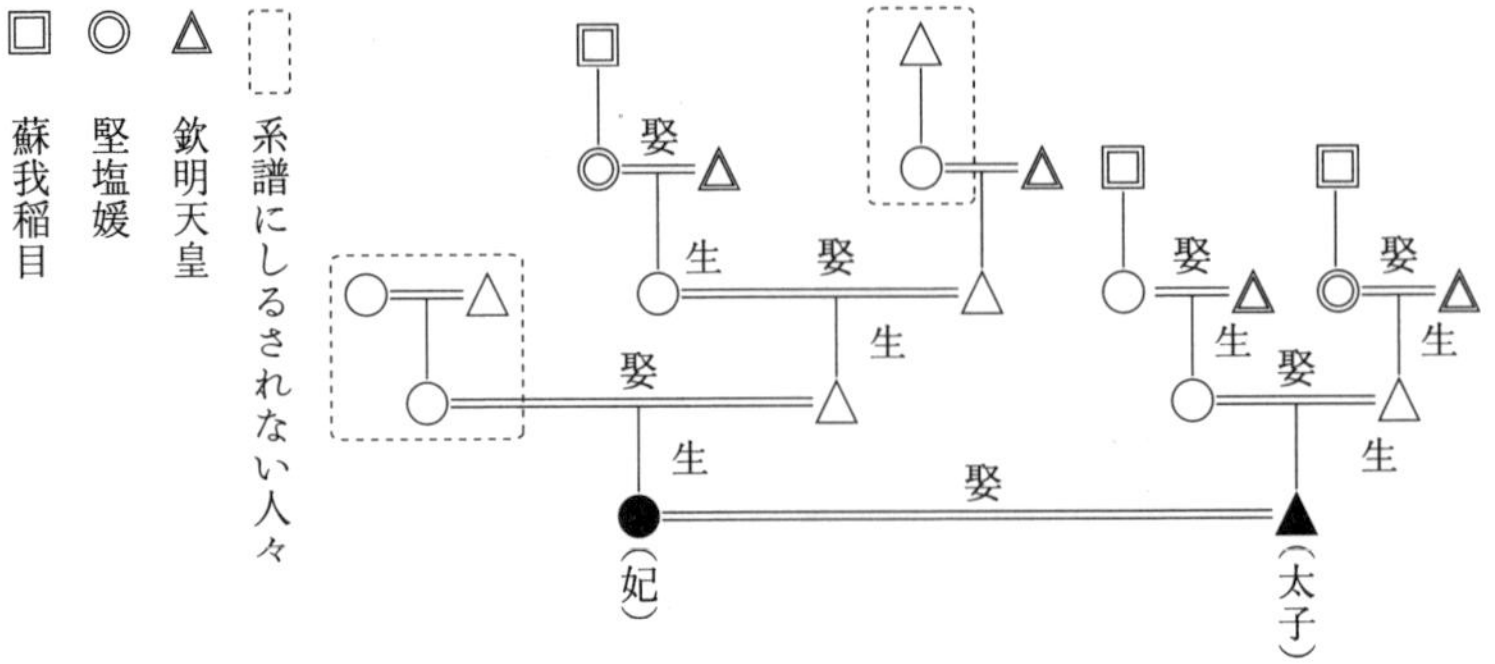

婚姻と女性』吉川弘文館、一九九八年所収。初出一九七九年)。

補注

(補1)「児女」の訓みを「むすめ」とするのは、秋本吉郎校注『風土記』(日本古典文学大系)(岩波書店、一九五八年)である。植垣節也校注・訳『風土記』(新編日本古典文学全集)(小学館、一九九七年)では、「こ」と訓み、全体の意味を「筑波山の歌垣に、求婚の贈り物をもらわないと、一人前の男女とみなさない」と訳している。ツマトヒが男女双方からなされたことを考えると、後者の解釈の方が古代の婚姻慣行には適合している。ただし、ここの歌垣習俗にまつわる「俗諺」の訓みと解釈として妥当か否かは、議論の余地があろう。

(補2)『古事記』系譜のこうした特色に着目して、それが女性の地位のあり方と関わる、との先駆的指摘を行なったのは家永三郎氏である(『上宮聖徳法王帝説の研究 増訂版』三省堂、一九七六年、総論編〈一九五三年初版〉参照)。

(補3)東野治之氏は、「黒売刀自……大児臣に娶ぎて生める児長利僧」とし、「「娶」は、普通男性が女性をめとることを指すが、『類聚名義抄』(仏部中)の古訓によって「とつぐ」と読む」と述べている(「上野三碑」『日本金石文の研究』岩波書店、二〇〇四年、二一七頁、初出一九九一年)。女性が男性を「めとる」と読むのではそぐわないから、ということであろうが、平安時代における「とつぐ」の語は、男性を主語としても使われる語である。「山の上碑」については、婚姻形態の大きく変化する平安時代の用例に准拠するのではなく、同時代の史料である『古事記』の用例を参照して、「みあふ」と読むので良いと思う。

(補4)関口裕子氏は、田中氏による親族関係復元事例を一つ一つ再検討し、田中氏による結論とは異なる解釈にいたる可能性の高い事例が多く含まれていることを示した(『日本古代家族史の研究』下、塙書房、二〇〇四年)。関口氏は、「何ら確かなことは実証されていない」(同九五三頁)、「歯冠計測値を用いたQモード相関係数は、血縁者と非血縁者を識別するための指標としては相対的なもので、二つの人骨間の血縁・非血縁関係をきめる決定打とはなり得ない、つまりその値の高低にかかわらず、血縁者、非血縁者の双方の可能性が想定される」、「田中がこのような二つの可能性を使いわけて、自己に有利な結論を出す場合のある」(同九六五頁)ことを指摘し、田中説は成立しない、と結論づけている。

また、本章で述べた田中説への評価と批判に対して関口氏は、「田中の分析が決して「綿密」ではなく、したがって「今後の研究の着実な基礎」になりえない点は、本稿の田中説への批判からあまりにも明らか」で、「夫婦合葬例は別墓に比べてごく少数であり、……夫婦を父母に読みかえる義江の試み（しかもそれ自体史実に反すると考える）は意味をもたない」と述べている（同一〇一八～一〇一九頁）。しかし本章での私の議論は、関口氏自身も認めるように「田中による歯冠計測値を用いた方法が、従来の考古学での墓地を対象とした親族研究の欠陥を補う、きわめて意欲的な方法である」（同九六二頁）ことをふまえ、そこで示された「夫婦同葬」という解釈に対して、文献史料にもとづくこれまでの家族婚姻史研究および私自身の系譜様式論研究の成果からは、異なる解釈の妥当性がいえるということを主張したものである。考古学における新たな方法の模索と仮説の提示に対して、文献史学の側から批判的・建設的に応えていくための作業として、もっとも妥当と思われる解釈を示したにすぎず、私自身は「当時の夫婦合葬例は、すべて父母としての合葬だ」との仮定は何ら行なっていない。また、田中氏による親族モデル復元がすべて正しいとの前提に立つものでもない。

関口氏による田中説の立論の根拠にまで遡っての検証は、極めて貴重なものであり、今後、田中説を批判するにせよ、援用するにせよ、常に参照されるべき研究成果である。なお、田中説およびそれを援用した文献史学の近年の成果に対する私見は、本書Ⅲ―付論2「関口裕子氏の古代家族論の意義」参照。

（補5）　夫婦同墓の歴史的成立過程については、近年の研究によって、中世後期、一五世紀から一六世紀にかけて、公家社会において夫婦別墓地から同墓地（夫の「家」の墓域への埋葬）へと変化していく様相が、「正妻」の社会的認知、嫡子継承の確立等々とからめて、具体的に段階を追って明らかにされている（後藤みち子「中世公家の墓制にみる夫婦と「家」」『総合女性史研究』二三、二〇〇六年）。そこで分析されている三条西実隆や甘露寺親長の例は、夫婦の逆修（生前）墓であり、〝子による父母同葬〟ではなく、まさに夫婦の意志による「夫婦同葬」である。

〔付記〕　本章の初出は『古代史の論点2　女と男、家と村』（小学館、二〇〇〇年）である。枚数の関係で充分に書き込めなかった部分を若干補筆したほか、脚注の体裁であったものを文末注に改め、図版はおおむね削除した。一般読者向けに書かれたものであるため、不要と思われる注記もあるが、ほぼそのままとした。

第三章　イヘの重層性と〝家族〟

――万葉歌にみる帰属感・親愛感をめぐって――

はじめに

近年、日本古代史の分野における家族史研究の進展にはめざましいものがある。個々の論者により視点・方法は相違するが、従来の研究成果との対比で考えた場合、そこにはほぼ共通した論点が見いだせるように思われる。代表的な三者を取り上げて整理してみると、

イ　吉田孝（ムラやナリハヒをめぐる家族の考察より(1)）

ヤケ＝共同体の農業経営の拠点となる機構。首長層にのみ存在。

イヘ＝生活をともにする人間集団＝家族。庶民に至るまで普遍的に存在。

古代のイヘとヤケが一致するなかから中世のイエが成立してくる。

ロ　明石一紀（エンゲルスの『家族・私有財産・国家の起源』〈以下『起源』と略〉の分析と家族の人類学的考察から(2)）

イエ＝家長の家族を中心とする生産・経営組織（『起源』のいう家族）

家族＝消費・性・育児・精神的安定の機能を持つ共同生活をする最少の親族集団。

私的所有の未発達な古代にはイエは未成立である。

ハ　関口裕子（古代の婚姻形態の研究と『起源』の検討から）[3]

本質としての家族＝氏族を打破する私有単位である家父長制家族。

具体的家族＝寝食をともにする生活共同体。

古代には家父長制家族は未成立。婚姻は対偶婚段階にあり、母系合同ないし母系直系をへた夫婦小家族の形態をとる具体的家族のみが存在。

以上の諸説は、具体的な用語・概念は異なるが、

(1)　経営単位と、生活共同の単位との理論的区別、

(2)　日本古代には（一部階層を除き）後者のみ存在、

(3)　経営単位としての家族の一般的成立は古代末〜中世以降、

とみる点においてほぼ共通しているといえよう。私見も基本的には同様の見解にたつ。これはいわゆる小家族普遍説とは明確に異なる立場である。人類学の小家族普遍説は、

①　〝経営単位としての家族〟と生活共同の単位としての〝家族〟の区別を問題とせず、

②夫婦小家族が人間社会に普遍的な基礎単位である、

とする。[4]右にあげた三者の研究では、①の点に対する歴史学的批判は明確だが、その上で、〝経営単位としての家族〟とは区別された生活共同の単位としての〝家族〟を、②と同様に夫婦小家族とみなすことについての批判的視点は乏しいのではないか。古代における〝経営単位としての家族〟の一般的未成立が、女性史、さらに国家史において持つ意味を明らかにしていくためにも、この段階での〝家族〟の歴史的特質の解明が今後の重要な課題とならねばな

らない。

古代の〝家族〟は、短期から長期にわたる通い婚の広範な存在と離婚・再婚の容易な流動性とから、具体的には「母子＋夫」という形が想定されている。(5)(補1) しかしそれが〝家族〟関係の本質として何を意味するのかは、これまでの研究では必ずしも明らかでない。一方、社会学においては、経営機能を喪失して日常的な消費単位となった現代の家族は、夫婦関係を基礎とする親族小集団で、成員間の感情融合を結合の紐帯とし、子供の社会化（人格形成）を重要な機能として持つ、と定義されている。(6) 古代の「母子＋夫」を、たんに一つの生活集団（生活共同体）としてとらえるのでは、現代の家族との質的相違は明らかにならないのではないか。夫婦小家族（核家族）普遍説をのりこえる視点が必要とされよう。

妻方への訪婚制をとるインドのナヤール族では、夫は夕食後に来て朝食前に自分の家に帰り、子に対してまったく扶養の義務やその他の社会的関係を持たない。ここではまさしく、通ってくる夫を除外した母系大家族（タロワド）が生活共同体をなすといえよう。(7)(補2) しかし、日本古代の「母子＋夫」のあり方は明らかにそれとは異なる。流動的な「母子＋夫」の家族形態とは、イヘ（生活共同の単位）自体の重層性を意味するのではないか。そこには当然、〝感情融合〟などの面においても、現代の家族とはまったく異質のものが想定される。

別稿において近年の古代家族史研究における家族概念への疑問を呈した際に、婚姻と育児と同居の不一致を含み込んだ全体が人間関係の再生産に関わる古代の〝家族〟であり、〝経営単位としての家族〟の形成以前には、諸個人は〝家族〟の諸側面に重層的に関わりつつ、親族関係と共同体に直接に支えられて存在していたであろう、との見通しを述べた。(8) この重層関係を、〝家族〟をめぐる帰属感・親愛感を手がかりに考察することが、この小論の課題である。帰属感・親愛感に着目するのは、経営・所有とは別次元での基礎的人間関係の特質をそこにうかがうことができると考えるからである。具体的には、七・八世紀以前の幅広い階層の歌を集めた『万葉集』を素材にみていきたい（その場合、歌の表現であることによる偏差・制約を考慮すべきことはいうまでもない。しかし行論中でもふれるように、『古今集』との比較よりして、『万葉集』にみられる帰属感・親愛感はこの時代独特のものといってよいであろう）。

一　〝家族〟への帰属感

1　予備的考察

本論に入る前に、若干の予備的考察を行なっておきたい。

まず、この時期の基本的婚姻形態について。現在、夫方同居説・妻方同居説・別居説とさまざまな説が出されており、史料にはたしかにこうした多様な事例が見られる。(9) これについては地域差・階層差の精密な議論を積み重ねていく必要があるが、そのためにも基本形態を押えておくべきであろう。それには恣意的に事例を取り上げるのではなく、基本史料に拠らねばならない。戸籍がそのまま家族関係の史料とはならないことが明確になった現在、(10) その意味で基本史料とすべきは、（唐令の本文とは大幅な違いをみせる）戸令結婚条の日本側注釈と、大祓の祝詞にみえるインセスト・タブーであろう。どちらも社会の一般的あり方を反映する史料だからである。

前者は結婚解消の要件として、「（結婚の約束をした後）男夫、障故なくして（三月）来たらず」「（子供がいても三年以上）夫婦同里にありて相往来（相住・相通）せず」と述べており、(11) 近隣の男女によるかなり長期の通い婚と自然解消的離婚が一般的であったことがわかる。また後者の「母と子と犯せる罪」(妻および妻の娘との性関係)、「子と母と犯せる罪」(妻および妻の母との性関係)というタブーは、通婚年齢にある母娘の同居と、そこ(母または娘のもと)への男の通い・同居が普遍的に存在し、性関係の過ちが起こりがちであったことを示している。(12)

以上の基本史料および多様な婚姻居住事例の存在より、七・八世紀以前の基本的婚姻形態を、〝明確な社会的婚姻規制は存在せず、かなり長期の通いを含む、妻方居住(母系三世代同居)にやや偏った新処居住〟として押えておきたい。婚姻の発展段階としては、関口氏の指摘のように対偶婚(所有・経営単位とならない、流動的で開かれた、一対の男女結合)である。

もう一つは、イヘという語の多義性をめぐってである。〝家族〟の具体的内容は各民族・時代により多種多様であるが、どの社会も〝家族〟を意味する何らかの固有の民俗用語を持つ。(13)日本古代でそれに相当する語はイヘであろう。ただし、古代のイヘは、何らかの生活共同の最少のまとまりに対応する人間関係=〝家族〟を意味すると同時に、また故郷をさす言葉でもある。後の時代にはこの後者の用法は消えて行くことを考えても、古代のイヘの語の持つこの多義性自体に、一定の歴史的背景のあることが予想できよう。これについては、以下の具体的考察をすすめていくなかで明らかにされるはずである。

2 イヘにユク・クル

ここでは、『万葉集』の歌で、ユク・クル・カヘルという表現が、イヘと関わってどのように用いられているのかをみていきたい。現代の日本語の用法では、ユク・クルが単なる移動を示すのに対して、カエル(帰る)は本拠地、本来の状態に戻ることであり、日常生活の場では家族（の住む家）と密接不可分な言葉、とされている[14]（この使い分けは以下に述べるように『万葉集』でも認められる）。1で述べたこの時期の基本的婚姻形態をふまえて考えると、ユク・クルは通い婚、カヘルは同居婚に対応して用いられるのではないか、との一応の予想がたてられよう。しかしはたしてそうだろうか。

たしかに「行かぬ吾を　来むとか夜も　門閉さず　あはれ吾妹子　待ちつつあらむ」（11・二五九四）というように、ユク・クルは通いと関わって用いられる場合が圧倒的に多く、枚挙にいとまがない。しかしそうとばかりはいえない例も、いくつか目につく。

山上憶良作の「家《伊弊》に行きて　如何にか吾がせむ　枕つく　妻屋さぶしく　思ほゆべしも」（5・七九五）は、妻の死後、妻屋（婚姻生活の場）での寂しさを詠って大伴旅人に献じたものである。この「妻」が憶良妻か旅人妻かをめぐっては古来論争があるが、旅人作の亡妻を悼む一連の歌との内容的連作性と、次にふれる人麻呂歌との類型的共通性より、「基本的には旅人妻で、同時に憶良妻でもありかつは抽象の一亡妻でもある」とする伊藤博氏の説[15]に従うべきであろう。いずれにしてもこの歌の長歌に「筑紫の国に　泣く子なす　慕ひ来まして」とあるように、この「妻」は、都から夫の赴任先に共にやってきた同居の妻である。そのイヘになぜ、カヘルのではなく、ユクのだろうか。

「家に来て　わが屋をみれば　玉床の　外に向きけり　妹が木枕」（2・二一六）は、柿本人麻呂の歌である。憶良作がこの歌を先行の手本としたことは、諸説の一致して認めるところであり、亡妻を悼むについての「家に来て」「家に行きて」という類型表現の意味が問題となろう。従来の解釈では、たんに帰るという意味、あるいは葬送から帰った意とする[16]。しかし、以下に述べるように、万葉歌でもユク・クルとカヘルには、同じイヘに対するのでも使い分けがあり、たんに帰ると同義とするのではすまされないと思われる。亡妻を悼むについてのこうした類型表現は、何を意味しているのだろうか。

伊藤氏は、家＝故郷と旅＝異郷との対比において行路（での死）の悲しみを述べるのが万葉歌の鉄則である、との観点から、「家に行きて」の家は筑紫の家ではなく、故郷＝奈良の家である、とする。(17) 家＝故郷と旅＝異郷との対比という鉄則は、次節二の論点とも関わる重要な指摘であるが、この歌の「家」の解釈としてはどうであろうか。旅人が妻の死去後、筑紫にあって都に戻る日のことを思って詠んだ「帰るべく《応還》　時はなりけり　都にて　誰が手本をか我が枕かむ」（3・四三九）、「都なる　荒れたる家に　一人寝ば　旅にまさりて　苦しかるべし」（同・四四〇）を見ると、都の家についてはカヘルと詠まれている。(18) この二首は、未来に向けて一人寝の寂しさを思いやる歌である。それに対して、「家に行きて」の歌は、枕を交した妻との現実の生々しい思い出を背景とする点で、まさしく人麻呂歌と発想を共通にしている。とすれば、その家とは、直前まで妻と生活を共にしていた家のことであって、都の家ではありえない。

人麻呂歌の場合が同居婚か通い婚かは不明だが、いずれにしても、そこが〝わが屋〟と観念されていることに注目したい。このように、イヘという言葉には、同居あるいは、〝わが屋〟といえるような一定の生活の共同の重みが背景としてある。妻を愛惜する歌でイヘが詠われるのは、妻と暮らした生活をふりかえる思いがそこにこめられているのである。にもかかわらず、そうした亡妻を悼む歌の類型表現として「家に来て」「家に行きて」と詠われるように、男性にとって、同居あるいは安定した通いによって妻とともにあったイヘは、（それだけでは）ユクところであってカヘルところとはならないのである。それは男性にとってだけなのだろうか。

3　通う〝家道〟

「君が家に　わが住坂の　家道をも　吾は忘れじ　命しなずは」（4・五〇四）の〝君が家にわがスム〟は、住坂を導く有意の序詞で、従来、〝吾が家に君がスム〟の誤りかとされている。『万葉集』の男女の歌では君＝男、吾＝女なので、男の家に女がスムというのは当時の習俗に反するというのが、その理由である。しかし、数は少ないが『万葉集』には女の通いの歌もあり、1でみた戸令結婚条の注釈にも「相往来・相住・相通」とあった。ツマトヒのツマとは一対のものの片端をさす言葉で、男女が互いに相手（ツマ）に求婚の呼びかけをする（トフ）ところから始まる婚姻がツマトヒ婚であるから、女の通いも別に不審ではない。[19] 何よりもこの歌の場合、〝忘れじ〟という主体はこの歌を詠んでいる「吾」以外にありえないのだから、もし君と吾を入れ替えて〝吾が家に君スム〟とすると、女（＝自分）の家に男がスムその家道（男の通い道）を自分が忘れない、ということになってしまい、矛盾する。ここはそのまま、男（＝君）の家に女（＝吾）がスミついたその家道（通い道）を吾は（男への想いとともに）けっして忘れない、という意味にとるべきであろう。〝スミ〟というのは、安定した通いの継続と同居との不分明な状態をさす、古代独特の婚姻用語である。

さて、家道とは、通常、外から我が家へとたどる帰り道のことである。それがここでは、女が通いスミついた〝君が家〟への通い道をさしている。〝スミ〟という語の背景にある婚姻生活の継続が、こうした〝家道〟の感覚を生み出しているといえよう。つまり、この家は女にとって通いスミついた〝わが家〟であり、また一面では、あくまでも（自分の家とは区別される）〝君が家〟なのである。

以上、2と3を通じて見たように、一定の継続的婚姻生活の共同の場は、男女いずれにとっても、単なる性関係を超えた〝イヘ〟としての重みをもつものではあったが、いまだ安定的・排他的に自己の帰属する場とは観念されていない。最少の緊密な基礎的人間集団たるべきイヘ自体が重層的に存在するのが、七・八世紀以前の社会であった。

二　イヘの重層性

1　イヘにカヘル

では、当時の人々にとって、カヘルべきイヘはどこにあるのだろうか。『万葉集』のなかから〝イヘにカヘル〟という表現を拾い出してみると、ある特徴が浮かび上がる。

「新羅にか　家《伊弊》にか帰る《加反流》　壱岐の島　行かむたどきも　思ひかねつも」(15・三六九六)は、遣新羅使の従者が、旅の途中で死んだ仲間を悼んで作った歌である。「新羅にか家にか」という対比にうかがえるように、ここでカヘルと詠われているのは、なつかしい故郷にあるイヘであろう。同じ時の別人の歌に「……家人《伊敝妣等》の　斎ひ待たねか……秋さらば　帰り《加敝理》まさむと　たらちねの　母に申して……」(15・三六八八)、「……はしきやし　家《伊敝》を離れて……たらちねの　母も妻らも……出で見つつ　待つらむものを……」(15・三六九一)、「はしけやし　妻も子どもも　高高に待つらむ……」(15・三六九二)とあるように、カヘルべき故郷のイヘとは、母・妻・子といったイヘヒト＝〝家族〟の待つところであった。

「人もなき　空しき家は　草枕　旅にまさりて　苦しかりけり」（3・四五一）は、題詞に「故郷の家に還り入りて即ち作る歌」とあり、大伴旅人が大宰府で妻を亡くして後、都に戻って来たときに詠んだ歌である。前節で紹介したように、旅人は筑紫で「帰るべく時はなりけり……」と妻なき都の家の寂しさを思いやったが、実際にカヘッテきてみると、やはりイヘヒト（この場合は妻）のいないイヘは空しいものであった。イヘは「人を不可欠の要素とし……妻なき家は家たるに値しない」(20)のである。

一―2・3で、イヘにユク、わが屋にクル、君が家への家道、という表現からうかがったように、イヘは日常生活の次元では、安定的・排他的な帰属の対象とはなっていない。しかし、遠く離れた旅先からみると、イヘ＝〝家族〟を核とする故郷が明確にカヘルべきところと意識される、という構造をここに読みとることができよう。

イヘにカヘルのは旅先からだけではない。山上憶良の「惑情を反さしむる歌」の反歌には「ひさかたの　天道は遠し　なほなほに　家《(伊弊)》に帰りて《(加弊利提)》　業をしまさに」（5・八〇一）と詠われている。この歌は、序によれば、世俗の生活に背を向けて一人意気軒昂な男に対して、そうした脱俗の生活から（父母や妻子のいる）日常生活にもどり仕事に励むようにとさとしたものである。脱俗境という異質世界からみた時、イヘはカヘルべき日常生活の場であり、その核には父母あるいは妻子との人間関係がある。

有名な浦島子の伝説歌にも、興味深い用例がみられる。釣りに出た浦島子は、海底の常世の国に至り、海若神の女を妻として暮らしているうちに、ふと故郷のことを思出し、「しましくは　家に帰りて　父母に　事も告らひ　明日のごと　われは来なむと……」（9・一七四〇）と妻に告げる。常世という異世界から、故郷のイヘ（そこには父母が待つ）へカヘリ、妻と暮らす生活の場（この場合は常世）に、またやってクルのである。

2 故郷＝イヘをめぐって

このように、『万葉集』の〝イヘにカヘル〟という用例の検討からは、旅先・脱俗境・異世界などから故郷・日常生活・本来の世界にカヘル、というあり方が浮かびあがる。逆に、こうした場面ではユク・クルという表現は見られず、帰属感をめぐる明らかな使いわけが確認できる。たしかに、カヘルべき世界の中核にイヘ＝〝家族〟は存在する。しかし、明確な帰属感は異質世界との対比においてのみ示され、日常生活という一つの世界の内部においては、イヘはユキキするところであって、カヘルべきところ＝安定的に帰属するところ、ではないのである。それは、生活を共にする緊密な人間関係であるイヘ＝〝家族〟自体が、父・母との関係、（複数の）通婚関係、子との関係、にそれぞれ対応する生活の共同の重層としてのみ存在していたことによるのではないか。離れた異世界から見た時に、はじめてこの重層した全体がイヘとして強く観念される。しかし、それは現実には重層しているので、具体的に帰属する場としては、その関係を含みこんだ世界全体、すなわち、故郷＝イヘとしてとらえられるしかないのである。

筑紫に赴任した下級官人が、豊前国の娘子紐児に「娶《ミアヒ》」として詠んだ「豊国の　香春は吾宅《ワギヘ》　紐児に　いつがりおれば　香春は吾家《ワギヘ》」（9・一七六七）という歌は、こうしたあり方を前提にして、逆に赴任先の女性との関係であっても、自分の気持ちがそこに「いつがりおれば」（結び付いているのだから）旅先である香春の地こそが我がイヘである、と詠いあげることで、娘子への想いの強さを表わしたものといえよう。対偶婚下にあっては、ウカレメ的女性との性関係も「娶」（通婚関係）であり、場合によってはイヘの中核となる人間関係とも意識されえたのである。

イヘ＝故郷の用法は、『万葉集』中に数多く確認できる。その中核にイヘ＝〝家族〟が存在していたことも、以上にみてきたところからして間違いない。しかし、はたしてそれだけだろうか。大津透氏は、万葉歌の検討を通じて、律令官人にとってのイヘ＝故郷が具体的に何をさしていたかを考察し、旅で「家」を思う時に「彼ら全体が精神的に共有している故郷とは」、伝統的四至に囲まれたウチツクニ＝畿内という「大和王権以来の歴史空間」であったことを明らかにした[21]。律令官人にとってのイヘ＝故郷が、大和王権の政治支配の伝統と密接不可分に形成されたものであったとするならば、それは、イヘ＝故郷という観念が、単にイヘ＝〝家族〟相互の重層性からだけでは理解できないことを意味しよう。イヘ＝〝家族〟と、その囲りの世界との直接的重層性が、明らかにされねばならない。そのことを、男女の関係に限定されないイヘのユキキ、という面からさらにみていくこととしたい。

三　〝家族〟をつつむ世界

1　公と私

次のような歌がある。「家に行きて《去而》　何を語らむ　あしひきの　山ほととぎす　一声も鳴け」（『万葉集』19・四二〇三）。これは大伴家持が官人たちと遊覧した時の部下の一人の歌で、家に帰って土産話になるようにホトトギスよ鳴け、というのである。公務の場から家に戻ることが、〝イヘにユク〟といわれている点に注目したい。これは男性だが、次の例は女性である。「月待ちて　家《伊敝》には行かむ《由可牟》　わが挿せる　あから橘　影にみえつつ」（18・四〇六〇）。作者の粟田女王は後宮の女官で、元正天皇を迎えての左大臣橘諸兄宅での宴から退出する際の歌である。ここでも、公務の場から自分のイヘにユクのであり、公との対比において、〝家族〟＝イヘは明確な帰属の対象となっていないことが知られる。

同様の例は、民衆歌とのつながりを持つとされる作者不明歌群のなかにも見られる。「家人は　路もしみみに通へ《往来》ども　わが待つ妹が　使来ぬかも」（11・二五二九）は、イヘヒトは仕事を終えて次々に帰って来るのに恋人からの使いは来ない、という歌であり、(22)人々はイヘとムラの生活をユキキする。浦島子の伝説歌でも、ナリハヒとしての釣りに出た浦島は、七日たっても「家にも来ずて」常世に行ってしまうのである。

『古今集』では、女のもとへユキ、家へカヘル、という使いわけがはっきりしており、家にユクという表現は、男女間においても公私のあいだにおいてもみられない。万葉歌において、イヘ＝〝家族〟と囲りの世界とがユキキする関係であることの背景には、精神世界における公私の未分離があるのではないか。それは、〝家族〟にこそ特有と考えられる緊密な人間関係が、当時にあっては実はもっと広がりをもっていたことを意味するであろう。

2　親愛感の広がり

万葉歌には、いわゆる〝家族〟にとどまらない広い範囲の人々に対して、ごく親密な感情表現のなされている歌が数多く目につく。それらのなかのいくつかを拾い出してみると、

イ　ぬばたまの　黒髪変はり　白髪ても　痛き恋には　会ふ時ありけり（4・五七三）

ロ　前日《をとつひ》も　昨日も今日も　見つれども　明日さへ見まく　欲しき君かも（6・一〇一四）

ハ　たまきはる　命に向かひ　恋ひむゆは　君がみ船の　楫柄にもが（8・一四五五）

ニ　別れても　またも逢ふべく　思ほえば　心乱れて　われ恋ひめやも（9・一八〇五）
ホ　わが背子は　玉にもがもな　霍公鳥　声にあへ貫き　手に巻きて行かむ（17・四〇〇七）
へ　山吹の　花取り持ちて　つれもなく　離《か》れにし妹を　偲ひつるかも（19・四一八四）
ト　足柄の　八重山越えて　いましなば　誰を君と　見つつ偲はむ（20・四四四〇）
チ　立ちしなふ　君が姿を　忘れずは　世の限りにや　恋ひ渡りなむ（20・四四四一）
リ　うるはしと　吾《あ》が思ふ君は　いや日けに　来ませわが背子　絶ゆる日無しに（20・四五〇四）

これらの歌は、説明なしに見れば男女のあいだの恋歌としても充分に通用するであろう。しかし、実はいずれも、まったく違う間柄の人間のあいだで交わされた歌なのである。

イは大宰帥大伴旅人の上京後、筑紫に残った官人仲間が別れを悲しんで贈った歌、ハは入唐使の船出に際して、日本に残る同僚貴族が詠んだ歌である。また、ロ・リは貴族の宴会の席で、招かれた客と主人のあいだで、つまり、いずれも公的な関係にある男性のあいだで交わされた歌である。一方、ニは弟の死を悲しむ兄の歌、へは越中守大伴家持の妻（大伴一族）に都にいる家持の妹がよこした歌であり、兄弟・姉妹のあいだでの親愛感の表現が、ほとんど恋人間でのそれと異ならないことがわかる。ホは公用で上京する家持が、任地にとどまる部下に対して、共に行けるといいのにという想いを述べたもの、ト・チは、国司が任務で上京するに際して、郡司の妻女たちがはなむけに贈った歌である。

このように、恋愛・通婚関係にある男女間での親愛感の表現と、その他の肉親・親族あるいは公的な仲間の関係にある人々に対するそれとのあいだに、明確な質的差がみられないというのが、万葉歌の大きな特色なのである（それだからこそ、逆に、恋愛・通婚関係にある男女間では、直接の性関係を強調する歌が詠まれることともなるのであろう）。

高野正美氏は、万葉歌に見られるイモ・セからイモ・キミへの移行は天皇周辺から官人社会へと拡大していくとし、恋愛関係への儀礼関係の持ち込み(男女の上下関係)が、前掲のト・チのような儀礼としての恋愛表現(男女関係の擬制)を生み出したとする。(23) しかし、そうした側面をふまえつつも、恋愛関係にない異性・同性間で「儀礼としての恋愛表現」の成立する背景には、儀礼関係の展開による歌の技巧にとどまらない、より根本的な問題がひそんでいるのではないだろうか。

青木生子氏は、通常は恋愛的心情の歌に使われる「我背子」や「恋」の語が男性間の恋情表現に使用される例が大伴家持の周囲の歌人グループに顕著であるところから、「万葉のこの愛情は、深く根をひそめた共同体的関係のなかで育まれたものの延長であり、その代表を大伴一族圏が示しているとも考えられる。近代的家族関係の生んだ愛情とはかなり質的にちがうものであろう」とする。(24) この指摘は、集団生活を発想の基盤に持つ記紀歌謡の恋愛叙事詩から、一対一の愛情・個我の感情の表現である文芸としての恋愛歌へ、という大きな流れの把握のなかでなされており、注目すべき見解といえよう。ただし、右に例示した諸歌に明らかなように、恋愛関係以外の場での恋情表現という特色は、家持周辺だけに見られるわけではない。イ・ホ・ヘ・リはそうだが、他は別に家持圏の歌人ではない。青木氏の指摘は、大伴一族圏という限定を取り除いて、広く万葉歌の特色として受け止められてよいと考える。

これを〝家族〟の問題としてとらえなおすと、愛の表現に「親子や兄弟姉妹・恋人の間であまり差がな」いことを、単に「すなおな愛情の表現」として受け取るのでは不十分である。(25) 親子関係・兄弟姉妹関係・通婚関係にそれぞれ対応する生活の共同の重層した全体が、〝感情融合〟の単位となる〝家族〟＝イへであったことの反映とみるべきだろう。そして、同質の親愛感の広がりが対社会的場にまで見られることは、より根本的には、そうした〝家族〟を包むさらに広い世界こそが、〝感情融合〟の基礎的単位だったことを意味するのではないか。その世界とは具体的には何か。

3　イへと共同体

2で確認できた対社会的・公的関係への親愛感の広がりとは、具体的には、地方ごとの官人社会や都の貴族たちについてのものであった。一方、1で見た公務の場からイへへユクという歌の例も、一つは地方の官人社会の男性、もう一つは宮廷社会の女性に関わるものであった。とするならば、この両者に共通するものとして、貴族官人社会がある実体をもった世界として浮かびあがってこよう。どうして貴族官人社会が、ある意味で〝家族〟＝イへと共通するような〝感情融合〟の基礎単位たりえたのだろうか。

ここで思い浮かぶのは、万葉歌にみえる「いざ子ども」というよびかけである。「いざ子ども　香椎の潟に　白妙の　袖さへぬれて　朝菜摘みてむ」（6・九五七）は香椎廟を拝んだ帰り道で、大宰帥たる大伴旅人が配下の官人たちによびかけた歌である。統率者たる帥からみて、大宰府という一つの役所を構成する官人たちが仲間として「子ども」と呼びかけられているのである。また、「いざ子ども　たはわざな為そ　天地の　固めし国そ　大倭島根は」（20・四四八七）は、天皇の御前での公的宴会で、内相の藤原仲麿が、なみいる貴族たちに謀反のたくらみをせぬようにいましめた歌である。この場合には、最高実力者たる内相仲麿からみて、宮廷社会を構成する上級貴族たちが「子ども」とされていることになろう。

ここにみられる「子」は、別の機会に明らかにしたように、「久米の子」や「蘇我の子」など、首長層が構成する族組織である氏《ウヂ》の成員を意味する「子」の観念が、変質を遂げつつ、王権を核に結集した氏々の人⇓貴族官人たちの世界にわずかに残ったもの、と考えられる。[26] 右にみた「いざ子ども」というよびかけは、八世紀前半にはまだ、貴族官人社会が一つの擬似共同体の名残りをとどめていたことを示しているともいえよう。公務の場からイへにユク、対社会的・公的関係の人々のあいだでの〝家族〟と一種共通する親愛感の広がり、といったあり方にうかがえた精神世界における公と私の未分離とは、この擬似共同体の内部で明確にみられたものなのであった。七・八世紀段階のイへの重層性とは、貴族官人にあっては、〝家族〟関係の重層にとどまらず、より本質的には（擬似）共同体的関係と〝家族〟との重層を意味していたのである。

それに対して、防人歌などをみると、「橘の　美袁利《みをり》の里に　父を置きて　道の長道は　行きかてぬかも」（20・四三四一）、「吾等《わろ》旅は　旅と思ほど　家にして　子持ち痩すらむ　わが妻《み》かなしも」（20・四三四三）、「防人に　発たむ騒ぎに　家の妹が　なるべきことを　言はず来ぬかも」（20・四三六四）等々、旅で故郷をしのぶ際にも、直接的にイへ＝〝家族〟への想いをほとばしらせた歌が、圧倒的に多い。しかもその想いは、育児・生産などの共同に支えられている。「家郷を想うことが、家郷の共同体へ回帰することであり、それゆえ旅の不安が鎮められるという意味で、旅の無事を保証するという役割を担うことになった[27]」とするならば、これらの歌は、庶民にあっては、イへの重層性が貴族官人とは異なる方向で克服されつつあったことを示唆するのではないだろうか。

おわりに——イへの重層性の意味するもの——

以上、『万葉集』を素材として、〝経営単位としての家族〟成立以前の〝家族〟の特色を、人々の帰属感・親愛感を手がかりに探ってきた。そこで明らかにした諸点は、

① 一定の継続的婚姻生活の場は、単なる性関係を超えたイへ＝〝家族〟としての重みを持ちつつも、安定的・排

他的な帰属の場とはなっていない。最少の緊密な基礎的人間集団たるべきイヘ＝〝家族〟自体が重層的に存在するのが、七・八世紀以前の社会であった。

② 離れた異世界からみた時に、この重層した全体が、カヘルべきイヘ＝故郷・日常生活として意識される。貴族官人にとってのそれが、王権を中心に形成された歴史的空間たる畿内であるのに対し、庶民のイヘ＝故郷は、重層した〝家族〟関係そのものである。

③ 公の場と区別される、イヘ＝〝家族〟への明確な帰属感は乏しい。これは、対社会的・公的関係の人間間での〝家族〟と同質の親愛感の広がりとも対応し、〝家族〟を包む広い世界こそが基礎的な〝感情融合〟の単位だったことをうかがわせる。

④ 貴族官人社会は、八世紀半ばごろまで一つの擬似共同体の名残りをとどめており、それが〝感情融合〟・帰属感の背景をなしている。それに対して庶民は、イヘ＝〝家族〟と共同体的関係との重層を、貴族官人とは異なり、〝家族〟そのものの結びつきを強める方向で克服しつつあった。

以上に明らかにしたように、古代の〝家族〟は、「生活共同体」といった家族概念ではとらえきれない内容を持っている。生活の共同（とそれに対応する緊密な人間関係）自体の重層を把握しうる〝家族〟概念をたてることによって、〝家族〟が緊密な基礎的人間集団としての安定性・排他性を獲得していく過程と、〝経営単位としての家族〟（「家」）の成立過程との相互関係を、歴史的に解明していくことが可能となるのではないか。以下、こうした観点からの若干の問題点の指摘を行なって、結びとしたい。

本章で明らかにしたのは、帰属感・親愛感といった感覚でとらえられる限りでの、七・八世紀の〝家族〟の特質である。しかし、〝感情融合〟の単位ともみなしうるような擬似共同体としての貴族官人社会は、所有・経営の面からみても、従来の諸研究が明らかにしているように、首長への伝統的な共同体的貢納物の国家的集約・分配の中枢組織としての実体を持っていた。すなわち、貴族官人の精神世界における公私の未分離は、彼らの所有・経営が、いまだ本質的には共同体首長としての所有・経営に大きく依存していたことに根ざしている。貴族官人層の私有の核となる「家」は、そうした国家的機能の分化・変質を重要な拠り所として形成されていく。(28)(補3)

とするならば、イヘ＝故郷への帰属感が、核となる〝家族〟関係（父母・妻子など）への直接的想いとして表明されるという庶民層のイヘ感覚の特色は、何らか、（貴族官人層とは異なる）所有・経営の次元での特色と対応しているとみることが可能であろう。すなわちそれは、擬似共同体を形成しえなかった彼らにあっては、共同体の分解の進行のなかで、〝家族〟の安定と身近な親族結合を直接のよりどころとして「家」が形成されていったことを示唆するのではないだろうか。

古代の婚姻形態の変遷を体系的に明らかにした高群逸枝氏は、奈良時代以前の妻問（別居）婚から平安時代の婿取（妻方居住）婚によって、母系家族（前者では夫を排除した、後者では夫を妻族化した）が形成されたとした。(29)また高群説を批判的に継承した関口裕子氏は、夫の妻族化と永久的妻方居住婚を否定し、初発からの新処居住または妻方居住を経た新処居住で、家族形態としては母系直系ないし母系合同家族から核家族への繰返しである、とする。(30)

しかし本章で明らかにしたように、婚姻居住のあり方と〝家族〟とはイコールではない。高群説が実証したのは婚姻居住形態の歴史的変遷であって〝家族〟の歴史的変遷ではないこと、〝家族〟の歴史的解明は残された課題であることを、ここで確認しなければならない。高群説に対しては、妻方居住と父系出自の組み合わせは理論的にありえないとする人類学からの批判があるが、(31)日本古代の婚姻形態としての妻方居住なるものは、（人類学でいうところの）〝妻方の生活共同体への組入れ→母系家族形成〟を意味するものではない。生活の共同関係＝〝家族〟は、居住の枠を超えたところに展開しているのである（高群説で父系とされた現象が父系出自を意味するものではないことは、別の機会に述べた[32]）。平安貴族の妻方居住および訪婚と父系の「家」形成の〝矛盾〟は、従来いわれてきたような狭い平安京内での集住という事情にとどまらず、より本質的には、国家的機能に依存した擬似共同体の枠組みを出発点として「家」を形成していった彼らにあっては、（妻方・夫方・父系・母系といった）〝家族〟関係の重層が、形成されつつある「家」を補完するものとして、質を変えつつ積極的に温存されたため、とみるべきであろう[33]。

それでは、イへの重層性とその克服は、女性にとっては何だったのか。公私の未分離とは、家父長の率いる私的世界（「家」）の未成立を意味し、七・八世紀以前には、女性は女官の政治的役割や村落祭祀への参加にもうかがえるように、公世界から基本的には締め出されていなかった。しかし平安時代の貴族女性は、擬似共同体の生み出した公世界の残り香のなかで最後の栄光（一部女官の重要機能および文学的達成など）を輝かせつつ、現実には家父長制家族の私世界に押し潰されていった（一夫多妻下での夫・父・子への不安定な依存）。それに対して庶民女性は、むしろ、〝家族〟の安定性と〝経営単位としての家族〟の確立という私的世界の創出を男性とともに積極的に担いつつ、そのなかで（従属しつつも）安定した役割を確立していったのではないだろうか。

注

（1）　吉田孝『律令国家と古代の社会』（岩波書店、一九八三年）、第Ⅱ・Ⅲ章。
（2）　明石一紀「古代・中世の家族と親族」（『歴史評論』四一六、一九八四年。のち『日本古代の親族構造』吉川弘文館、一九九〇年所収）、および「エンゲルスの家族概念」（『歴史評論』四三八、一九八六年）。
（3）　関口裕子「古代家族と婚姻形態」（『講座日本歴史』二、一九八四年。のち『日本古代婚姻史の研究』上、塙書房、一九九三年所収）。

（4）代表的なものとして、ロバート・H・ローウィ（河村只雄・河村望訳）『原始社会』（未来社、一九七九年）。なお、〝経営単位としての家族〟〝家族〟は義江の用語である。義江明子「古代の氏と共同体および家族」（『歴史評論』四二八、一九八五年）、注（49）、参照。
（5）明石一紀「日本古代家族研究序説」（『歴史評論』三四七、一九七九年。のち前掲注（2）、著書所収）。なお、後掲注（12）、参照。
（6）石川晃弘他編『社会学小辞典』（有斐閣双書、一九七七年）、他。
（7）中根千枝『家族の構造』（東京大学出版会、一九七〇年）。
（8）前掲注（4）、義江論文、三五頁。なお、（高群⇒）関口氏の家族概念に対する疑問は、義江明子『日本古代の氏の構造』（吉川弘文館、一九八六年）、付編第二章、および本書Ⅲ―付論2「関口裕子氏の古代家族論の意義」参照。
（9）江守五夫『古代の婚姻』（弘文堂、一九八七年）、関口裕子「日本の婚姻」（『東アジア世界における日本古代史講座』10、学生社、一九八四年。のち前掲注（3）、『日本古代婚姻史の研究』下、所収）、など参照。
（10）杉本一樹「戸籍制度と家族」（『日本の古代11　ウヂとイエ』、中央公論社、一九八七年。のち『日本古代文書の研究』吉川弘文館、二〇〇一年所収）に的確な整理がある。
（11）『令集解』戸令結婚条、「古記」「釈」「跡」「穴」の各説。
（12）『延喜式』大祓祝詞。インセスト・タブーから家族構成の特質をみることについては、前掲注（5）、明石論文参照。ただし明石氏は「妻と未婚の子供、そして夫」（圏点、義江）とする。
（13）前掲注（7）、中根著書、一四頁。
（14）川原とし江「移動動詞の意味論的成分分析」（『手崎政男教授退官記念論集』富山大学人文学部国語学研究室、一九八〇年）他。
（15）伊藤博「学士の歌」（『古代和歌史研究』四、塙書房、一九七五年）、および「家と旅」（同六、一九七六年）。
（16）沢潟久孝『万葉集注釈』巻二（中央公論社、一九五八年）、および土屋文明『万葉集私注』（筑摩書房、一九七六年）。
（17）前掲注（15）、伊藤「家と旅」。
（18）『万葉集』では、ある場所にまたくるの意味で「還」、本拠地に戻るの意味で「帰」の用字を使い分ける傾向がみられるが、厳密ではない。九世紀の『日本霊異記』では、ほぼ厳密な使い分けがある。なお、『日本霊異記』には家にユクの表現はない。
（19）古代の婚姻史研究においては、通常、妻問＝妻訪とおきかえての議論がなされている。しかし、古代の史料用語としての「妻問」

の本質は、本文に述べたように男女の相互婚・当事者婚たるところにあり、婚姻居住の一形態を表わす研究用語としての妻訪婚（男性の訪問＝別居婚）とイコールではない。なお、本書Ⅲ—二章「婚姻と氏族」参照。

(20)　真鍋次郎「家もあらなくに」（『万葉』七四、一九七〇年）。

(21)　大津透「万葉人の歴史空間」（『国語と国文学』六三—四、一九八六年。のち『律令国家支配構造の研究』岩波書店、一九九三年所収）。

(22)　古橋信孝『古代の恋愛生活』（日本放送出版協会、一九八七年）、八七頁。

(23)　高野正美「社交歌としての恋歌」（『万葉集作者未詳歌の研究』笠間書院、一九八二年）。

(24)　青木生子『日本古代文芸における恋愛』（弘文堂、一九六一年）、一七五頁。

(25)　西野悠紀子「律令制下の母子関係」（脇田晴子編『母性を問う』上、人文書院、一九八五年）。

(26)　義江明子「古代の共同体と「人」・「子」」（桜井徳太郎編『日本社会の変革と再生』弘文堂、一九八八年。のち『日本古代系譜様式論』吉川弘文館、二〇〇〇年所収）。

(27)　古橋信孝『万葉集を読みなおす』（日本放送出版協会、一九八五年）。

(28)　佐藤進一『日本の中世国家』（岩波書店、一九八三年）。

(29)　高群逸枝『招婿婚の研究』（講談社、一九五三年。のち『高群逸枝全集』二・三、理論社、一九六六年所収）。当時の史料用語としての「婿取」は「妻の父による娘の婿えらび以上のことを意味せず」、それをそのまま（後の娶嫁婚下の「婿取」を媒介に）〝妻方居住→婿の妻族化〟を意味する研究用語におきかえたところに高群説の重大な誤りがあること、古代の「婿取」の本質は妻の父による家父長婚とみるべきことについては、すでに関口裕子氏の明快な指摘がある（「日本古代の婚姻形態について」『歴史評論』三一一、一九七六年。のち前掲注（9）、『日本古代婚姻史の研究』下、所収）。すなわち、「妻問」→「婿取」という婚姻語の推移は、婚姻の本質としては、当事者婚・相互婚から家父長婚への変化を意味するのであり、別居婚→妻方居住婚という婚姻居住形態の変化は、その一側面にすぎない。なお前掲注（19）、参照。

(30)　前掲注（3）、関口論文。

(31)　前掲注（9）、江守著書、第一編第二章。

(32)　前掲注（8）、義江著書、第三編第三章。

（33）「家」成立過程における「生活共同体としての同居共食集団と父子の密接不可分な経営との分離」の具体相については、服藤早苗「摂関期における「氏」と「家」」（青木和夫先生還暦記念『日本古代の政治と文化』吉川弘文館、一九八六年。のち『家成立史の研究』校倉書房、一九九一年所収）参照。

補注

（補1）明石氏の「妻と未婚の子供、そして夫」、それを私が定義しなおした「母子＋夫」、および一部論者による「父＋母子」の違いについては、本書Ⅲ―付論2「関口裕子氏の古代家族論の意義」参照。

（補2）インドのケーララ州におけるナヤール（ナーヤル）の母系合同家族タロワド（タラワード）が、イギリス支配の浸透のもとで、一九世紀後半以降、土台をなす母系制、共有財産制、上位カーストとの結婚慣習などの急速な変容により崩壊していく過程については、粟屋利江「ケーララにおける母系制の解体と司法」（小谷汪之編『カースト制度と被差別民二　西欧近代との出会い』明石書店、一九九四年）参照。家長的存在であったカーラナヴァンの土地財産に対する伝統的管理権が「近代法によって厳格に規定され、独占的な権利にまで強化された」こと（三二八頁）、官職・法曹界などの専門職へ進出した男性が個人的現金収入を得るようになり、「高等教育を受けるため、あるいは任地に赴くために故郷から離れた彼らは、タラワードから独立し」、妻子との関係を緊密にしていったこと（三三三頁）、「婚姻関係を、必然的に夫と妻子の間に扶養・相続関係が生じる関係であると見なす（イギリスの）価値観」が「母系制の解体に大きな役割を果たした」こと（三四一頁）など、日本の古代について考える上でも、きわめて示唆深いものがある。また、女性自身がこの解体過程にどのように向き合い、関与していったのかという視点（同「ケーララ（インド）における母系制の解体と女性―「近代化」と「ヒンドゥー化」の狭間―」『歴史学研究』七一六、一九九八年）も重要であろう。

（補3）貴族官人層において国家的地位・家業・家職の継承を軸に「家」が形成されてくる道筋、およびそれと婚姻形態・居住形態の変遷、養子慣行の成立、喪葬儀礼などとの関わりについては、吉田孝『律令国家と古代の社会』（岩波書店、一九八三年）の刊行以降、服藤早苗『家成立史の研究』（校倉書房、一九九一年）、高橋秀樹『日本中世の家と親族』（吉川弘文館、一九九六年）、後藤みち子『中世公家の家と女性』（吉川弘文館、二〇〇一年）などによって、精緻な考察が積み重ねられている。今後は、「家」形成の歴史に解消されきらない、〝家族〟史の模索が必要となろう。

〔付記〕　本章の初出は、前近代女性史研究会編『家族と女性の歴史』（吉川弘文館、一九八九年）である。本書収録にあたり、文意を明確にする上での若干の補筆を行なった。

付論1　明石一紀氏の古代親族論の意義

はじめに

明石一紀氏は、社会人類学の方法と成果を積極的に取り入れることによって、古代の家族親族研究に新生面を切り開いてきた。一九七〇年代末から八〇年代にかけての一〇年来の研究成果をまとめた明石氏の『日本古代の親族構造』(1)の検討を通じて、氏の古代家族論・親族論の特質と意義を明らかにし、あわせて若干の問題点の指摘を行ないたい。

一　明石氏の家族・親族論の概容

同書は第一部「前近代家族史序論」、第二部「古代親族法」、第三部「親族構造分析」の三部よりなり、既発表論文六編の他に書き下ろしの新稿三編を含む。

まずはじめに同書の概要を紹介していきたい。

第一部では、明石氏のよってたつ家族史研究の方法を述べ、具体的な家族像の大きな見通しを明らかにする。第一章「日本古代家族研究序説」は、同氏の家族史研究の最初のもの（一九七九年）であり、研究史の上でも、従来の研究とは異なる新たな分析視角をもって、新たな古代家族像を明確に打ち出した、記念碑的論文である。ここで明石氏は、戸実態説のいう郷戸＝家父長制的世帯共同体は実証的に確認されている古代家族の諸特徴からみて成立困難であり、戸＝擬制説のいう小家族説は家族史的展望が欠如しているとしてともに退け、社会人類学的研究の成果を取り入れることを宣言する。

その成果によれば、母系制成立の基礎は農耕の発生にあるが、弥生以降の社会は、族外婚制の欠如、エスキモー＝直系型の親族名称、インセスト・タブーの特性からみて、母系制ではなく双方制社会である。双方社会の構造をのこすタイ諸族の慣行をも参照すると、妻訪→夫方・独立居住婚の形態が想定されるが、妻方居住もあり、「妻と未婚の子供、そして夫」という対偶婚的な小家族が次々と分立して、双方的関係で寄り集まる居住集団結合をなしていた。代々継承される「家」（固定的な自立的経営体）は未成立である。村内婚によって双方族縁関係でおおわれた村落（deme）が、氏族の代わりに共同体として存在していた。以上は、農民層に限定した、巨視的・構造的・類型的な古代家族の特質の把握である。

第二章「古代・中世の家族と親族」は、家族とイエの概念区別の上にたって、日本前近代家族・親族論の基礎的問題を整理して述べる。家族は性と生殖と子供の養育・精神的安定を本質的機能とした共同生活を営もうとしている最小の親族組織、イエは家長の家族を中心に同居し家計をともにする持続的生産経営組織である。日本の古代・中世には複合家族の徴候は存在しない。ヨコに拡大しない親子結合が基本で、双方的親族関係にある小家族が流動的に結びついた古代の居住集団的結合から、段階をへて同居共財の直系家族に至る。家族自体は無階級社会にも存在し、エンゲルスの『起源』にいうfamilyはイエのことである。古代には耕地・住居・家族の不安定・流動性によりイエは未成立で、中世にいたってイエの成立条件があらわれ、「家父長権」の成立を見る。ただし、日本における「父権」の確立は、父母双方の親権の強化という形態をとってあらわれた。

第二部は、親族法・相続法の分析である。第一章「大宝律令と親等法」は、養老令にみられる服紀条と五等親条の二本立ての親等法の背景を、大宝律令にさかのぼって検討する。服紀親制はタテの親族秩序、五等親制はヨコの親族連帯をしめすものであり、服紀親制中心の大宝律令では、男系女系を限らず狭い直系親族に範囲が限定されていて、日本的親族原理を反映している。養老律令では日本的独自性・現実性を切り捨て、五等親制を基本に一元化・唐制化し、服紀親制は遺制的に残存したのである。

第二章「日本古代の相続法」(新稿)は、大宝戸令応分条に反映された日本固有の相続慣行を、当時の相続事例との比較もふまえて明らかにしようとしたものである。大宝戸令応分条は、日本古来の性格別相続原理を唐令的に表現して、祖父承継物(宅・奴婢)は嫡子単独相続、己時物(財物および宅・奴婢・功封など)は均分、としたものであり、これらは、男性を財主とする父財の相続法である。母財の相続法は、こうした令条の規定外に存在し、女子主体に均分されることが多かったと思われる。母財の伝来産は、父系近親婚によって「本宗」(世代深度の浅い父系血族=ヤカラ)内で女系的に伝達されたらしく、戸籍にみられる奴婢所有女性の多くが同姓の夫と結婚している。

第三章「平安時代前半の相続法と養老令」(新稿)は、養老令の相続法が当時の社会に通用し機能していたとの通説への疑問を発して、平安前期の相続事例から、父財・母財の区別、夫婦別財、先祖伝来産の父系近親内相続規制(売買連署)、自己取得財の均分、母財の女系相続事例および父系相伝母財の父系同族男子への譲与、などを検出し、養老令下でも(固有法を反映した)大宝令的相続法が一貫していることを確認する。養老令応分条自体は唐令の模倣だが、法定相続によらない「存日処分」規定によって、伝統的相続法が合法性を与えられていたのである。また、「嫡子二分」のうちの一分は実母扶養分であり、子のない妾への分財とともに、別居している妻妾（実態はともに社会的に公認された妻たち）にそれぞれ子が従っているという、居住形態を反映した日本的要素がうかがえる。

第三部は親族構造を、ウヂの系譜・出自、および親族名称の変化からさぐる。第一章「ウヂの基本的性格」（新稿）は、ウヂは政治的同族組織だが、同祖の系譜観念が存在する以上、血縁的集団編成の原理が機能しているはず、としてその原理を明らかにする。ウヂに母系制の遺制を求めた高群逸枝説には基礎的誤謬が多いものの、ウヂが単純に父系氏族とはいえないこと、出自（血統・系譜・出自）と氏称（ウヂ名・帰属）の区別・分離、八世紀後半以降の父系氏族完成の動き、を明らかにしたのは高群説の大きな学問的成果である。最近の研究では、古墳時代から父系出自集団があったとする江守五夫説があるが、そこでは七〜九世紀の父系出自集団化の歴史過程の問題が抜け落ちている。また、双方的社会を基盤にウヂの独自の性格を説明する吉田孝説では、帰属と出自観念の区別がなされていないためにウヂの性格規定が不明瞭である。また、成員の両属性と族長継承の一系性が併存する非出自集団としてそもそものウヂを位置づけ、そこからの変化としてウヂの歴史的形成過程を明らかにした義江明子説は、系譜・出自・帰属の概念を区別するものの、「両属性」の概念が理解しがたい。そこで、文化体系と社会体系を区別して、前者＝〝出自〟観念、後者＝集団〝帰属〟として分析すると、ウヂは、理念的な文化体系としては明確な父系出自観念をもち父方帰属を原則とするが、実体的な社会体系としては基層の根強い双方的親族原理によって母方帰属をも取り込んだ、複数の父系血縁集団から構成される（政治的・他律的な）父系出自志向集団としてとらえることができる。

第二章「日本古代の親族名称」は、古代の史料を博捜して採集した親族名称語彙を分析する。古訓和語とも一致する伝統的名称法は、父方・母方を区別せず、単純な世代別と直系・傍系の別からなるエスキモー型である。イトコは、非血縁の仲間を表す用法からはじまり、七世紀末以降に親族名称に転化する。二種の父母名称のうち、カソ・オモはセ・イモを基幹語とする女称（女性からみた場合の呼称）の父と男称（男性からみた場合の呼称）の母、チチ・ハハは男称の父と女称の母である。配偶者の名称は男（ヲ・ヲトコ）女（メ・ヲムナ）の一般名称を基幹語とし、そこにモト・シタ・イマなどの修飾語を複合させて複数の配偶者を識別するもので、これは、明確な婚姻儀礼・離婚手続がなく、愛人と配偶者の区別がつけ難い婚姻の実態と相応する。ツマ（男と女の双方をさす）は、ある時点での一人の性的パートナーを指示する。平安期になってメがすたれツマ＝妻となる過程は、一夫一妻的結合の強化、単婚への移行の反映である。イモ・セは従来いわれてきたような兄妹婚慣行の遺制などではなく、対偶婚社会での不安定な男女の結合を兄妹名称の適用によって心理的に補強したものとみるべきである。平安中期以降、兄妹関係から夫婦関係へと異性結合の原理が移行し、姻族結合の重要性が増していく。これによって、血族と姻族を同質化した、親類縁者＝中世的親族構造が成立する。

二　家族史研究としての成果と意義

以上、『日本古代の親族構造』の要旨をたどってきた。多岐にわたる論述を簡略にまとめたため、重要な論点でふれられなかった点も多いが、明石氏の描く日本古代の家族・親族構造の特質を私なりにまとめてみると、それは、およそ次のようなものといえよう。

1　日常の共同生活を共にする家族と、経営体としてのイエを概念的に区別する。

2　古代の家族は、妻訪→夫方・独立居住の婚姻居住形態をとる、「妻と未婚の子供、そして夫」であらわされる、対偶婚的小家族である。

3　夫婦の結びつきは弱く、兄妹結合（イモ・セ原理）が優越している。夫婦は別財で、父財は男子中心、母財は女子中心に伝えられた。平安中期以降、夫婦結合が強化され、単婚に移行する。

4　ヨコに拡大しない親子結合を基本とし、古代〜中世を通じて、複合家族は形成されにくい。古代には、独立性の強い小家族が双方的に寄り合って流動的居住集団を形成し、内婚による血縁＝地縁村落（deme）が共同体として存在していた。古代の不安定な諸条件の克服につれて、しだいに直系家族が形成され、血族＝姻族を同質化した親類縁者結合＝中世的親族構造が成立する。

5　経営体としてのイエは古代には未成立であり、従来の家父長制家族論は成り立たない。中世以降、耕地・住居・家族の不安定と流動性を克服して、経営体としてのイエの成立条件があらわれ、父母双方の親権に家長権・主人権が加わって、イエ支配権＝家父長権が成立する。

6　古代の支配層は、父系出自観念による血縁組織＝ウヂによって秩序化されていたが、基層の双方社会を反映して父系出自集団は構成しえず、父系出自志向集団にとどまった。

右のような像を描き出すにあたって、明石氏が考察の主要な手がかりとしたのは、親族名称体系・親族名称語彙・インセストタブー・親族法・相続法・系譜、および双方社会とされるタイ語族をはじめとする他の民族社会に関する人類学的知見である。それは、「現在求められている課題が細かな変化を解明することではなくて、社会的体質を理解した上で根本的に解釈し直すことにあるからで、そのためには巨視的・構造的・類型的に古代の特質を把握することこそが重要である」（同書三〇頁）との考えによって、意識的に選び取られた方法である。日本の古代（中世以降も基層は同じ）が双方社会であることは、明石氏の一連の研究によって、広い視野のもとに具体的・本格的に明らかになったといってよいだろう。

ここで古代家族史研究の歩みを振り返ってみると、籍帳を主要な素材とし唯物史観の家族理論に依拠した戦後の古代家族史研究は、籍帳の史料批判によってそのままでは成り立ちえなくなり、停滞におちいった。その後、新しい方向からの家族史研究が、一九八〇年代以降盛んになり、現在にいたっている。それは、籍帳の父系擬制を徹底的につぃた高群逸枝説の再評価を出発点として、女性史的観点から家族に取り組んだ関口裕子氏、(2)石母田正氏の在地首長制論と人類学の首長制社会論に学びつつ、未開から文明へという日本古代社会の巨視的・動的把握の一環として家族の特質をも明らかにした吉田孝氏、(3)吉田氏の双系社会論に学びつつ、より一層徹底して人類学・社会学など隣接諸科学の方法と成果を本格的に取り入れて、基層の家族・親族構造の解明にむかった明石氏、の三者の研究を原動力としてもたらされた。

この三者の研究はいずれも、

① 籍帳をはなれて、それ以外のものから家族・婚姻の実態に迫ったこと、

② 日常的生活共同体と経営体を区別すること（関口氏は「具体的家族」と「本質的家族」、吉田氏は「イヘ」と「ヤケ」「イエ」、明石氏は「家族」と「イエ」の用語を用いる）、

③ 後者（経営体）は古代には未成立で、中世以降歴史的に形成されていくものとみること、

でほぼ共通する。それは、戦後の家族史研究に対する自覚的克服の営みであった。関口氏と明石氏の場合には、エンゲルスの『起源』の批判的再構成の作業を通じて、二つの家族概念の区別の必要性が明らかにされている。また、吉田氏の場合には、石母田理論の取り込みと総合を目指したところに、こうした〝自覚〟をみてとることができよう。なかでも明石氏の研究は、一番純粋に家族・親族の「構造」に取り組んだものであり、まさにその「巨視的・構造的・類型的」把握において、比類ない貴重な成果をあげたといえよう。『日本古代の親族構造』の一番の意義はその

点にある。経営体としてのイエとは区別される家族、「無階級社会にも存在」し現在も存在する（生活共同体としての）家族およびその結合体である親族の構造の日本的特質を、古代にさかのぼって明らかにすること、それが明石氏の目指すものにほかならない。明石氏が選んだ考察の素材（親族名称など）と方法（人類学・社会学の積極的援用）は、この目的にふさわしいものであった。

明石氏が日本古代・中世の親族構造として提示した諸点のなかで、家族の構造としてはヨコに拡大しないタテの親子結合が基本であって複合家族は形成されにくいこと、親族結合・共同体結合における居住原理の優越性、古代における夫婦結合の弱さと平安中期以降のその克服（家族形態で言うと対偶婚的小家族から単婚直系家族へ）、古代のイエの未成立から中世以降の（父と並んで母の親権も強い）家父長制的イエの成立へ、といった巨視的・構造的把握は適確なものと思われる。とりわけ、これらの構造的特色と巨視的変化を親族名称の特質・変化から跡づけた第二部第一章「大宝律令と親等法」および第三部第二章「日本古代の親族名称」の分析は見事である。そこでは、親族の構造分析という研究対象・素材と、人類学理論の援用、史料を帰納分析する歴史学的方法、の三者がもっともよい形で結びつき、すぐれた成果をあげているといえよう。文学・社会学などの諸分野への学際的広がりも含めて、今後の日本親族研究の基礎となる貴重な仕事である。

三　研究方法・理論をめぐって

その一方で、研究の対象と理論・方法がうまくかみ合わなかった時にはどうであろうか。同書の最大の問題点は、実はそこにあると思われる。それを、小家族概念、相続法の分析、ウヂの構造分析の三点をめぐって述べてみたい。

小家族概念について

明石氏は、古代の家族は「「妻と未婚の子供、そして夫」という表現によって示され」、「夫たる父が家族の恒常的・永続的メンバーとはなりにくかった対偶婚的形態であった」ことを指摘しつつ、同時にそれは「独立居住婚を基本とする独立性の強い小家族」であり、「対偶婚的な小家族形態を表現するものとして、便宜的に「夫婦家族」の語を用いる」という（同書一七頁）。しかし、母子小集団に夫が加わって構成する、夫の存在が流動的であるような家族が、どうして「独立性の強い小家族」でありうるのか。夫＝父が恒常的・永続的メンバーとなりにくいような家族を、どうして「便宜的に」「夫婦家族」と命名できるのだろうか。

明石氏は、旧来の家族史研究を批判して、「家族・家・親族論の分野では最も理論水準が高くて緻密な分析を行ってきた家族社会学・社会人類学・法制史学の立場から」古代・中世の家族・親族研究を行なうとする（同書四〇頁）。しかし、これら隣接諸科学の「緻密な分析」の対象となったのは、まさに、性・生殖・育児機能が一体となって消費生活を基盤に展開される近代の家族である（社会人類学には多様な家族論があるが、核家族普遍説は同様の立場にたつ）。しかし、日本古代の家族は、明石氏自身の「妻と未婚の子供、そして夫」というまことに適確な表現（ただし私自身は「未婚」に限定されない、つまり母―娘―子の同居形態をも広範に想定すべきだと考えている）(4)に示されるごとく、性・生殖・育児機能・消費生活単位がいまだ一体化しない、それらの重層性としてしか存在しない家族である。(5)明石氏は、歴史学的方法による史料の分析を通じてそうした実態に迫りながら、社会学・人類学・法制史学の理論によりかかった整理を行なったために、結局は、核家族普遍説と異ならない構造把握に陥ってしまったのではないだろうか。

相続法の分析視角をめぐって

イエと家族の概念区別の必要性の指摘は、すでに述べたように、研究史的にみて重要な意味を持つ。そして両者は、概念的に区別された上で、相互に規定しあう関係にある。古代における経営体としてのイエの未成立は、明石氏も明らかにしたように、流動的・不安定な家族のあり方と密接に関わり、その根底には私的所有の未発達がある。明石氏は、エンゲルスの『起源』は「私有財産・国家とならんで、（家族との混乱はあるにせよ）イエの歴史的形成とその死滅の必要性とを解明しようとしたものに他なら」ず、「史的唯物論の立場での現在的課題は、日本において私的所有の発達にともなってイエが成立することを、中世史のイエ論を生かしつつ、解明することにある」（同書六二頁）、という。とするならば、相続法の分析こそ、古代のイエの未成立の背後にある所有形態、そして中世的イエ成立へ向けての方向性を探るための、格好の素材となることが予想できよう。ところが、同書第二部第二章「日本古代の相続法」からは、所有を歴史的にとらえる視点の弱さが感じられてならないのである。

私見によれば、大宝戸令応分条は、ウヂが、外縁部の不明確な（政治的）集団から父系（出自）集団に移行しつつある過渡期、前者の性格のウヂを統合する族長が後者のウヂを代表する「家」の家長（律令上の表現では「嫡子」）として公的にとらえ直されようとしている転換期、前者のウヂの所有の本質であった共同体的所有から後者のウヂ（の内部に芽生えつつある「家」）による私有への過渡期、こうした歴史的な転換点にあるウヂ的所有に、中国的な唐令表現の網をすっぽりかぶせた、その意味ではまことに矛盾にみちた法文である。(6) 一方、近年の研究によって、中世的イエ成立の端緒は官職（を中心とするさまざまのレベルの職《しき》）の継承を軸とする家筋・家産の形成にあることが、多様な角度から明らかにされている。(7) そして、官職の父系継承、それにともなう収入の私的家産化の制度的出発点は、八世紀初頭の律令国家体制の確立にある。大宝戸令応分条およびその注釈たる「古記」の機能していた八世紀前半とは、私的所有が社会の前面に姿を表し法的保障を獲得しはじめる、大きな転換期なのである。こうした歴史的段階に制約された大宝戸令応分条を分析するためのものとしては、明石氏の用いる嫡子概念・氏概念・所有概念は、あまりに固定的・後世的である。思うにそれは、明石氏が社会学的・法制史的な親族概念・集団概念・所有概念に積極的に依拠しようとしたことと無縁ではあるまい。これら隣接学問の理論は、巨視的な構造分析にはすぐれた有効性を発揮するであろうが、転換点にある時代の歴史的・動的把握には不向きなのではないだろうか。

明石氏が、売券などにみえる相続の実態と相続法とをつき合わせて、養老令応分条が空文規定であることを明確にしたことの意義は大きい。しかしそこでも、例えば、平安前期の相売の範囲が父系近親を主とすることや、女子の相続分を父系同族内にとどめようとする傾向の存在をもって、奈良前期の大宝令文の「本宗」を父系近親と解釈することには、もっと慎重であるべきだろう。奈良前期から平安前期は、まさに非父系から父系への転換期だからである。〝母財＝女性用物品…女子中心に相続〟ということも、はたして証明されたと言えるのだろうか。「親族の双方的構造を念頭に置いて考えるならば、一般論として、父財とは対照的に母財は女子を中心に処分されていたのではないか、と思うのである」「女子主体に均分されることが多かったのではないか、と想像される」「その内容は女性用物品が多かったろう」（同書一五二頁、傍点義江）などの、おそらく人類学的研究の成果をも参照したと思われる漠然とした記述を経て、ただちに重大な結論にいたるのは不審である。女子中心に伝えられる女性用物品があったであろうことは、私も否定しない。これまでそういう視点からの研究がほとんどなかったことを思うと、明石氏のこうした問題提起の意義は大きい。しかし、平安前期においても、女性が一般的に土地を含む財産の所有権・相続権・経営権を保持していること(8)からみて、相続の歴史的変化の考察としては、〝母財＝女性用物品…女子中心に相続〟という議論を女子相続権の問題の中心にすえるべきではあるまい。この段階まで同質の財産についても男女が共に相続権を持っていたことを押えることこそが、歴史学において「巨視的」に重要な問題なのではないだろうか。

ウヂの構造分析をめぐって

明石氏による、現在から見た高群説の意義の評価は妥当であり、吉田説の不明確さが帰属と出自の区別のなさによる、との指摘もその通りであろう。そうした研究史の整理の上にたって、ある個人の父系親子連鎖と現実の集団への帰属はズレる、すなわち、社会体系としての父系出自集団の構成には至らない、よって、ウヂは父系出自志向集団である、とのまとめも適切と思われる。しかし、父系親子連鎖＝「素朴で生物的な」父系は、はたしてウヂの構成の文化体系（規範・理念）だったろうか。明石氏が父系連鎖の系譜伝承の典型例とする稲荷山古墳出土鉄剣銘の系譜の示すものが、「素朴で生物的な」父系などではなく族長の政治的地位継承次第であることは、まったく同形式の「海部系図」を参照すれば明らかである。(9)母方帰属の場合にも父系連鎖の系譜伝承を記憶している、との指摘は系譜伝承のあり方を考える上で重要であるが、母方帰属からの変更をもとめる八・九世紀の「冒母姓」史料が例外なく「娶生」文言を含むことにも明らかなように、(10)それは「娶生」系譜（私のいう両属系譜）によって伝承されているのである。記憶されていたのは、本来、父系母系双方の連鎖だったと見なければなるまい。

私見によれば、神話的始祖からはじまる政治的地位継承次第を編み上げて作りあげられていったものがいわゆる同祖系譜（氏族系譜）にほかならず、その編み上げの背景にある現実の集団相互の関係を親族結合の面から示すのが、自己からさかのぼってせいぜい三～四世代の世代深度の、双方的親子関係の連鎖の伝承である「娶生」系譜であった、と考えられる。「ウヂが原始的氏族ではなくて古代首長層に限られた政治的同族組織であったとしても……血縁的集団編成の原理が必ず機能しているはず」（同書二一九頁）との視角は基本的に正しいが、その場合の血縁的集団編成原理の分析は、「同祖の系譜観念」ではなく「娶生」系譜を対象としてなされてこそ、有効性を発揮したのではなかったろうか。「社会人類学の視角を生かして」の親族構造分析に耐えうるのは、三〜四世代の深度で示される現実の親族結合、および九世紀半ば以降の父系出自集団化したウヂについてのみであろう。

つまり、明石氏が親族構造分析としてウヂを取り上げる際の視座に問題があり、ウヂの政治的性格（共同体の重層性の表現形態）の本質についての把握が弱い、と思われてならないのである。それは、後の時代の家連合＝同族集団を対象とする社会学的な分析、あるいは、ごく狭い未成熟な政治的社会である未開社会についての人類学の親族分析の方法・概念を、原始的共同体の構造をひきずりつつ高度に発達した政治社会を中央集権的に一国規模で作り上げた日本古代の政治＝親族組織（ウヂ）の分析に、そのまま適用したためなのではないだろうか。

おわりに

以上、明石氏の親族構造分析の理論・方法が研究の対象・素材と必ずしもピッタリとかみ合わなかった場合に起こる問題点を、いくつか述べてきた。もちろん、これによって明石氏の親族構造研究の画期的意義は、いささかもそこなわれるものではない。『日本古代の親族構造』が目標とした、純粋な意味での家族親族構造の解明が見事に達成されていることは、すでに述べた通りである。旧来の硬直した家族史研究に対し、新鮮で柔軟な視角から取り組み、新しい体系を提示したものとして、同書は、間違いなく今後の家族親族研究の基礎となろう。また、歴史学・社会学・人類学・法制史学・文学などに共通の土俵をはじめて本格的に設定したものとして、今後、これら各分野で、同書の成果は積極的に摂取され、新たな議論をまきおこしていくものと思われる。それを心から希望したい。

注

（1）明石一紀『日本古代の親族構造』（吉川弘文館、一九九〇年）。
（2）関口裕子『日本古代婚姻史の研究』上・下（塙書房、一九九三年）、および『日本古代家族史の研究』上・下（塙書房、二〇〇四年）に研究の集大成がなされている。なお、本書Ⅲ―付論2「関口裕子氏の古代家族論の意義」をも参照。
（3）吉田孝『律令国家と古代の社会』（岩波書店、一九八三年）。
（4）明石氏は、大祓祝詞（『延喜式』神祇八）に「国津罪」として見える「己が母犯せる罪、己が子犯せる罪、母と子と犯せる罪、子と母と犯せる罪」について、「まず、母―息子、父―娘の親子関係が禁止され、続いて母の夫―妻の娘、娘の夫―妻の母との間も禁止されている。これは男中心に妻方親族との関係を表現している罪であることから、妻訪婚を念頭に置いた組み合わせと見ることができる」、「インセスト・タブーは……禁止の原理が血縁原理によるというよりも、同居者を避けるといった居住原理に規定されかつ最小限の範囲であったことは、家族より大きな血縁集団が欠如していたことを示唆している」と述べている（『日本古代の親族構造』一六頁）。とすれば、特に後者の二つの関係について考えた場合、妻とその娘、あるいは妻とその母とは同居していて、ともに婚姻年齢にあり、そこに訪問婚をしている男が二人と同時に関係をもつ、という事態が一般的に起こりがちな形態として禁止されていることになる。ということは、明石氏が「妻がその子達と強い独立性を保って小集団をつくり」（同一七頁）といった場合の「子供」は、「未婚の子供」に限定されない、と考えられる。よって、日本古代の家族の具体的形態の定義としては、「妻と未婚の子供、そして夫」ではなく「母子＋夫」とすることが、明石氏自身の研究成果をより適切に表すことになると思う。
（5）こうした重層性の具体的表れとその背景については、本書Ⅲ―三章「イへの重層性と〝家族〟」でその一端を述べた。
（6）義江明子『日本古代の氏の構造』（吉川弘文館、一九八六年）第一編「氏と奴婢所有」。
（7）本書Ⅲ―三章、（補注3）にあげた諸論考参照。
（8）服藤早苗『家成立史の研究』（校倉書房、一九九一年）第三部「女性と財産」。
（9）義江明子「古系譜の「児」（子）をめぐって」（『日本歴史』四八四、一九八八年。のち『日本古代系譜様式論』吉川弘文館、二〇〇〇年所収）。

(10) 義江明子「冒母姓改姓史料と「娶生」系譜」（前掲注（9）、義江著書）。

〔付記〕本章の初出は、『日本史研究』三五八（一九九二年）に「書評　明石一紀著『日本古代の親族構造』」として所載したものである。本書収録にあたり、全体の構成を他の付論にあわせて整えるとともに、注の形式をあらためため、紙数の関係で充分に書き込めなかった部分を、本文と注の双方で若干補った。

付論2　関口裕子氏の古代家族論の意義

はじめに

義江明子でございます。本日、関口裕子さんが最後の講演をなさった思い出の場所でこのような話をさせていただけますこと、大変ありがたく存じます。よい機会を与えていただき、御礼申し上げます。皆様のお手元にはA3サイズ見開き一枚のレジュメと、A4サイズ三枚一組の「関口裕子氏著作一覧（発表順）」をお配りしました。これにそって、話していきたいと思います。

関口裕子氏著作一覧（発表順）

発表年	関口裕子氏著作	家族史研究をめぐる学界の動向
	＊＝『日本古代婚姻史の研究』上・下（塙書房）所収	高群逸枝『母系制の研究』（一九三八） 〃　『招婿婚の研究』（一九五四）
	☆＝『日本古代家族史の研究』上・下（塙書房）所収	石母田正「古代家族の形成過程」（一九四二） 実態説 vs 擬制説
	★＝論文集未収録の主要家族史関係論文	安良城盛昭「班田農民の存在形態と古代籍帳の分析方法」（一九六九）

一九六九	☆律令国家における嫡庶子制について（『日本史研究』一〇五）	
一九七二	＊律令国家における嫡妻・妾制について（『史学雑誌』八一―一）	石母田正『日本の古代国家』（一九七一）
〃	古代人民のイデオロギー闘争の諸段階（『歴史学研究』別冊）	
一九七三	「大化改新」批判による律令制成立過程の再構成　上・下（『日本史研究』一三二・一三三）	『講座家族』全八巻（一九七三）
一九七五	（書評）布村一夫著『日本神話学・神がみの結婚』（『歴史学研究』四二一）	
一九七六	＊日本古代の婚姻形態について―その研究史の検討―（『歴史評論』三一一）	
一九七七	歴史学における女性史研究の意義―日本古代史を中心に―（『人民の歴史学』五二、のち総合女性史研究会編『日本女性史論集』一、吉川弘文館、一九九七再録）	
一九七八	☆日本古代家族の規定的血縁紐帯について（井上光貞先生還暦記念会編『古代史論叢』中、吉川弘文館）	
〃	☆日本古代の豪貴族層における家族の特質について・上（原始古代社会研究会編『原始古代社会研究』五、校倉書房）	明石一紀「日本古代家族史研究序説」（一九七九）
一九八〇	★日本古代の家族形態と女性の地位（『家族史研究』二、大月書店）	『家族史研究』一〜（一九八〇）
一九八一	日本古代の家族形態と女性の地位（講演記録『社会的文化的能力に関する女性学的研究』放送教育センター）	
一九八二	古代婚姻制研究の展望（『現代の眼』二三―一、現代評論社）	比較家族史学会発足（一九八二）
〃	★日本古代の家族形態の特質について（『お茶の水女子大学　女性文化資料館報』三、のち坂田聡編『日本家族史論集』四、吉川弘文館、二〇〇二再録）	『日本女性史』全五巻（一九八二）
〃	☆古代における日本と中国の所有・家族形態の相違について―女子	日本史研究会大会「日本古代・中世における家族と社会」（関口・鈴木国弘　一九八二）

	所有権を中心として―／同編集後記（女性史総合研究会編『日本女性史』一、東京大学出版会）	
〃	高群逸枝の古代女性史研究の意義について（東京女性史研究会編『女性史研究と現代社会』一）	
一九八三	★家父長制家族の未成立と日本古代社会の特質について（『日本史研究』二四七、総合女性史研究会編『日本女性史論集』二、吉川弘文館、一九九七再録）	歴史科学協議会連続シンポジウム「歴史における家族と共同体」（一九八三〜八六） 『家族史研究』七＝文化人類学と家族（一九八三） 吉田孝『律令国家と古代の社会』（一九八三）
〃	古代における女性差別（『歴史公論』九七）	
一九八四	★家伝をめぐる家の用法について（土田直鎮先生還暦記念会編『奈良平安時代史論集』上、吉川弘文館）	
〃	庶民の女性の地位（『歴史公論』一〇八）	
〃	＊古代家族と婚姻形態（歴史学研究会・日本史研究会編『講座日本歴史』二、東京大学出版会）	
〃	＊日本の婚姻（『東アジア世界における日本古代史講座』一〇、学生社、のち義江明子編『日本家族史論集』八、吉川弘文館、二〇〇二再録）	
〃	☆日本古代の豪貴族層における家族の特質について・下（原始古代社会研究会編『原始古代社会研究』六、校倉書房）	
一九八五	シンポジウム―前近代の家族をめぐって―（対談　大口勇次郎・鈴木国弘・村武精一、『歴史評論』四一九）	
一九八六	★五十戸一里制をめぐる一、二の問題―その具体的編制方式とその後の推移―（田名網宏編『古代国家の支配と構造』東京堂出版）	義江明子『日本古代の氏の構造』（一九八六）

一九八七	☆戦時中に達成された藤間生大・石母田正の家族・共同体理論の学説史的検討―渡部義通の所論と関係して―（青木和夫先生還暦記念会編『日本古代の政治と文化』吉川弘文館）	
〃	卑弥呼から女帝へ（脇田晴子・林玲子・永原和子編『日本女性史』吉川弘文館）	
一九八九	＊対偶婚概念についての理論的検討（前近代女性史研究会編『家族と女性の歴史　古代・中世』吉川弘文館）	
〃	共著『日本家族史―古代から現代へ―』第一章「古代」（梓出版社）	
一九九〇	女性史からみた石母田史学の一断面（『歴史評論』四七九）	明石一紀『日本古代の親族構造』（一九九〇）
一九九一	古代女性の地位と相続法（武光誠編『古代女帝のすべて』新人物往来社）	服藤早苗『家成立史の研究』（一九九一）
〃	日本の女性史研究の現在と課題・古代（歴史科学協議会編『女性史研究入門』三省堂）	『シリーズ変貌する家族』全八巻（一九九一）
一九九二	時代をみる―原始古代―／遊行する女たち（総合女性史研究会編『日本女性の歴史　性・愛・家族』角川書店）	
〃	八世紀における采女の姦の復元（『日本歴史』五三五）	
一九九三	『日本古代婚姻史の研究』上・下（塙書房） 新稿〔Ⅰ〕 第一編三章　対偶婚の日本的特殊性 第二編　日本古代における対偶婚の存在と具体相 第一章　必ずしも閉ざされていない配偶者の性の在り方 第二章　日本古代における「姦」について 第三章　気の向く間のみ継続する結婚とその下での諸事象	

第四章　日本古代の性愛の特徴

〃	富豪女性の姿（総合女性史研究会編『日本女性の歴史　女のはたらき』角川書店）
〃	平安時代の男女による文字（文体）の使い分けの歴史的前提—九世紀の文書の書名をてがかりに—（笹山晴生先生還暦記念会編『日本律令制論集』下、吉川弘文館）
〃	女の強さと美しさ（総合女性史研究会編『日本女性の歴史　文化と思想』角川書店）
一九九五	対偶婚の終焉と買売春の発生（『歴史評論』五四〇）
一九九六	『処女墓伝説歌考』吉川弘文館（書き下し）
一九九七	戦争と女性—日本古代の場合—（アジア女性史国際シンポジウム実行委員会編『アジア女性史　比較史の試み』明石書店）
〃	山本一也氏による拙著『日本古代婚姻史の研究』上・下への書評に答える（『史林』八〇—四）
〃	日本古代の戦争と女性（前近代女性史研究会編『家・社会・女性　古代から中世へ』吉川弘文館、のち大日方純夫編『日本家族史論集』一三、吉川弘文館、二〇〇三再録）
一九九八	共著『家族と結婚の歴史』Ⅰ古代（森話社）
二〇〇〇	共著『文学にみる日本女性の歴史』むかし女首長がいた—古事記—／閉ざされていなかった人妻の性—万葉集—／女性による財産所有と経営—日本霊異記—／性を売る女性の発生—大和物語—（吉川弘文館）

〃　〃

☆田中良之著『古墳時代親族構造の研究―人骨が語る古代社会―』批判（『宮城学院女子大学　キリスト教文化研究所研究年報』三四）

買売春の発生／富豪女性の活動（総合女性史研究会編『史料にみる日本女性のあゆみ』吉川弘文館）

『日本家族史論集』全一三巻（二〇〇二）

私の今日の話は、ただいまの今津勝紀さんのお話へのコメントを通じて、関口さんの家族論の持つ学説史的・史学史的意義をはっきりさせたい、ということを考えております。一応、三部立てで話をすすめてまいります。

まず一つは、関口さんの著作一覧を見ながら、関口さんの研究が生み出された背景について、少しお話ししたい。レジュメの「一　関口学説をはぐくんだ時代状況・学界状況」の部分です。

次に、関口さんの家族論に対して批判的考えを示された、ただいまの今津さんのお話しについて、いくつか納得できない点を、限られた時間ですのでほんの一部分しか取り上げることができませんが、具体的に述べてみたい。私のように、文献史学でかつ女性史の観点から、家族論にそれなりに関わってきた人間、そういう意味では関口さんとほぼスタンスを同じくしているわけですが、そういう人間からみた場合に、関口さんが先頭にたって切り拓いてきた家族論の新しい成果は、古代史全体の議論のなかで、まだまだ充分に理解されてはいないと思えてなりません。そうした点について、私自身の見解を示しつつお話ししていきたい。これが、レジュメの「二　戸籍というテキストの理解をめぐって」「三　「夫婦原理」（田中良之説）の理解をめぐって」「四　家族概念をめぐって」になります。

そして最後に、実は時間的に間に合わずレジュメにはこの部分は書いていないのですが、関口さんの家族論が全体としてどういう学問的意義をもち、どういう問題が今後に私たちの取り組むべき課題として残されているのか、ということを述べたい。私は、関口さんの学説に全面的に賛成しているわけではありません。いくつか、大きな点での疑問を持っています。その点を含めて、最後に述べたいと思います。

以上のような三部立ての構成で話をすすめてまいります。

一　関口学説をはぐくんだ時代状況・学界状況

はじめに、関口学説をはぐくんだ時代状況・学界状況についてですが、皆さんは必ずしも関口さんの著作をよくご存じの方ばかりではないと思いますので、わかりやすいように一覧を作成しました。お手元の「関口裕子氏著作一覧」をご覧ください。ここには、関口さんの著作を、発表順に一九六九年から最後の二〇〇四年まで並べました。この最後のものが、先ほどご紹介いただきました『日本古代家族史の研究』上・下（塙書房）です。これは遺著ですが、原稿はほぼ九九、九パーセントできており、最終段階の整理だけが残されていました。それを、私も含めて数名の者が刊行会を組織し、本の形にまとめたものです。

それから一覧の下欄には、日本史研究のなかで、古代を中心とする家族史の議論の展開を大きくとらえた場合に、ターニングポイントとなるような事柄を、簡単なメモとして付けておきました。これと、上欄の著作一覧とを対照しながら、関口さんの研究を、時代と学問の変化のなかに位置づけてみていきたいと思います。

下欄の一番右のところからご覧ください。関口さんの研究に先立つものとして、高群逸枝さんの『母系制の研究』一九三八年、『招婿婚の研究』一九五四年があります。高群さんは、日本女性史の創始者と言われている方です。女性史という学問を、日本で最初に体系的に樹立した方です。それは、母系制という出自体系の研究と、招婿婚という婚姻形態の研究から始まりました。こうした、高群さんの女性史研究からの流れとしての家族史研究が、現在の古代家族論につながる大きな山の一つとしてあります。

そしてもう一つ、戦後の日本古代史研究の出発点となった、石母田正さんの「古代家族の形成過程」が発表されたのは一九四二年です。古代国家の形成過程を明らかにする、また、古代社会から中世社会への移行の過程を明らかにする、その基礎構造としての家族の研究という、まさに歴史学における古代史研究のメインテーマとしての家族史研究が、もう一つの大きな山としてあります。在野の女性史研究者によってつづけられてきた家族婚姻史研究と、戦後の古代史研究の主流中の主流である社会構造論としての家族史研究と、この二つの大きな流れがまったく混ざり合わないまま存在していたというのが、関口さん以前の研究状況でした。

古代史のメインテーマとしての家族史研究のなかでは、主要な史料とされた戸籍の性格をめぐって、いわゆる戸実態説と戸擬制説の激しい対立がありました。戸籍に表れたものをそのまま家族の実態と見るか、戸籍にはさまざまな操作が加えられていて家族の実態とは隔たりがあると見るか、何百もの議論がたたかわされました。両説の対立を止揚するとした安良城盛昭さんの編戸説（「班田農民の存在形態と古代籍帳の分析方法」）というのは、戸籍は、たんに実態からずれているということではなく、国家が一定の意図でもって支配の台帳として作成したものであり、「戸」そのものが、国家の支配の基礎単位として編成されているのだ、という説です。これが一九六九年のことです。

次に、一覧の上欄をご覧ください。関口さんの最初の論文、学界デビューとなったものが、一九六九年の「律令国家における嫡庶子制について」と、一九七二年の「律令国家における嫡妻・妾制について」です。これはどちらも、戸籍の史料批判です。戸籍に表れた家族は実態ではなく、そこに書かれている嫡子と庶子の区別も、嫡妻と妾との区別も、実際には存在せず、たんに戸籍上での書き分けにすぎない、ということを現存戸籍の分析から明らかにしたものです。私が関口さんから直接おききしたところでは、この段階ではまだ女性史研究に取り組むという方向を、御自分では自覚なさっていなかったそうです。しかし、史学史的にとらえますと、高群さんが女性史研究としての家族婚姻史研究のなかで主張してきた、戸籍には父系的な作り変えの手が加わっているという議論と、戦後の古代史研究のメインテーマであった社会の基礎構造論としての家族史研究における古代家族形成論、戸籍の史料批判をめぐる議論の集積、それらを総合した実証研究を提出したものと位置づけることができます。この二論文につきましては、いくつか史料解釈をめぐっての批判はありますが、戸籍に見える嫡・庶子、嫡妻・妾についての基礎的研究として、学界の共有財産になっているといっていいでしょう。そしてこれ以後、関口さんは次第に、女性史研究者としての途を自覚的に選び取っていくことになります。

簡単にみていきますが、この間の一九七一年に、石母田正さんの『日本の古代国家』（岩波書店）の刊行があり、ここで首長制論が示されました。これ以降、日本の古代史学界では、石母田さんの首長制論を軸として、古代社会の具体的分析、首長制論の理論的検討がなされていきます。こういった議論が展開していた一九七〇年代から一九八〇年代を、家族史研究の進展という角度からみていきますと、次のように大きく段階づけることができます。

家族についての大きな企画として、一九七三・七四年に『講座家族』全八巻（弘文堂）がでています。ただしこれは歴史学が中心になった企画ではありません。第一巻は〔家族の歴史〕ですし、他の巻にも歴史学の論文がいくつか入ってはいますが、主に社会学や法制史を中心として、戦後になお残る「家」制度の克服をめざすという観点が貫かれています。私がなぜこの講座を取り上げるのかといいますと、古代史研究のなかでの家族史の研究というのは、先ほど言いましたように、国家論の基礎としての家族、中世社会移行論の基礎としての家族であって、家族そのものの解明に目を据えた家族史研究というのは、実はまだこの段階まではあまりなされていなかったと思うからです。社会学・法制史分野で戦前からひきつづいて行なわれてきた家制度・財産相続・結婚制度を中心とする研究に、若干の歴史学分野の仕事も加えて、それまでの成果を集大成した講座が、これです。

けれども、実はちょうどこのあたり、つまり、石母田さんが『日本の古代国家』で人類学の成果とマルクス主義の理論とをない交ぜにしながら——このあたりは今津さんも書かれていることです——首長制論を打ち出されたころから、古代史の研究者のなかに人類学の理論と成果から本格的に学ぼうという動きが出てきます。それから、マルクス主義家族論の古典的テキストである『家族・私有財産・国家の起源』を再検討するという動きも明確になります。この二つの動きが加わって新しい家族史研究の流れが出てくるのが、一九七〇年代後半からです。

ここであらためて、その動きのポイントだけを見ていきますと、一つの大きな画期をなすのが、明石一紀さんが社会学・人類学の手法・理論を全面的に取り入れて、日本古代・中世の家族の特色を見通した「日本古代家族史研究序説」という論文を発表されたのが、一九七九年です。また、歴史学・人類学・法制史・社会学・民俗学、そのほかさまざまな分野の研究者が集まって、新しい理論にも学びながら、家族そのものに目を据えた史的研究をすすめていこうということで、比較家族史学会が一九八二年に発足しました。

私自身が、女性史を基軸に据えて古代史研究に取り組もうと決めて、研究者を目指しての第一歩を踏み出したのは、一九七七年です。私は、学部卒業後六年間の空白を経て、一九七七年に都立大学の大学院に入りました。その時、同じ年度から二年間、非常勤講師として都立大学に教えにこられたのが、関口裕子先生だったのです。ですから、私が研究者としての生活をスタートさせた、その最初に出会った師が関口さんということになります。

私は学部卒業後まもなく結婚して、遠回りをして大学院に入りました。関口さんも、私よりやや前ですが、結婚なさってほかのお仕事を少しされた後、大学院に入り、研究者としての歩みを始めました。先ほど紹介した、一九六九年の嫡・庶子制の論文と、一九七二年の嫡妻・妾制の論文は、関口さんの修士論文です。関口さんは一歩先んじての先駆者だったわけですが、関口さんを先頭にしながら、ほぼ一九七〇年代の後半から八〇年代にかけて、私のような、大学を卒業したあと回り道をして研究の途に志す、しかもそれを女性史という形でやっていこうという女性が、日本各地の大学院に、続々とは言いませんが、ぽつぽつと現れ始めました。一九七〇年代の後半というのは、そういう時代だったのです。

私はそのなかで、関口さんを自分の一歩先の大先輩として仰ぎ見ながら、女性史研究を始めました。関口さんの家族史研究を導きの糸にしつつ、自分自身の研究テーマは古代氏族の研究に定め、研究をすすめてまいりました。一九七〇年代後半から八〇年代にかけて、女性の研究者を担い手とする女性史研究が、学界のなかで一つの新しい動きとしてはっきり見えてきます。その成果が『日本女性史』全五巻（東京大学出版会）としてまとまるのは、一九八二年です。このころから、女性史の成果も含み込んだ家族史の新しい動向が、各種の学会で取り上げられるようになりました。一覧の下欄にあげましたように、一九八二年の日本史研究会大会では家族史のシンポジウムが開かれ、古代で関口裕子さん、中世で鈴木国弘さんが報告をなさっています。一覧の上欄、一九八三年の『日本史研究』二四七号掲載論文は、その報告をまとめたものです。

それから、比較家族史学会の母体となった研究者グループが出した『家族史研究』という七巻まで続いたシリーズ（大月書店）があり、一九八〇年の第二巻には関口さんが「日本古代家族の家族形態と女性の地位」を書いており、一九八三年に出た第七巻は〔文化人類学と家族〕と題されています。家族史研究の新しい方向、女性史や人類学の成果を積極的に取り入れていこうという傾向が、よくわかります。こうした動きを、古代史の専門研究者の立場から総合し、新しい古代社会像を提示して、その後の古代史学界の研究動向を決定づけたものが、一九八三年の吉田孝さんの

『律令国家と古代の社会』（岩波書店）です。

同じころ歴史科学協議会も、一九八三年から一九八六年まで連続して、「歴史における家族と共同体」をテーマとする大会を開きました。一覧の上欄、一九八五年の「シンポジウム　前近代の家族をめぐって」という対談は、この連続大会企画の一環として行なわれたものです。ここで関口さんは、中世の鈴木国弘さん、近世の大口勇次郎さん、文化人類学の村武精一さんと対談しています。四年間の成果は、のちに同名の書にまとめられています。一九八〇年代前半というのは、こういう時代でした。

こうした学界動向のなかで、私自身は家族ではなく氏《うじ》の研究をすすめていきました。それを一冊の本にまとめたのは、一九八六年です。それから、親族名称体系などで重要な研究をいくつも発表なさった明石一紀さんが、『日本古代の親族構造』（吉川弘文館）をまとめられたのが一九九〇年、女性史の観点から平安時代における「家」の形成過程を跡づけた服藤早苗さんの『家成立史の研究』（校倉書房）が一九九一年、とつづきます。

一方、このころから、日本の現代社会の動きとして、〝家族の解体〟とか〝家族の危機〟とかが、しきりにいわれるようになります。家族というものが、どうもこれまでのような固定的な枠組みではとらえられない、ということを多くの人々が感じ始め、私たちが実際に暮らしている家族そのものが、どんどん変化してまいります。ですから、そうしたなかで新しく編集された家族についての企画、これは主に社会学による現代家族の分析ですが、『シリーズ変貌する家族』（岩波書店）となっていて、シリーズ名そのものに家族の変化が象徴されています。一九九〇年代は、そういう時代に入っていくのです。

八〇年代に隆盛を極めた古代・中世の家族史研究も、少し方向性が見えにくくなっていき、その状況が現在まで続いている、といってよいでしょう。このように、現在の社会における家族の変化、歴史理論におけるマルクス主義理論の根本的な見直し、それから女性史においてもジェンダーという新しい分析概念の導入、こういういろいろなことがありまして、このあたりで家族史についてのこれまでの成果をきちんと見直して総括し、新しい方法を探らなければいけない、今はその変わり目である、という自覚のもとで編まれたのが、二〇〇二年の『日本家族史論集』全一三巻（吉川弘文館）です。私もこの編集に関わり、関口さんのものも、第四巻〈家族と社会〉に「日本古代の家族形態の特質について」（一覧上欄、一九八二年）、第八巻〈婚姻と家族・親族〉に「日本の婚姻」（一覧上欄、一九八四年）、第一三巻〈民族・戦争と家族〉に「日本古代の戦争と女性」、の計三編を収録させていただきました。

以上、関口さんの研究をはぐくんだ時代状況・学界動向を、ざっとたどってきました。関口さんの著作は、私も昨日この一覧を作っていて圧倒されたのですが、本当に膨大な数です。この一覧表のなかで、＊印をつけたものが最初の論文集である『日本古代婚姻史の研究』上・下（塙書房）に収められたもの、それから☆印が、今度の『日本古代家族史の研究』上・下に収められたものです。実はこれだけでも大変な分量で、書き下ろしの新稿が多数はいっておりますために、今回のこの家族史の論文集には収録されなかった重要な家族史関係の論文がいくつかあります。それに★印をつけておきました。この☆印と★印、つまり今回の御著書に収められた家族史の論文と、これには入りきらなかったものをあわせると、ほぼ一九八〇年代に集中して、精力的に関口さんの家族史研究が行なわれていることがわかります。学界全体としても新しい家族史の研究が隆盛を極めた一九八〇年代に、関口さんの家族史研究が集中して行なわれている、つまり、関口さんを主要な原動力の一人として新しい家族史研究の分野が切り拓かれてきたことがよくわかります。高群さん以来の女性史研究からする家族史の流れと、石母田さんを出発点とするマルクス主義理論に基づく戦後の日本古代史研究のメインテーマたる社会構造論としての家族史研究、この二つを統一することをめざし、現代社会を生きる女性研究者として、先頭に立って旗を振りながら最後まで駆け抜けた生涯であったと思います。

私も、関口さんの家族史研究の成果を吸収しつつ、自分自身の学問形成をやってまいりました。今津さんが、関口さんの家族論に学び乗り越えようとして提起されている新しい研究成果に接して、いくつか、具体的に皆様に考えていただきたい論点を、これまでに今津さんがお書きになったものから抜き書きする形で、レジュメにまとめてまいりました。次は、これに沿って話してまいりたいと思います。

二 戸籍というテキストの理解をめぐって

レジュメの左側、「二 戸籍というテキストの理解をめぐって」の「A 籍帳批判の到達点」というところをご覧ください。戸籍史料の理解をめぐっては、戦前から現在に至るまでの長い議論があります。その現時点での到達点を適切に整理したものとして、杉本一樹さんの「日本古代家族研究の現状と課題——関口裕子・吉田孝・明石一紀説を中心として——」(『法制史研究』三五、一九八五年)があります。今津さんは、ご自分の研究のなかで杉本さんの整理を紹介しつつ、次のように述べられています(「大宝二年御野国加毛郡半布里戸籍をめぐって」岡山大学共同研究報告書『環境と文化・文明・歴史』二〇〇三年、以下、今津A論文とする)。

実態として存在する双系的な関係の中から父系的な関係を中心に抽出して戸が編成されたということであろう。「戸主から男系・女系双方(婚姻関係も含む)の親族関係を辿って、ほぼイトコを超えない範囲の親族を組織し、時には、その中のある戸口からさらにその親族(イトコを超えない)まで、というように親族関係の連鎖を利用しつつ、側展的に拡大していく、さらに親族関係指示の方法に見られた優先関係からは、編成に際して核となったのは成年男子であった」という杉本の議論は、史料の性格と議論の射程を明確に弁別し、この編成原理を抽出した点に意義がある（今津A論文、五七〜五八頁。波線、義江、以下同じ）。

私も、杉本さんが示した研究史整理には、ほぼ全面的に賛成ですし、その杉本さんの整理を、「史料の性格と議論の射程を明確に弁別し、この編成原理を抽出した点に意義がある」とみる今津さんの評価にも、賛成です。成年男子を核として、双系的に広がる親族関係のなかから父系的関係を抽出して、「戸」というものは編成されています。抽出するのは国家の側です。「戸」の編成原理はこういうものであるということが、長年にわたる、何百人もの戸籍研究者の議論の積み重ねの結果として、現在、ほぼ確認されていることだと思います。

しかし、今津さんご自身の籍帳分析をみますと、この到達点が必ずしも踏まえられていないのではないか、と思われてなりません。先ほどのご報告でも説明されました、離別・死別の多い流動的社会で再婚がどのように行なわれているかという議論のところです。私のレジュメの「B　籍帳分析の実際」のところを見てください。今津さんは次のように書かれています（「日本古代の村落と地域社会」『考古学研究』五〇―三、二〇〇三年。以下、今津B論文とする）。

低い年齢層では夫婦間の年齢差に大きな開きはないが、高年齢層になるとその開きが大きくなることがうかがえる。なお、非戸主層と比較すると、この現象は戸主層において特に顕著であることに注目しておきたい。

……生き延びた男性、なかでも戸主層を軸とした世帯形成への指向性がうかがえよう（今津B論文、六一頁）。

（鰥寡の著しい男女差は）生き延びた高齢の男性が妻帯しているのに対し、女性には夫がいないことを意味する。

私は、この分析には納得できません。なぜなら、ここで突然、戸籍の記載が実体化されているからです。「非戸主層」と「戸主層」があたかも異なる社会階層であるかのように、実体化がなされています。また、「戸主層を軸とした世帯形成」なるものも、実体化されている。しかし、先ほど、今津さんご自身の評価にもとづいて示した、籍帳批判の到達点に立って考えるならば、この部分は、〝戸籍の上で戸主として把握された人物については、こういう現象が見られ、戸籍の上で戸主として把握されなかった人々については、このような現象が見られる〟、また、〝戸籍の上で戸主として登録された人物には、妻が記載される場合が多いが、そうでない人々は……〟と、このようにおさえるべきだと思います。

あるいは、籍帳記載の背後に、実際に、今津さんが想定されるような実態があるかもしれません。でも、あるかないかということは、それこそ本当に気が遠くなるような細かい議論と史料分析の結果として、はじめて言えることであって、戸籍に記載されていることをそのまま実体化してはならないというのが、長年の籍帳研究・史料論の成果であろう、と私は思います。以上が、戸籍というテキストの理解をめぐっての疑問です。

三 「夫婦原理」（田中良之説）の理解をめぐって

次に、レジュメの「三 「夫婦原理」（田中良之説）の理解をめぐって」のところにまいります。皆さんのお手元にあります、先ほどの今津さんのご報告プリントの最後、「埋葬状況が示す被葬者の親族関係図 田中良之氏による」を横に置きながら見てください。議論のポイントは、ここの「基本モデルⅢ」の理解をめぐってです。

私のレジュメには「A 血縁関係推定の可否（関口著書参照）」と書いておきましたが、こういう血縁関係の人間が同じ墓に葬られている、あるいは隣り合った墓に葬られているという、田中さんの復元推定自体が妥当であるかどうかということについては、関口さんが新著下巻のⅢ編第一章第一節「親族関係モデル批判」で、一つ一つ丁寧に検証されています。そして、必ずしも田中説のようには推定復元できないということを、強く主張されています。ただ、私自身はそれについては何も言うことができませんので、関口さんの本を参照していただくことにしまして、私は一応、田中さんが推定されたこの血縁関係の推定がほぼ言えると仮定した場合、それをどう解釈すべきかについてだけ述べたいと思います。それがレジュメの「B　「夫婦同葬」をどうみるか」のところです。

議論のポイントは、基本モデルⅢの「夫婦同葬」と田中さんが言われているものの理解をめぐってです。これについては、私はすでにあるところで書いたものがあり（本書Ⅲ―二章「婚姻と氏族」参照）、そこに具体例を一つあげて見解を述べましたので、それをそのまま見ることにいたします。基本モデルⅢの「夫婦原理」という田中さんの位置づけに、私は疑問を持っています。これは「夫婦同葬」ではなく、子供による「父母同葬」と見るべきだというのが、私の考えです。つまり、夫婦という社会的単位が明確にあってそれが同葬されたのではなく――夫婦の絆は不安定で弱いと私は思っておりますので――子供から見た父母との関係が重要であり、それを社会的に示すために子供によって父母が同葬された、と私は理解しています。そのように葬られたことのわかる、具体的な例があるからです。

それは、推古天皇の両親についてです。推古二〇年（六一二）に欽明天皇――推古の父親です――が葬られている陵に、キサキの堅塩媛――推古の母親です――が葬られました。これをもし発掘したとしますと、疑問の余地なく「夫婦同葬」と見ることになるでしょう。けれども、実際は違います。『日本書紀』によりますと、欽明天皇の皇后は石姫という別の女性であり、堅塩媛はそのほかに五人いた妃（ミメ）の一人でした。そもそもは、欽明とは別の場所に葬られていたのです。けれども、二人のあいだに生まれた推古が即位して、欽明天皇と蘇我堅塩媛のあいだに生まれたという自分の社会的地位をアピールする目的をもって、盛大な儀礼を催して改葬し、結果的に「夫婦同葬」となります。

私たちは、『日本書紀』という史料を見ることで、欽明と堅塩媛については、「夫婦同葬」の実態、改葬の事情と背景を知ることができます。けれども、もっと下のクラスの豪族ですとか、田中さんが扱われたような村落上層の墓で、発掘結果としてだけ出てくるものを見たとすると、明らかに「夫婦同葬」の事例ということになるでしょう。しかし、推古の例を参照すればわかるように、これは実は、子供による父母の同葬なのです。このように、子供の手による父母の同葬だと思われる夫婦の同墓例というのは、八・九世紀ころまでいくつか実例としてわかっています。

日本の古代社会は、父系でも母系でもない双系（双方）的社会が基層にあり、そのなかからだんだん支配層を中心に、何百年かかけて父系社会に移行してまいります。支配層において、氏《うじ》が父系の出自集団となっていくのが九世紀以降、氏《うじ》の組織が制度的に明確になっていくのは、一〇世紀ころからです。氏上《うじのかみ》の継承する重宝、氏神祭祀、氏人のための学校、氏人放逐のルールなど、いろいろなものが整ってまいります。そしてこのころから、異なる氏族出身の夫婦は別々の氏族墓地に葬るという、異氏別墓の慣習がはっきりしてきます。つまり、父系という出自システムの確立は、まずは夫婦同葬に結びつくのではなく、逆なのです。それぞれが自分の生まれた父系の氏族に属するわけですから、死後も、その氏族の墓地に別々に葬られる。それがさらにその後、氏《うじ》が分解して、そのなかから夫婦を核とする父系継承の「家」ができてくる段階（中世以降）になって、本当の意味での夫婦同墓になっていきます。

この過程については、実は、女性史研究の方では、非常に細かいところまで段階を追っての研究が進んでいます。後藤みち子さんの最新の研究によれば、父系直系の「家」の夫婦同墓、本当に夫婦が同じ墓に葬られるという形が見えてくるのは、中世も後期です。別々の墓地に葬られていた夫婦が、同じ墓地に葬られるようになり、同じ墓地のなかで隣接する区画に葬られる段階から、完全に同じ墓への埋葬へと、段階を踏んでいって、中世もかなり後期になってから、直系の「家」の夫婦同墓が成立する。日常生活において父系二世代夫婦の同居が一般化してくるのもほぼ同じ頃で、これについても細かな段階があります。まずはじめは隣り合った屋敷に父夫婦と息子夫婦が住み、次は同じ一つの屋敷のなかで棟を別にして住み、その次には同じ棟のなかで竈を別にして、そしてようやく竈も一緒にした完全な意味での父系二世代同居、つまり嫁と姑の同居が社会上層で実現するのは近世初めくらいです（後藤みち子『中世公家の家と女性』吉川弘文館、二〇〇二年。および前近代女性史研究会二〇〇四年一一月例会報告「中世公家女性の葬送と墓制」、のち「中世公家の墓制にみる夫婦と「家」」として『総合女性史研究』二三、二〇〇六年所載）。

こうした文献史学の家族史・女性史研究の成果と照らし合わせた時に、田中説の言う六世紀での「夫婦同葬」、夫婦原理の一般化という位置づけは、私としては、どうしても解釈が違うと思わざるを得ません。発掘結果として出てくる現象は、巨視的な歴史の変化と整合する解釈をしなければならないと思います。

四　家族概念をめぐって

このことを前提にして、次の「四　家族概念をめぐって」にまいります。「A　今津氏による田中説理解」のところをご覧ください。今津さんは、田中説の基本モデルⅢの「夫婦同葬」、父系直系の「家」が古墳時代後期にみられるという、この理解をもとにして、次のように述べておられます。

（田中良之説の）「基本モデルⅡとⅢは父系の家族を示す。すなわち、弥生時代から五世紀後半までは、双系的親族関係を基礎とするキョウダイ関係を軸とした拡大家族（基本モデルⅠ）が基本的な生活の単位であったが、五世紀後半に家父長制イデオロギーが導入されることにより、双系的なキョウダイ関係を軸とした親族組織のなかに父系直系の家族が成立し（基本モデルⅡ・Ⅲ）、親族集団から独立していった、とされる（今津A論文、五六頁）。

田中説の基本モデルのⅡとⅢを、今津さんは「父系直系の家族が成立し、親族集団から独立していった」と読み取っているのです。また別の論文では次のように言われています。

基本モデルⅢで含まれる非血縁女性は「家長」層で夫方居住が行われていたことを反映するものであろう。古墳時代後期以降、このように、父系変異型の基礎社会のなかに、「家長」を中心に父系直系の原理が見いだせるようになる。……こうした原理そのものは、律令制下の戸の編成の核に成年男子が選ばれることの歴史的前提をなしたであろう。……基本モデルⅢに含まれる非血縁女性が夫方に居住していたことは確実であり、少なくとも半布里戸籍での戸主の妻については同居を認めてもよいと考えられる（今津B論文、六三頁）。

つまり今津さんは、田中説の基本モデルⅢを根拠にして、ここで夫婦同葬、夫婦が同じ墓に葬られており、その妻は夫方に居住していたことは確実である、ここで父系直系の家が成立していると言われているわけです。

けれども、先ほど私が「三」の「B」のところで、推古による父母同葬を一つの例として述べましたように、発掘の結果確認できる「夫婦同葬」は、その一組の男と女とが生前に同居生活をしていたことを意味しません。また、どのような家族形態を形成していたかということも、現象としての「夫婦同葬」からは何も明らかになりません。

ここであらためて、田中さん御自身はどう言っているのかということを、もう一度きちんと確認してみたいと思います。次の「B　田中説における親族と家族」のところです。

まず書名から確認していただきたいのですが、田中さんの本の題名は『古墳時代親族構造の研究』（柏書房、一九九五年）です。田中さんがなさったのは、埋葬人骨の血縁関係の分析からする親族構造研究です。つまり、同じ墓に何らかの血縁関係の人間が葬られているとすれば、その前提として生前の社会生活のなかでの親族関係があったであろう、逆に同じ墓に葬られている血縁関係のない男女は夫婦だろう、という推定です。この推定の筋途は、私もそれなりに納得できます。けれども、田中さんのなさったのは、あくまでも親族構造研究なのです。家族構造、家族形態の研究ではありません。

そこで本の内容を見ていきますと、人骨の埋葬状況、それぞれの血縁関係分析の話が続いた後、第六章でまとめにはいります。この第六章の題名も「古墳被葬者の親族関係」です。そのなかで、一節から六節にわたって、順に段階をおっての変化を述べた最後に、まとめとして次のように書かれています。

四〜五世紀代と五世紀後半以降を対比すると、基本モデルⅠから基本モデルⅡ・Ⅲ、女性首長（家長）の存在、あるいはキョウダイによる共同統治（経営）から男性首長（家長）のみによる統治（経営）、副葬品の呪術的性格から非呪術的性格、不安定な双系、あるいは父系に傾いた双系の継承から父系直系の継承という変化が認められた。……このような変化は父系血縁原理、あるいは血統重視による経営単位としての家族集団の範囲の明確化とその継承システムの安定化を含む点で、古代国家形成へと向かう脈絡の中での大きな画期だったと評価することができよう（田中著著、二六三頁）。

ここまで、田中さんは一貫して「親族関係」と言ってきたのですが、この第六章六節の最後のところで、それまでの叙述を総合する形で、突然に「経営単位としての家族集団」というまとめが出てきます。そして、これを受けて、最後の七節「古代家族論と古墳時代親族構造」で、石母田さん以来の古代史の文献史学のなかでの古代家族論と、ご自分がなさったこの古墳被葬者の親族関係の検討結果とを結びつけます。そしてこういうふうに言われています。

古墳に埋葬された人物は実際の家族集団から選択されて埋葬された人々である。……古墳に埋葬する選択基準と、籍帳記載の際の選択基準が類似していることになり、少なくとも成員権に関する選択基準において同様であったと言うことはできよう。……五世紀後半に生じた親族関係の変化は、基層に双系的性格をよく残しながらも、リーダーシップの場においてのみ父系的特質をもたせていったものである（同、二七三頁）。

つまり、田中さん自身は、御自分のなさったことが被葬者の血縁関係と埋葬状況に基づく親族関係の分析であることを、よく自覚なさっていると思われます。ただ、そうでありながら、文献史学の古代家族論と結びつけて、「経営単位としての家族集団」の問題に滑り込ませてしまっているのです。

しかし、田中さんの言われるところを見ていきますと、前述の引用部分にありますように、田中さんが言われる家長なるものは「首長（家長）」です。また、田中さんの言われる経営なるものは、首長による「統治（経営）」です。そのような家長概念であり、そのような経営概念であるわけです。

最後に、田中さんが慎重に指摘されているように、古墳とか横穴墓には、全員が埋葬されるわけではありません。古代において、墓は、社会的表示としての意味をもっています。〝自分の祖は、自分の親は、こういう人間であった〟ということを、他の氏族に対して、あるいは他の村人に対して誇示するために、墓は造られる。そのために、埋葬されるべき人物は、選択されているのです。

田中さんが扱った事例では、その人物の社会的ステータスを示すために、武器が副葬されています。この点の理解については、私も今津さんが先ほど述べられたことに賛成なのですが、田中さんははっきりこうおっしゃっています。ここに埋葬する選択基準、どういう人を社会的表示に値する人物として選択して埋葬するかというその基準と、戸籍においてどういう人物を戸主として選択してその下に他の戸口を編成していくかという、その「成員権に関する選択基準において同様であった」と。

田中さんのこのまとめと、私がさきほどレジュメの「四―A　今津氏による田中説理解」のところで紹介しました今津さんの理解――「父系の家族」とか、「キョウダイ関係を軸とした拡大家族」とか、「父系直系の家族」とか、「「家長」層で夫方居住が行われていた」とか、さらには半布里戸籍の「戸主の妻については同居を認めてもよい」というように、戸籍の記載を家族形態・婚姻形態として実体化する――とのあいだには、大きな隔たりがあります。今津さんのいわれるような結論へいくまでには、まだまだ何段階もの論証が必要なのではないでしょうか。

今津さんのいわれる、どういう人物を選択してお墓に葬っていくか、社会的表示としての墓を造っていくかというそのことが、「律令制下の戸の編成の核に成年男子が選ばれることの歴史的前提をなしたであろう」という、これについては、私はまったく異存がありません。私自身も、前引の「婚姻と氏族」（本書Ⅲ―二章）のなかでそのように述べておりますし、その基軸となったものは軍事であり、それを象徴するものが武器の副葬だろうということについても、ほぼ異論はありません。ただ、少なくとも今の時点での議論のレベルは、選択の基準ないし編成原理というところにとどめるべきであって、安易に実体化してはならないと思います。

最後に、「C　母子〝小家族〟と村落」を見てください。時間の関係もありますので、村落のところはとばしまして、〝小家族〟の理解についてだけ述べます。まず、「(1)今津の理解」からです。今津さんは次のように言われています。

双系社会論では、村落結合や世帯（「家族」共同体）の存在を否定もしくは軽視し、父＋母子からなる単婚小家族が、父方・母方の血縁が網の目のように錯綜した地域社会の中に存在すると考える（今津A論文、五七頁）。

私は、今津さんの論文でこの箇所を読んだ時、目を疑いました。「父＋母子」と誰が言っているのだろう？　と思ったからです。「父＋母子」といいますと、あたかも一夫多妻制下の社会で、ある男性を軸として異なる母子の数グループが、それぞれの妻に子供がセットになる形で編成されている、という形態を思い浮かべます。こういう形態は、たとえばアフリカの部族社会などでも、厳格な父系制の一夫多妻制において、そういう意味での、「父＋異なる母子グループ」という社会編成はあります。

けれども双系社会論で言われていることは、まったくそれとは違います。明石一紀さんは、次のようにいわれています。「(2)明石氏の定義」のところです。

小家族はこの母子集団に父が付属して構成される家族であり、まさに「妻と未婚の子供、そして夫」という言葉によって示される。……日本の場合は、一夫多妻の際に、夫と同居せずに妻訪を継続する母子集団が生じてくること、また、広範に存在する一夫一婦婚がルーズな夫婦結合であったから離婚・再婚が多くて母の夫が流動的であること、が母子集団の強い結合をもたらした基本原因である（『日本古代の親族構造』吉川弘文館、一九九〇年、一七頁）。

多分、ここの「母子集団に父が付属して」と明石さんの書いているところが、今津さんの記述の根拠かなと思いますが、でも、明石さんの定義は、「妻と未婚の子供、そして夫」です。「夫」の部分は、現実にはいろいろな男性が入れ替わりますので、必ずしも「子供」から見た父ではありません。「母の夫」ではあるけれども子供から見た「父」ではない、という男性が通ってきたり、しばらく一緒に住みついていたりと、こういう事態が広範にありえたという想定です。ですから、「母」のもとには「父」の異なる「子供」たちのいることが普通です。

次の「（3）今津氏による村落と「戸」の理解」の部分はとばしまして、「（4）義江の理解」をみて下さい。

籍帳以外の史料からする古代家族論の成果によれば、当時のイヘは〝母子＋夫〟を基本とし、それが父方・母方双方との親族関係でつながれたものであったと考えられ、妻方・夫方等の明確な婚姻居住規制は存在しない（明石）。そうしたイヘが地縁・血縁による村落結合に依存しつつ日常生活を営んでいた。（そうした）社会において、夫婦・親子の関係が、ある一時点での「関係」以上の明確な形で把握できたはずはないのである。……家族を集団概念でなく、関係概念でとらえる必要性は現代家族の分析に際して明確になってきているが、古代の〝家族〟についても同様の視点が必要と考える（「古代の家族と女性」『岩波講座　日本通史6　古代五』岩波書店、一九九五年、二二二頁、本書Ⅲ―一章所収）。

私は、「子」を明石さんのように「未婚の子供」に限定することには反対ですので、そのことを述べた上で、「母子

＋夫」と定義し直して使い、「夫」の部分は頻繁に入れ替わります、だから「＋夫」なのです、ということを、いろいろなところで述べております。今津さんのいわれる「父＋母子」とは、指しているものがまったく違います。*

＊　このあとの討論で、今津さんは「父＋母子」は単純な書き間違いだとおっしゃっています。だとすれば、この部分は削除してもいいのかもしれません。けれども私は、こうした「書き間違い」は、日本古代の家族結合の特色についての理解があれば、起こりえないはずのことであると考えます。また、今津さんにとってはたんなる「書き間違い」であったとしても、「父＋母子」「母と未婚の子供、そして夫」「母子＋夫」の定義の違いを明確にしておくことは、古代家族についての議論をすすめる上で有意義であると思い、このまま活字として記録することにしました。

「母子＋夫」で、「夫」は頻繁に入れ替わり流動的である、こういう社会において、夫婦・親子の関係が、ある時点での関係以上の明確な形で把握できたはずはありません。一つの時点をとってみれば、ある男と女が夫婦関係を結んでいて、その母親に子供――父親が違うかもしれない――がついている、という形です。つまり私は、実体として存在する家族集団を国家が意図的に造り替えて記載したということではなくて、そもそも家族自体が、机上で何らかの原則で編成する以外にはとらえようのないものだったのではないか、外延部の明確な集団としては存在していないので、一定の法則で「戸」として編成する以外に把握しようのないものであったのではないか、というふうに考えています。古代の家族を実体的な集団概念でとらえるべきではない、できない、というのが私の考えです。そういう社会において、所有の単位なり、経営の単位としてとらえることができるものは氏《うじ》であろう、という考えから、私は家族ではなく氏族研究の方向に進みました。

五　関口氏の家族論の成果と課題

以上で、レジュメに沿った話は終わります。本日のテーマは「関口裕子氏の古代家族論をめぐって」ですので、最後に、私なりに考える関口さんの家族論の成果と課題をまとめておきたいと思います。

関口さんが家族論で何をなさったかを簡単にまとめるとすれば、日本古代における家父長制家族の未成立を実証した、この一言に尽きると思います。その内容はと言いますと、三つの方向があると思います。

一つは、個別経営、家父長制の個別経営が未成立であるということ。つまり、経営体としての家族は成立していない、ということを言われた。『日本古代家族史の研究』序論の第一章・第二章で、石母田さん以来の古代家族・共同体論の綿密な学説史的検討を行なっているのは、従来の理論＝家父長制家族論は理論として成り立たない、ということをはっきりさせるためです。これが通説に対する理論的批判です。

第二に、実態については、同書Ⅰ編の第二章で、黒井峯遺跡を事例として言われてきた個別経営の存在を逐一批判し、考古学において単位集団といわれているものは存在しない、経営単位としての個別経営の存在はいえない、ということを述べています。建物・道の痕跡はもちろん、馬の蹄跡の意味をとことん突き詰めるような、それこそ膨大なエネルギーを注いで、ここで、実態としての個別経営批判をなさっています。また、Ⅲ編第二章の都出比呂志批判でも、考古学における単位集団論が成立しない、ということが繰り返し述べられています。

以上二つは、否定の論証です。石母田さん以来の家父長制の理論は成立しない、黒井峯遺跡をはじめ考古学において主張されている個別経営の事例は、そのようなものとしては解釈できないという、理論・実態両面からの家父長制家族否定論です。

それに対して第三の方向として、家父長制家族未成立の積極的論証があります。そこで関口さんがなさったのは、一つは個人単位での所有・経営の実証、二つ目は一夫一婦制という関係の未成立、つまり対偶婚の実証、そして三つ目が非父系の実証です。

まず一つ目の柱である所有についてては、同書Ⅰ編第一章の中国と日本の所有形態の比較は、同時代の中国が家父長による所有を基本とする（すなわち家父長的家族形態）のと異なり、日本では、有夫の女性も含めて女性の所有権が基本的所有形態として存在する、家父長による所有は実現していない、ということを述べたものです。この第一章の積極的論証と、さきほど述べました第二章での黒井峯遺跡の個別経営否定の論証とを総合して結論づけたものが、第三章「個別経営の未成立の総括」になります。

二つ目の柱である対偶婚の実証は、おもに前著『日本古代婚姻史の研究』上・下のなかで、行なわれています。特にそのなかで、日本古代における「姦」という観念の分析を徹底的に行ない、「配偶者の性が必ずしも閉ざされていない」あり方、つまり、対偶婚の存在を実証しようとされました。一覧表の最初にあげました、一九七二年の嫡妻・妾制の論文――籍帳に記載されている妻と妾の区別は実態ではないということを述べた――も、一夫一婦制未成立の論証の一つとして、前著の下巻に収められています。遺著の『日本古代家族史の研究』に関していえば、Ⅲ編第一章で田中説の「夫婦同葬」に対する徹底的な批判を行なっているのは、一夫一婦制の未成立を説く関口さんにとって、これが絶対に見過ごすことのできない誤りと思われたからにほかなりません。

実証の三つめの柱である非父系についてみますと、同書Ⅱ編第一章の嫡・庶子制の論文（一覧表の最初に載せた一九六九年発表のもの）で嫡子・庶子の社会的区別が存在しなかったこと、つまり、父―嫡子という父系継承が未成立だったことを指摘し、第二章では、貴族・豪族層について、夫と妻、父と（男女）子が別所有・別経営だったことを論じています。第三章は、奈良時代前後の金石文や説話、籍帳の逃亡注記から、日常的な結びつきとしては母系紐帯が基本だったことを述べたものです。婚姻居住が妻方居住を基本とし、平安貴族においては母系家族形態への強い傾斜がみられることは、前著『日本古代婚姻史の研究』で具体的に展開されていますが、今回の遺著でもⅡ編のまとめとして、第四章「実態としての「家族」」で関口さんの年来の主張が述べられています。

以上にみてきました関口さんの家族論の成果として、従来の家父長制論に対する理論・実態両面からの批判、そして、関口さん自身の積極的主張としてなされた家父長制的所有の未成立と対偶婚の論証、および父系継承・父系家族形態の未成立については、ほぼ完璧に実証されたと言ってよいと、私自身は関口説を評価しております。

ただし、家父長制家族未成立の社会において、実態としてどのような家族形態や、所有単位・経営単位が形成されていったのかということをみた場合、私はそれについては、関口さんはまだ必ずしも納得できる実証成果を提出されていない、と考えます。

その原因の一つは、高群さんの家族婚姻史とマルクス主義歴史学の家族理論とを批判しつつ一つに合わせようとした、まさにそこにあると思われてなりません。つまり、関口さんの場合には、高群説を引き継いで、母系の結びつき、母系の家族というものを実体化しすぎていると思います。〝母系合同→母系直系→核家族〟サイクルを繰り返すと言いながら、また、所有にもとづく本質的家族ではなく生活共同体にとどまるのだ、といいながらも、そこではどうしても、母系で結びついた家族が実体的集団として想定されている、そこに一つの大きな問題があるのであろうと思います。

史料が豊富な平安貴族について考えた場合、近年の研究によって明らかになってきていることは、婚姻儀礼、婚姻居住、家族形態、所有・経営形態を厳密に区別しなければいけないということです。「婿取り」儀式で婚姻が開始されても、それは、即、妻方居住婚を意味するわけではなく、場合によっては、夫が複数の妻（婿取り儀式をあげた）のところに通うこともありえます。また婚姻居住形態は、婚姻の初発時—前半—後半で変化します。関口さんのいわれる「母系合同家族」的様相の居住が一邸宅内でみられる場合であっても、その人々（父母夫妻＋複数の娘夫妻＋その子たち）を一つの「家族」（ないし生活共同体）とみなすことはできません。夫を中心とする家族関係は、空間的には個別の邸宅の枠を超えて存在していることが普通ですし、所有・経営も、歴史的にみれば、貴族男女個人の「所有」を包み込む形で、父系一族の内部で展開していくからです。

家族を集団として実体視することなく、さまざまな要因で結ばれた非固定的な関係としてとらえ、その関係のなか、および家族関係を超えた広がりのなかで、どのように所有・経営関係が展開していって実体としての家族集団の形成にいたるのか、それをつかむことが今後の課題であろうと思います。

おわりに

関口さんは家父長制家族の未成立を見事に実証なさいました。それだけに、家父長制家族が成立しているか否か、という二者択一的見方に陥りがちだったのではないでしょうか。とはいえ、家父長制家族の未成立を実証したというそのことだけで、関口さんは巨大な仕事をなしとげられたといって良いと、私は思います。その成果の上にたって、具体的な歴史過程を解明していくことは、残された私たち自身の課題です。

＊　五の部分は、レジュメの作成が間に合わず、手元のメモをみながら時間にあわせてカットして話をしたため、不充分な内容となっ

てしまいました。活字にするにあたって、特に最後の数段落で、必要最小限の補記を加えました。今回の講演会を企画され、また、年度内での紀要掲載に間に合わせるため、短い時間で丁寧なテープ起こしをして下さった大平聡さんに、深く感謝申しあげます。

討論

大平　今の義江さんのお話で、今津さんとしてはお答えにならなければならないことがだいぶ出て来たんじゃないかと思うのですが、どうでしょうか。まずそこから。

今津　「父＋母子」は単純な書き間違いですので、ご指摘いただきましてありがとうございました。もし何かの時には書き直したいと思っております。今、義江さんのおっしゃったことは誠にごもっともなことでありまして、筆を進めるにあたってそれなりの逡巡をしたところでもございます。それもあるということを重々承知した上で、やはり私は実態を明らかにするということが古代史研究にとって大事だろうというふうに考えております。地域社会とかやはり家族ですとか、結局私自身が古代で何なのかと考えてみますと、あえて今、首長制論とか共同体論に楯突く人なんていうのは日本全国どこにもいないですね。双系制社会説だって、通説中の通説でありまして、私なんか異端派中の異端でありまして、何で異端であることにこだわっているかといいますと、やはりそれぞれの対象物なり関係なり、構造というものを現実につかまえてみたいという発想がありまして、ですのでこれは関係として理解せよというふうに言われたとしても、やはりそこに何かあった現実がつかまえたいというのが発想なんでこうなってしまうんですね。

義江　私も、今津さんの研究の方向といいますか、目指そうとされているところには賛成です。では、人々は具体的にどのように生活していたのか、どのような関係のなかで日々の生活が実現していたのか。家父長による所有や個別経営による経営が成立していなかったとしても、日々の生産活動はあり、何らかの土地占有があり、それの裏づけとなる法的形態の時間をかけた形成過程があるわけですよね。そういうものを実態として、また、形成過程の動きとしてつかまえようとされているところには、全面的に賛成です。

先ほどは時間がなかったので途中でやめましたけれども、関口さんの研究に対する私の最大の不満も、実はその点にあります。関口さんは、家父長制家族の未成立ということを、ほぼ完璧に実証なさったと思います。けれどもそのために、一方では、具体的な経営単位がどのように芽生え、作られていくのか、古代の社会のなかでどういう経営関係が実現していたのかをみる時に、どうしても二者択一になってしまうのです。「これはまだ個別経営とはいえない」、あるいは「これはまだ家父長の所有とはなっていない」というとらえ方になる。つまり、家父長制かそうでないかで切ってしまって、家父長制でないものは、ひたすら、男女個人の占有であり、村のなかや共同体に埋没しているということで、具体的な考察の対象にならなくなってしまいがちなんです。それは、関口さんの一九八二年の日本史研究会での大会報告に対する批判として、私がまとめたことのなかでも言ったことです（『日本史研究』二五六号、一九八三年所載。のち『日本古代の氏の構造』〔吉川弘文館、一九八六年〕に「家族論と氏《うじ》研究―関口裕子氏の研究をめぐって―」として収録）。家父長制家族にはなっていない、個別経営として確立はしていないけれども、でも流動的な家族関係、夫婦関係を構成しながら、そのなかで徐々に経営単位としての家族が被支配層のなかでも形作られていく、そのプロセスを何とかつかまえなければいけない、と思っています。

ただしそこで、あえて繰り返しますが、そのためにも、具体的なプロセスを本当につかんでいくためにも、私たちは、本当にぎりぎりまで神経を研ぎ澄まして、籍帳に記載されている現象、あるいは埋葬から見える現象をそのまま実体化しない、というところに必死になって踏みとどまらなければ、この微妙な形成過程を具体的につかんでいくことはできない、というのが私の一番言いたいことです。

大平 今のお二人の議論で、義江さんの四の（C）の（4）のところで、家族を集団概念でなく、関係概念でとらえる必要性というところがこれがなかなかわかりにくいのではないかと思うのですが、関係概念といっても集団としては存在しているわけですね。

義江 そうです。（ある一時点をとってみれば、現実に存在しているという意味では）実質的には存在しているということもできます。

大平 集団概念というのは、家族をかなり実態的、固定的にコンクリートなものとして考えるということですね。

義江 これまでの家族史研究のなかで家族と言った時には、それはほとんど世帯共同体に置き換えられて、集団概念でとらえることは当然のこととして議論されてきました。そのことに対するアンチということで、集団概念ではなく関係概念で、と言っているわけです。

大平 それは今津さんが何回かおっしゃったアメーバ状に広がるような家族と私は一致しているんじゃないかと思うんですけれど。ただ問題は、今津さんが指摘され、義江さんも今繰り返しておっしゃったんですけれども、そういう人間関係が固定的ではないのにもかかわらず、実際に存在し続けているわけです。そういうふうな人間関係が基礎的単位として、つまり、個別経営というような閉じていない、流動的と言いますか、非固定的と言いますか、そうゆう不安定な関係を複合的に合わせて人間が生きていた古代社会をどう考えるかということですよね。今日の最後のところで村落をはずされたんですけれども、村落をどういうふうに考えるか、もう少し義江さんのお話を伺えば皆さんにわかって頂けるでしょうかね。

今津　義江さんが村落のお話をなさって、村落のなかでの女性のあり方をお考えになる、私はそれはもう本当に支持しています。関口さんにもそれを実はやって頂きたかったなあという気はするんです。やっぱり具体的な生活の場での男と女、それと子供のあり方というのをやっぱり追求、復元すると、もっと立体的にと言うんでしょうか、女性史としての家族史、古代史としての家族史というのが大変わかりやすかったんですけれども。僕にとっては古代史としての家族史しかないのかもしれないんですけれども。

大平　一つには、家族というのは歴史的に形成されてきたものだということだと思うんですね。どういうふうにして家族というものが出てきたのかをあとづけていく作業こそが今も必要とされていると思うのですが、悪かったと思うのは黒井峯と三ツ寺Ⅰが出てきてしまったことではないかと思うんです。三ツ寺Ⅰが出てきた時に、あああ古墳の被葬者の屋敷が出てきたんだ、屋敷、居館と言われちゃったことが一つ大きな問題だと思うんですけれども、もう一つは黒井峯が出てきて、ああこれで「家一区」、経営の単位じゃないですかという、もう家族のイメージが固定的になってしまって、じゃあそこに住んでいるのが家族なんだという認識を生んでしまったのではないか。今まで家族はどういうふうに生み出されてくるのかということを一生懸命議論してたんだけれども、ポコッと目の前に遺跡という形で、なにかこう一まとまりのあるユニットが出て来ちゃったら、あ、これが家族の実態だったんじゃないか、というふうになってしまって、そこから家族論の本質的な議論がすっ飛んじゃって、家族ありきから再び議論が始まったんじゃあないかなあと思うのですが。だから義江さんの関係概念として家族をとらえなければいけないという主張は、もとの家族がどうやって析出されてくるのかということ、共同体的諸関係のなかで、要するに集団で、弥生時代の集団で稲作を始めていた時から、そのなかからだんだんと家族という単位が生まれてくるのを歴史的にどうやって証明していくのかと、そこの議論が大前提に据えられるべきだというご指摘とうかがったんですけれども、それでよろしいでしょうか。

義江　私も、太平さんがおっしゃった、〝家族ありき〟というところから出発してしまっているところが一番の問題であるというご意見に対しては、まったくその通りだと思います。私は、家族史研究者ということで一括りにされていますが、実は私は自分自身では、家族の研究はやっておりません。やらないことに決めているんです。家族を超えるものを、私は常につかまえようとしてきました。それは、古代社会においては、家族を超えるものという視点で見ていかない限り、古代社会も家族も解けない、という考え方をしているからです。

それから、先ほど、村のなかでの女性のあり方という話が今津さんの方からございましたが、女性の労働力がどのように「戸」に編成されているかを見ていくと、編成されていません。編戸の原理のなかに、女性の労働力は組み込まれていないのです。そういう意味では、「戸」は均等化されていません。でも、租税の貢納品についても、いろいろな面での女性の労働力、女性の生産物が重要だったということは、女性史研究の進展によって、ますます明らかになってきています。国家が女性の労働をどのように実際に具体的につかんでいたのか、また、――女性にも経営権・所有権があったということは、関口さんが力を込めて実証されたことですが――女性の所有・経営が実際にどういう場で実現していたのかを具体的にとらえようとすると、「戸」の枠組みでとらえられないことは勿論、家族という枠組みでもとらえられない、村という枠組みのなかで初めて少し何か具体的に見えてくる、というふうに私は思っています。ですから、家族を超えるものから考える家族史・女性史を、私はやろうとしているのです。

その意味で、史学史的に見ますと、関口さんの家族史研究も、やはり〝家族ありき〟だと思います。でもこれにはそれだけの背景があります。高群さんの家族婚姻史研究を受け継いでいるからです。高群さんが女性史研究を始めた時、つまり、彼女が生きていた時代には、女性を苦しめ抑圧する「家」と家父長制が、まさに実体として厳として存在していました。それをどうやってひっくり返して行くか、歴史的に相対化する――家父長制以前の社会の存在を実証する――ことでひっくり返していこう、というところから、高群さんの家族婚姻史研究、女性史研究は始まっています。関口さんも、その高群さんの志を真正面から受け継いで、研究をすすめてこられました。ですから、どうしてもそこでは、はじめに〝家族ありき〟にならざるをえない、ただし、その家族は父系ではない、家父長制でもない、母系だ、という議論の方向になっていかざるをえなかったのだ、というように思っております。

大平　大変長い時間、ありがとうございました。討論を通じまして、今津さん、義江さんの家族論の違いが鮮明になってきたと思います。また、本日の目的であります、関口さんの古代家族論についても、その史学史的位置づけを確認し、そして、これからの進むべき家族史研究ということが、ただ今の議論を通じまして、よりいっそう見えてきたのではないかと思います。改めてお二人に感謝申し上げますと同時に、実は本日、関口さんのご主人という言い方をしていいのでしょうか、関口隆さんがお見えになっておられますことを、ご紹介いたしたいと思います。こうしていますと、どこかから、あのハイトーンの関口さんの「私にもしゃべらせて」という声が聞こえてくるような気がするのですが、長い時間、皆さんにおつきあいいただいて、二〇〇〇年七月に、関口さんにご講演いただいた同じこの会場での講演会を閉じさせていただきたいと思います。今津さんと義江さんのお二人、そして関口隆さんに拍手をもってお礼申し上げ、本日の講演会を終了させていただきたいと思います。皆様ありがとうございました。

（会場からの質疑はカットします）

〔付記〕本章の初出は、『宮城学院女子大学附属キリスト教文化研究所研究年報』三八（二〇〇五年）である。これは、二〇〇四年四月に亡くなられた関口裕子氏の業績を偲んで、同大学の大平聡氏が企画された講演会「関口裕子氏の古代家族論をめぐって」（二〇〇四年一一月二七日に右記研究所にて開催）で、今津勝紀氏の報告「古代の家族と共同体—関口裕子『日本古代家族史の研究』（上・下）によせて—」（右掲紀要同号に掲載）に対するコメントとして述べたものである。今津勝紀・大平聡両氏の御厚意により、講演後に行なわれた討論の記録（同掲載）も併せて文末に付載した。私を学問の道に導いてくださった関口さんのお仕事が少しでも多くの人に理解され、新しい世代の研究者に受け継がれ、深められていくことを、切に希望したい。

あとがき

本書のⅠ—二章におさめた「「刀自」考—首・刀自から家長・家室へ—」（一九八九年）は、私が最初にまとめた女性史の論文である。学部卒業後、数年の空白期間を経て、古代女性史研究を自分の一生のテーマにしようと決めて大学院にすすんだのだが、すぐに女性史研究に手をつけることはできないでいた。

古代家族婚姻史研究の成果に多くを学び、それを出発点としながらも、婚姻形態の変化を基軸とする考察の枠組み、家族のなかでの妻の役割・地位を論じる視角に、あきたりないものを感じていたからである。古代社会全体のなかに女性を位置づけ、そのことによって時代の特質を理解するためには、もっと違う角度からの取り組みが必要なのではないか、と思われてならなかった。王族・貴族女性の経済的・社会的地位の高さが、ややもすると古代「バラ色」イメージで受け止められがちであることへの違和感もあった。

そこで、家族を超えるものとして「氏」の構造の具体的解明を最初の課題とし、そのなかで豪族女性の社会的地位や所有権の基礎を明らかにしようと試みた。その成果をまとめたものが『日本古代の氏の構造』（吉川弘文館、一九八六年）であり、そこで充分には解明できなかった、系譜様式とそこに見られる男女の結合の社会的特質については、『日本古代系譜様式論』（吉川弘文館、二〇〇〇年）で述べた。その一端は本書Ⅲ—第二章「婚姻と氏族」でもふれている。

その一方で、家族・婚姻上の地位や財産所有権からではなく、より生活に密着した具体的な女性の働きをとらえたい、ということで選んだ考察対象が「刀自」であった。したがって、私の「刀自」論は、刀自＝「妻」（≒主婦）とみなす通説との格闘から始まることとなった。通説に代えて私が提起したのは、本書の随所で述べたように、「刀自」＝女性首長後身説であり、「刀自」＝女性経営者説である。「里刀自」（村人の統率者）から「大刀自・夫人」（キサキ）まで、古代の女性の働きを基軸に、古代社会の全体像をとらえなおそうと試みたのである。本書をまとめるにあたって、新稿としてまとめたⅠ―第三章「「田夫」「百姓」と里刀自―加賀郡牓示札における魚酒型労働の理解をめぐって―」において、その試みに一応の成果を示せたのではないかと思う。

祭祀についても、共同体祭祀においては「刀自神」という生産と密着した女神形成のコースを考え、王権祭祀については宮中祭祀の実務を担った御巫の考察を行なった。前著『日本古代の祭祀と女性』（吉川弘文館、一九九六年）において、伊勢・賀茂の斎王ではなく、その下で実際の祭祀を担った物忌・斎祝子に焦点を絞り、タマヨリヒメ言説の批判的再検討を行なった。本書での考察も前著の延長上にあり、「序章　古代女性史研究の転換点にたって」で述べたように、〝女＝聖〟の構築性を明らかにすることを目指している。

このように見てくると、私の古代女性史研究は「刀自」をキーワードとして、家族を超える女性の働きを一貫して追い求めてきたといえよう。そのことをあらためて自覚させられたのは、関口裕子氏の古代家族婚姻史研究の成果をふりかえるなかにおいてであった。本書Ⅲ―付論2「関口裕子氏の古代家族論の意義」としておさめた、関口氏の業績を偲ぶシンポジウムのコメントおよび対談で、その仕事の偉大さに立ちすくみつつも、忌憚のないみずからの考えを述べることができた。未開の原野を行くかのように、激しい情熱で古代女性史研究の世界を切り拓き、つねに私のよき導き手であり目標であった故関口裕子氏に、満腔の感謝を込めて本書を捧げたい。

なお、本書所収の旧稿については、それぞれの章・付論の最後に〔付記〕として初出および改稿・補筆等を注記した。I―三章「「田夫」「百姓」と里刀自」と同付論2「「酒を作る家主」と檀越」の二編は新稿である。

本書をまとめるにあたっては、『日本古代の祭祀と女性』にひきつづき、吉川弘文館編集部の斎藤信子さんに御世話になった。斎藤さんは、二人の幼児を育てながら働く編集者であり、女性史研究の良き理解者でもある。本書は、私の専門論文集としては三冊目、女性史の論文集としては最初のものになる。出版をお引きうけくださった吉川弘文館の関係各位、そしていつにかわらぬ丹念な原稿整理をしていただいた斎藤さんに、深く御礼申し上げます。

二〇〇六年一〇月二八日

義江明子

義江明子著

古代女性史への招待

〈妹《いも》の力〉を超えて

四六判・上製・カバー装・二二四頁

二四一五円

古代の女性たちは、政治的・経済的に大きな力を持っていた。進展する研究成果をふまえ描かれた豊かな古代女性の姿は、〈妹の力〉幻想を超え、現代社会を問い直す可能性を示す。わかりやすく語る、格好の古代女性史入門。

日本古代の祭祀と女性

（古代史研究選書）四六判・上製・カバー装・二八六頁

三三六〇円

祭祀・経済・政治が密接不可分な古代において、どのテーマを取りあげるにせよ、女性の役割を神秘性・巫女性でかたづけてよいのだろうか。従来の女性不在の女性祭祀研究を全面的に問い直し、新たな古代史像を提示する。

日本古代系譜様式論

A5判・上製・カバー装・二八八頁

七三五〇円

系譜は形式に意味がある。系譜形態や系線・続柄表記を記号として読み、その変遷の時代背景、氏族意識・祖先観、性差を探る。系譜類型論を提起し、基層の親族原理として双系性・非血縁性を論じ、また王統譜にも説き及ぶ。

（価格は5％税込）

吉川弘文館

著者略歴
一九四八年　大阪に生まれる
一九七一年　東京教育大学文学部史学科卒業
一九七九年　東京都立大学大学院人文科学研究科修士課程修了
現在　帝京大学文学部教授、文学博士

〔主要著書〕
日本古代の氏の構造　日本古代の祭祀と女性
日本古代系譜様式論　古代女性史への招待
つくられた卑弥乎

日本古代女性史論

二〇〇七年（平成十九）二月一日　第一刷発行

著者　義《よし》江《え》明《あき》子《こ》

発行者　前田求恭

発行所　株式会社　吉川弘文館
郵便番号一一三―〇〇三三
東京都文京区本郷七丁目二番八号
電話〇三―三八一三―九一五一〈代〉
振替口座〇〇一〇〇―五―二四四番
http://www.yoshikawa-k.co.jp/

印刷＝株式会社 精興社
製本＝誠製本株式会社
装幀＝山崎　登

ISBN978-4-642-02456-3

索　　引

〈事　　項〉

あ　行

か　行

さ　行

た　行

田作人《でんさくにん》　92, 229
田人《でんじん》　89, 96
田夫《でんぶ》　78, 80, 89, 95, 96, 103
東宮御巫《とうぐうのみかんこ》　175
トウジ　132
刀自《とじ》　51, 133, 143
刀自神《とじがみ》　128, 145, 150
とつぐ　283
刀禰《とね》　52, 72
刀禰男女《とねなんによ》　77, 233, 244
トフ　267
童女　161, 174
同籍・別籍　221

な　行

内侍《ないし》　165, 173, 194
内侍司《ないしのつかさ》　167
長屋王家木簡　129
長屋王邸　18, 242
ナヤール族　287
難良刀自之神《ならとじのかみ》　152
男女職掌《なんによしきしよう》　114
男女雑色《なんによぞうしき》　110
女蔵人《によくろうど》　194
女祝《によしゆく》　29, 48
女丁《によちよう》　136, 140, 193, 237, 251
女長《によちよう》　113
女巫《によふ》　170, 185
人夫《にんぶ》　90, 97, 103, 106, 230
抜穂田《ぬきほのた》　100
奴婢所有　36
農耕祭祀　228
農人《のうじん》　87, 90
祝詞《のりと》　85, 232

は　行

八幡林遺跡《はちまんばやしいせき》　85
半布里《はにうり》　65
母刀自《ははとじ》　60
「母の力」　5
祝子《はふりこ》　202, 207
東山浦遺跡《ひがしやまうらいせき》　29, 66
ヒト　63
人垣仕奉《ひとがきしぶ》　100
非父系　350
ヒメ神　135, 149, 150
ヒメヒコ　5, 52
百姓《ひやくしよう》　231
百姓《ひやくせい》　78, 80, 87, 89, 95
百姓女房《ひやくしようにようぼう》　103
百姓男女《ひやくせいなんによ》　77, 100, 103, 233, 244
百官男女《ひやつかんなんによ》　77, 233, 244
貧窮問答歌　279
夫婦原理　277
夫婦小家族　286
夫婦同葬　284, 340
夫婦同墓　278
夫婦寄合い　60
父系擬制　259
父系社会　272
父系出自志向集団　312
父系大家族　258
父系二世代夫婦の同居　341
父権　311
婦人　259
「父母」同葬　277, 340
不落家《ふらくか》　256, 262
武器の副葬　346
仏物《ぶつもつ》　122
夫人《ぶにん》　154
兵・兵士　100, 245
戸座《へざ》　169
編戸・編戸説《へんこ》　219, 224, 226
部民制《べみんせい》　154
訪婚(visiting marriage)《ほうこん》　264
法華寺大神《ほつけじのおおかみ》　178
冒母姓史料《ぼうぼせいしりよう》　274, 320
母系　279
母系家族　303
母系制　307
母系紐帯《ぼけいちゆうたい》　351
墓誌　278
「母子＋夫」　37, 49, 223, 287, 322, 347

ま　行

ミアヒ　270, 272
御飯《みいい》　187, 193
御祖神《みおやがみ》　154
御巫《みかんこ・みかんなぎ》　159, 189, 191, 197, 202
御神児《みかんのこ》　178

や・ら・わ行

〈史　　料〉

あ・か行

さ・た行

な　行

は・ま・や行

ら・わ行

〈研　究　者〉

あ　行

か　行

さ　行

た　行